今注本二十四史

漢書

漢 班固 撰 唐 顏師古 注

孫曉 主持校注

中國社會科學出版社

一八 傳〔六〕

漢書　卷五八

公孫弘卜式兒寬傳第二十八[1]

[1]【今注】案，楊樹達《漢書窺管》以爲，“此以諸人同爲御史大夫合傳”。

公孫弘，[1]菑川薛人也。[2]少時爲獄吏，有罪，免。家貧，牧豕海上。[3]年四十餘，乃學《春秋》、雜說。[4]武帝初即位，[5]招賢良文學士，[6]是時弘年六十，以賢良徵爲博士。[7]使匈奴，還報，不合意。[8]上怒，以爲不能，弘乃移病免歸。[9]

[1]【今注】公孫弘：《漢書考證》齊召南以爲《史記》：“字季。”《漢書》有關人物的名字、里居，往往詳於《史記》，此文獨脫。沈欽韓《漢書疏證》據《西京雜記》鄒長倩遺弘書云：“次卿足下。”以爲公孫弘一字“次卿”。

[2]【今注】菑川薛人：菑川，即菑川國。西漢文帝時分臨淄郡東部置，封齊悼王劉肥子劉賢爲菑川王，治劇縣（今山東壽光市南紀臺）。景帝時因參加七國叛亂，賢被誅，徙濟北王劉志爲菑川王。世系參本書《諸侯王表》。公孫弘出生時菑川國尚未設置，此僅爲追述。薛，薛縣。治所在今山東滕州市張汪鎮皇殿崗故城。顧炎武《日知錄》卷三一據《史記》傳稱“齊菑川薛縣人也”，以爲

薛並不屬二國。張守節《史記正義》：“表云：‘菑川國，文帝分齊置，都劇’。《括地志》：‘故劇城在青州壽光縣南三十一里。故薛城在徐州、滕縣界’，按薛與劇隔兗州及泰山。”本書卷八八《儒林傳》言“薛人公孫弘”，是公孫弘爲薛人，非齊菑川者。《漢書考證》齊召南以爲下文云“牧豕海上”。惟菑川北近海，若是魯國薛縣，東距海太遠。又云“菑川國復推上弘”，《史》《漢》並合，是弘爲薛人尚可疑，其爲菑川人似無可疑。錢大昕《廿二史考異·史記五》以爲，本書《地理志》菑川國二縣，無薛縣。本書卷三八《高五王傳》菑川王終古曾削四縣，如何得知薛縣不在所削之內？《地理志》所載侯國領縣若干，皆元、成以後之制，未可據志駁傳。沈欽韓《漢書疏證》以爲菑川治劇，“薛”蓋“劇”字之誤。王先謙《漢書補注》以爲《史記》本傳云“少時爲薛獄吏”，是弘本菑川人，其先齊未分，故稱齊菑川人。因少在薛久，故或亦稱薛人。此是史家承訛，班固未及刊正者。

〔3〕【今注】豕：豬。　海上：海濱。

〔4〕【今注】春秋：指《公羊春秋》。　雜說：何焯《義門讀書記》卷一八以爲即雜家之說，兼儒墨，合名法者。本書《藝文志》亦有《公羊雜記》八十三篇。公孫弘之學或出於雜家，則此雜說非《春秋》經師之雜說也。楊樹達《漢書窺管》：弘受《春秋》於胡母生，見《儒林傳》。何說《春秋》與雜說爲二事，是。本書卷五二《韓安國傳》云：“嘗受《韓子》雜說”，謂《韓子》與雜說。本書卷六三《燕刺王劉旦傳》云：“博學經書、雜說。”謂經書與雜說也。與此並同，足以爲證。

〔5〕【今注】案，白鷺洲本無“初”字。

〔6〕【今注】賢良文學：漢代察舉選士科目之一，也省稱“賢良”。此科始於漢文帝，武帝時舉賢良注重文學，即經學，故稱賢良文學。被舉者任以官職。

〔7〕【今注】博士：指《春秋》博士。漢武帝所置五經博士。除原有議政、制禮、藏書、顧問應對等職能外，又增學官職能，掌

策試官吏，在太學中教授儒家《詩》《書》《禮》《易》《春秋》五經之學，各置弟子員。或亦奉命出使，巡行風俗，視察災情或賑濟流民。初秩比四百石，後升比六百石。楊樹達《漢書窺管》按："時弘仄目視轅固生，生諷弘以無曲學阿世，見《儒林傳》。"

[8]【顏注】師古曰：奏事不合天子之意。

[9]【顏注】師古曰：移病，謂移書言病也。一曰，以病移居。【今注】移病：王先謙《漢書補注》以爲"一説非"。陳直《漢書新證》以爲凡言"移病"者，如本傳及本書卷五九《張安世傳》，顏師古皆如此注文。證之《居延漢簡釋文》九十六頁，有殘簡文云："日移府者狼孺病並數元年以來□。"此爲移病之書，師古之前説是也，居延木簡移文之例，平行上下行均適用之。吳恂《漢書注商》以爲顏注"以病移居"是，即謂疾篤自署盧移居第舍。因人臣及下屬上書，不得稱移。

　　元光五年，[1]復徵賢良文學，菑川國復推上弘。弘謝曰："前已嘗西，[2]用不能罷，[3]願更選。"國人固推弘。弘至太常。[4]上策詔諸儒：[5]

[1]【今注】元光：漢武帝年號（前134—前129）。

[2]【今注】西：西行。

[3]【今注】用：王先謙《漢書補注》以爲"用"猶"以"。《史記》卷一一二《平津侯主父列傳》作"以"。

[4]【今注】太常：漢初名奉常，景帝時改名太常。掌宗廟禮儀。位列九卿之首，秩中二千石。這裏指太常官署。

[5]【今注】上策詔諸儒：王念孫《讀書雜志·漢書第十》以爲景祐本"儒"下有"曰"字，是。下"制曰"二字，即策中之語，則上句"曰"字不可省。本書卷五六《董仲舒傳》云"天子乃復册之曰，制曰"，即其證。又本書卷六《武紀》載元光元年五

月詔賢良曰："朕聞昔在唐虞，畫象而民不犯，日月所燭，莫不率俾。周之成康，刑錯不用，德及鳥獸，教通四海。海外肅眘，北發、渠搜、氐羌徠服。星辰不孛，日月不蝕，山陵不崩，川谷不塞；麟鳳在郊藪，河洛出圖書。嗚虖，何施而臻此與！今朕獲奉宗廟，夙興以求，夜寐以思，若涉淵水，未知所濟。猗與偉與！何行而可以章先帝之洪業休德，上參堯舜，下配三王！朕之不敏，不能遠德，此子大夫之所睹聞也。賢良明於古今王事之體，受策察問，咸以書對，著之於篇，朕親覽焉。"與此應爲同一詔書，文字略有不同，附見於此。

制曰：蓋聞上古至治，畫衣冠，異章服，[1]而民不犯；陰陽和，五穀登，六畜蕃，[2]甘露降，風雨時，嘉禾興，朱中生，[3]山不童，澤不涸；[4]麟鳳在郊藪，龜龍游於沼，[5]河洛出圖書；父不喪子，兄不哭弟；[6]北發渠搜，南撫交阯，[7]舟車所至，人迹所及，跂行喙息，咸得其宜。[8]

[1]【今注】畫衣冠異章服：傳聞堯舜時，對犯人不用肉刑，而是畫其衣服以象某種刑罰。本書卷六《武紀》："畫象而民不犯。"顏師古注："《白虎通》云：'畫象者，其衣服象五刑也。犯墨者蒙巾，犯劓者以赭著其衣，犯臏者以墨蒙其臏象而畫之，犯宮者扉，犯大辟者布衣無領。'墨謂以墨黥其面也。劓，截其鼻也。臏，去膝蓋骨也。宮，割其陰也。扉，草履也。"王先謙《漢書補注》云："此語亦見《元紀》《刑法志》。《書大傳》云：'唐虞象刑而民不敢犯；苗民用刑而民興相漸'，《孝經援神契》云：'三皇無文，五帝畫象，三王肉刑'，本《尚書》'象以典刑'之語，此今文家説。《荀子·正論篇》云'世俗之爲説者，曰治古無肉刑而有象刑'，謂此。案，《白虎通·五行篇》'臏象'作'臏處'，'扉'

上有‘履雜’二字；《大傳》亦作‘髖處’，‘蒙巾’作‘蒙阜巾’；與《荀子書》及楊倞注所引《慎子》又各不同。”

〔2〕【顏注】師古曰：登，成也。蕃，多也，音扶元反。

〔3〕【顏注】師古曰：中，古草字。

〔4〕【顏注】師古曰：童，無草木也。涸，水竭也，音胡各反。

〔5〕【顏注】師古曰：邑外謂之郊。澤無水曰藪。沼，池也。

〔6〕【今注】案，王先謙《漢書補注》：“無短折。”

〔7〕【顏注】師古曰：言威德之盛，北則徵發于渠搜，南則綏撫於交阯也。渠搜，遠夷之國也。【今注】北發渠搜：本書卷六《武紀》：“北發渠搜。”顏師古注引服虔曰：“地名也。”應劭曰：“《禹貢》析支、渠搜屬雍州，在金城河關之西，西戎也。”晉灼曰：“《王恢傳》‘北發、月支可得而臣’，似國名也。《地理志》朔方有渠搜縣。”臣瓚曰：“《孔子三朝記》云‘北發渠搜，南撫交阯’，此舉北以南爲對也。《禹貢》渠搜在雍州西北。渠搜在朔方。”顏師古以爲，“北發，非國名也，言北方即可徵發渠搜而役屬之。瓚說近是”。案，北發爲中國古代東北古族（參見張碧波《説“北發”》，《昭烏達蒙族師專學報》1999 年第 5 期；張碧波《再説北發族》，《黑龍江社會科學》2002 年第 5 期）。本書《武紀》“北發、渠搜、氐羌徠服”則似以“北發”爲民族，此處則以“北方即可徵發渠搜而役屬之”爲當。渠搜，中國古代西部民族（參見馬雍《新疆佉盧文書中的 kośava 即“罷羝”考——兼論“渠搜”古地名》，《中國民族古文字研究》1980 年；李文實《〈禹貢〉織皮昆侖析支渠搜及三危地理考實》，《中國歷史地理論叢》1988 年第 1 輯；何光岳《渠搜、叟人的來源和遷徙》，《思想戰綫》1991 年第 1 期；余太山《渠搜考》，中國社會科學院歷史研究所編《古史文存·先秦卷》，社會科學文獻出版社 2004 年版，第 331—344 頁）。又縣名，西漢置，屬朔方郡，爲中部都尉治。治所在今内蒙古杭錦

旗北黃河之南。一説在今達拉特旗西北黃河南岸。　交阯：即交
阯。泛指今五嶺以南地區。這裏指漢武帝平南越，後置交阯刺史部
於嶺南，又在今越南北部置交阯郡。

[8]【顔注】師古曰：跂行，有足而行者也。喙息，謂有口
能息者也。跂，音"歧"。喙，音許穢反。

　　　朕甚嘉之，今何道而臻乎此？[1]子大夫脩先聖
之術，[2]明君臣之義，講論洽聞，[3]有聲乎當世，
敢問子大夫：天人之道，何所本始？吉凶之效，
安所期焉？[4]禹湯水旱，厥咎何由？仁義禮知四者
之宜，當安設施？屬統垂業，物鬼變化，[5]天命之
符，[6]廢興何如？天文地理人事之紀，[7]子大夫習
焉。其悉意正議，詳具其對，著之于篇，[8]朕將親
覽焉，靡有所隱。

[1]【顔注】師古曰：臻，至也。

[2]【今注】子大夫：國君對大夫、士或臣下的美稱。

[3]【今注】洽聞：多聞博識。

[4]【顔注】師古曰：安，焉也。

[5]【顔注】師古曰：屬，繫也，音之欲反。其下亦同。【今
注】案，王先謙《漢書補注》以爲"屬統垂業"，下接"物鬼變
化"四字，語似不倫。據公孫弘對"屬統垂業之本也"以下無一
語及"物鬼變化"之事，此疑衍文。

[6]【今注】符：符命。

[7]【今注】紀：要領，法則。

[8]【顔注】師古曰：悉，盡也。篇，簡也。

弘對曰：

臣聞上古堯舜之時，不貴爵賞而民勸善，不重刑罰而民不犯，躬率以正而遇民信也；[1]末世貴爵厚賞而民不勸，深刑重罰而姦不止，其上不正，遇民不信也。夫厚賞重刑未足以勸善而禁非，必信而已矣。是故因能任官，則分職治；[2]去無用之言，則事情得；不作無用之器，即賦斂省；[3]不奪民時，不妨民力，則百姓富；有德者進，無德者退，則朝廷尊；有功者上，無功者下，則群臣逡；[4]罰當罪，則姦邪止；賞當賢，則臣下勸。凡此八者，治民之本也。故民者，業之即不爭，理得則不怨；有禮則不暴，愛之則親上，[5]此有天下之急者也。故法不遠義，則民服而不離；和不遠禮，則民親而不暴。[6]故法之所罰，義之所去也；[7]和之所賞，禮之所取也。禮義者，民之所服也，而賞罰順之，則民不犯禁矣。[8]故畫衣冠，異章服，而民不犯者，此道素行也。[9]

[1]【顏注】師古曰：躬謂身親行之，遇謂處待之而已。

[2]【顏注】師古曰：分，音扶問反。

[3]【今注】案，即，白鷺洲本、大德本、殿本作「則」。

[4]【顏注】李奇曰：言有次第也。師古曰：逡，音七旬反，其字從辵（辵，大德本誤作「之」；白鷺洲本、殿本作「㐌」）。【今注】逡：王先謙《漢書補注》：李訓逡爲有次第，古無此義。逡，退也。言群臣明退讓之義也。《說文》：「逡，復也。」「復」乃「復」之誤字，「復」即「退」字。

[5]【顏注】師古曰：各得其業則無爭心，各申其理則無所怨，使之由禮則無暴慢，子而愛之則知親上也。

[6]【顏注】師古曰：遠，違也，音于萬反。

[7]【顏注】師古曰：去，除也（除，殿本、白鷺洲本作"棄"），音丘呂反（呂，殿本、白鷺洲本作"舉"）。

[8]【今注】不犯禁矣：《漢書考正》宋祁所校監本、浙本止作"不犯矣"。南本云"民之所服也，不犯禁矣，而賞罰順之，則民從"。其以爲"不犯禁矣"四字疑當删，止作"則民從"。

[9]【今注】素：素昔。

　　臣聞之，氣同則從，聲比則應。[1]今人主和德於上，百姓和合於下，[2]故心和則氣和，氣和則形和，形和則聲和，聲和則天地之和應矣。故陰陽和，風雨時，甘露降，五穀登，六畜蕃，嘉禾興，朱草生，山不童，澤不涸，此和之至也。故形和則無疾，無疾則不夭，故父不喪子，兄不哭弟。德配天地，明並日月，則麟鳳至，龜龍在郊，河出圖，洛出書，遠方之君莫不說義，[3]奉幣而來朝，[4]此和之極也。

[1]【顏注】師古曰：比亦和也（亦，殿本無此字），音頻寐反。

[2]【顏注】師古曰：合謂與上合德也。

[3]【顏注】師古曰："說"讀曰"悦"。

[4]【今注】奉幣：猶進貢。

　　臣聞之，仁者愛也，義者宜也，禮者所履

也，[1]智者術之原也。致利除害，兼愛無私，謂之仁；[2]明是非，立可否，謂之義；進退有度，尊卑有分，謂之禮；[3]擅殺生之柄，通壅塞之塗，[4]權輕重之數，論得失之道，使遠近情僞必見於上，謂之術。[5]凡此四者，治之本，道之用也，皆當設施，不可廢也。得其要，[6]則天下安樂，法設而不用；[7]不得其術，則主蔽於上，官亂於下。此事之情，屬統垂業之本也。臣聞堯遭鴻水，使禹治之，未聞禹之有水也。若湯之旱，則桀之餘烈也。[8]桀紂行惡，受天之罰；禹湯積德，以王天下。因此觀之，天德無私親，順之和起，[9]逆之害生。此天文地理人事之紀。臣弘愚戇，不足以奉大對。[10]

[1]【顏注】師古曰：履而行之（殿本、白鷺洲本“履”前有“視”字）。

[2]【顏注】師古曰：致謂引而至也。

[3]【顏注】師古曰：分，音扶問反。

[4]【顏注】師古曰：擅，專也。

[5]【顏注】師古曰：見，顯也。

[6]【今注】得其要：《漢書考正》宋祁曰：南本云“得其要道”，浙本云“得其要術”。王念孫《讀書雜志·漢書第十》以爲“術”字承上文“謂之術”而言，下文“不得其術”又對“得其要術”而言，則應有“術”字。《群書治要》引此有“術”字，荀悦《漢紀》同。

[7]【顏注】師古曰：下不犯法，無所加刑也。

[8]【今注】餘烈：遺留下來的業績，這裏爲貶義。

[9]【今注】順之和起：王念孫《讀書雜志·漢書第十》以爲

"和"當爲"利"草書之誤。"順""逆"與"利""害"皆對文，若作"和"，則不與"害"相對。《文選》王融《永明十一年策秀才文》李善注引此正作"利"。楊樹達《漢書窺管》以爲上文"氣同則從"以下一節專論和，和字凡十餘見，大意謂人主有和德則天地之和應之。此節承之，意謂水旱爲主德不和所致，順天則和起，逆天則害生，害謂災害，非利害之害。王念孫衹求文字爲對文，不顧立言主旨，誤。

[10]【顏注】師古曰：大對，大問之對（大德本、殿本、白鷺洲本"之對"後有"也"字）。

時對者百餘人，太常奏弘第居下。策奏，天子擢弘對爲第一。召見，容貌甚麗，拜爲博士，待詔金馬門。[1]弘復上疏曰："陛下有先聖之位而無先聖之名，[2]有先聖之民而無先聖之吏，是以勢同而治異。先世之吏正，故其民篤；[3]今世之吏邪，故其民薄。政弊而不行，令倦而不聽。夫使邪吏行弊政，用倦令治薄民，民不可得而化，此治之所以異也。臣聞周公旦治天下，朞年而變，三年而化，五年而定。唯陛下之所志。"[4]

[1]【顏注】如淳曰：武帝時，相馬者東門京作銅馬法獻之，立馬於魯斑門外（斑，殿本、白鷺洲本作"班"，下句中同），更名魯斑門爲金馬門。【今注】待詔：指應皇帝徵召隨時待命，以備諮詢顧問。漢朝皇帝徵召才術之士至京，都待詔公車，其中特別優秀的待詔金馬門，備顧問應對，或奉詔而行某事。後遂演變爲官名，凡具一技之長而備諮詢顧問者，如太史、治曆、音律、本草、相工等皆置。　金馬門：漢長安城內未央宮北門。在今陝西西安市西北未央宮遺址。《史記》卷一二六《滑稽列傳》："金馬門者，宦

署門也，門傍有銅馬，故謂之金馬門。"

[2]【今注】名：殿本作"民"，涉下文"有先聖之民而無先聖之吏"而誤。

[3]【顏注】師古曰：篤，厚也。

[4]【顏注】師古曰：言志所在也。

書奏，天子以册書荅曰："問：弘稱周公之治，弘之材能自視孰與周公賢？"[1]弘對曰："愚臣淺薄，安敢比材於周公！雖然，愚心曉然見治道之可以然也。夫虎豹馬牛，禽獸之不可制者也，及其教馴服習之，[2]至可牽持駕服，唯人之從。[3]臣聞揉曲木者不累日，[4]銷金石者不累月，夫人於利害好惡，豈比禽獸木石之類哉？[5]暮年而變，臣弘尚竊遲之。"上異其言。

[1]【顏注】師古曰：與猶如也。

[2]【顏注】師古曰：馴，順也，音"巡"。【今注】教馴：楊樹達《漢書窺管》以爲，馴當讀爲訓。《説文》云："訓，説教也"。"訓""馴"二字同從川聲，故得通用。 服習：猶習慣，適應。

[3]【顏注】師古曰：從人意。

[4]【顏注】師古曰：揉謂矯而正之也。異，積也。揉，音人九反。【今注】揉：使木變形。

[5]【顏注】師古曰：好，音呼到反。惡，音一故反。【今注】案，大德本、殿本、白鷺洲本"夫人"後有"之"字。

時方通西南夷，[1]巴蜀苦之，[2]詔使弘視焉。還奏事，盛毀西南夷無所用，上不聽。每朝會議，開陳其端，使人主自擇，不肯面折庭争。於是上察其行慎厚，辯論有餘，習文法吏事，緣飾以儒術，[3]上説之，[4]一歲中至左内史。[5]弘奏事，有所不可，不肯庭辯。[6]常與主爵都尉汲黯請間，[7]黯先發之，弘推其後，上常説，[8]所言皆聽，以此日益親貴。嘗與公卿約議，[9]至上前，皆背其約以順上指。汲黯庭詰弘曰："齊人多詐而無情，始爲與臣等建此議，[10]今皆背之，不忠。"上問弘，弘謝曰："夫知臣者以臣爲忠，不知臣者以臣爲不忠。"上然弘言。左右幸臣每毁弘，上益厚遇之。弘爲人談笑多聞，[11]常稱以爲人主病不廣大，人臣病不儉節。養後母孝謹，後母卒，服喪三年。

[1]【今注】西南夷：西漢時期分布於今甘肅南部、四川西部南部及雲南、貴州一帶少數民族的總稱。漢武帝時，漢軍殺且蘭、邛、筰諸部族君長，置牂柯等三郡，又以冉駹地爲汶山郡，白馬氐地爲武都郡。後又迫降滇王，以其地置益州郡。

[2]【今注】巴蜀：巴郡，治江州縣（今重慶市）。蜀郡，治成都縣（今四川成都市）。

[3]【顏注】師古曰：緣飾者，譬之於衣，加純緣者。【今注】案，沈欽韓《漢書疏證》引《西京雜記》補證："公孫弘著《公孫子》，言刑名事，謂字直百金。"楊樹達《漢書窺管》引《食貨志》載公孫弘以《春秋》之義繩臣下，取漢相，是所謂緣飾儒術者。

[4]【顏注】師古曰："説"讀曰"悦"。

[5]【今注】左内史：秦漢皆置，掌治京師。武帝時分爲左右内史，又改左内史曰左馮翊，屬官有廩犧令丞尉、左都水、鐵官、雲壘、長安四市四長丞。

[6]【顏注】師古曰：不於朝庭顯辯論之（庭，大德本、殿本作"廷"）。

[7]【顏注】師古曰："求空隙之暇。"【今注】主爵都尉：官名。漢景帝時改主爵中尉置，掌列侯封爵之事。秩二千石。 汲黯：傳見本書卷五〇。

[8]【顏注】師古曰："說"讀曰"悅"。

[9]【顏注】師古曰：約，要也。

[10]【今注】爲：王先謙《漢書補注》以爲讀曰"僞"，楊樹達《漢書窺管》以爲是"將"之意。吳恂《漢書注商》以爲當釋作"是"，謂"始與臣等乃是建此議"。

[11]【顏注】師古曰：善於談笑而又多聞也。談字或作詼，音恢，謂啁也，善啁謔也。

　　爲內史數年，遷御史大夫。[1]時又東置蒼海，[2]北築朔方之郡。[3]弘數諫，以爲罷弊中國以奉無用之地，[4]願罷之。於是上迺使朱買臣等難弘置朔方之便，[5]發十策，弘不得一。[6]弘迺謝曰："山東鄙人，[7]不知其便若是，願罷西南夷、蒼海，專奉朔方。"上迺許之。汲黯曰："弘位在三公，奉禄甚多，[8]然爲布被，[9]此詐也。"上問弘，弘謝曰："有之。夫九卿與臣善者無過黯，然今日庭詰弘，誠中弘之病。夫以三公爲布被，誠飾詐欲以釣名。[10]且臣聞管仲相齊，[11]有三歸，[12]侈擬於君，[13]桓公以霸，[14]亦上僭於君。晏嬰相景公，食不重肉，妾不衣絲，齊國亦治，亦下比於民。[15]今臣弘位爲御史大夫，爲布被，自九卿以下至於小吏無差，誠如黯言。且無黯，陛下安聞此言？"上以爲有讓，愈益賢之。

[1]【今注】案，楊樹達《漢書窺管》："弘爲御史大夫，止武帝勿以甯成爲郡守，見《酷吏・義縱傳》。議殺郭解，見《游俠傳》。"

[2]【今注】蒼海：亦作"滄海郡"。西漢武帝元朔間置，治所在今朝鮮江原道境内，後廢。

[3]【今注】朔方：西漢武帝元朔間置，治朔方縣（今内蒙古杭錦旗東北）。轄境相當於今内蒙古鄂爾多斯市西北部及巴彥淖爾市河套地區。

[4]【顏注】師古曰："罷"讀曰"疲"（殿本無此注）。【今注】奉：供給。

[5]【今注】朱買臣：傳見本書卷六四上。

[6]【顏注】師古曰：言其利害十條，弘無以應之。【今注】案，《史記》卷一二二《平津侯主父列傳》裴駰《集解》載韋昭曰："弘才非不能得一，以爲不可，不敢逆上故耳。"

[7]【今注】山東：戰國、秦、漢時期，通稱華山或崤山以東爲山東，與漢代"關東"含義相同。

[8]【顏注】師古曰：奉，音扶用反。其下亦同。

[9]【今注】爲布被：指不用絲爲被。沈欽韓《漢書疏證》引《鹽鐵論・救匱》補證云："公孫弘布被，兒寬練袍。"

[10]【顏注】師古曰：鈎，取也。言若鈎魚之謂也。

[11]【今注】管仲：與下文晏嬰傳均見《史記》卷六二。

[12]【顏注】師古曰：三歸，取三姓女也。婦人謂嫁曰歸。【今注】三歸：見《論語・八佾》："子曰：'管仲之器小哉！'或曰：'管仲儉乎？'曰：'管氏有三歸，官事不攝，焉得儉？'"歷代争議較多，除顏注"取三姓女"外，還有以"三歸"爲臺、爲租税、爲泉幣府庫、爲采邑等多種説法（參見陳翠萍《"三歸"與"反坫"》，《社會科學戰綫》1991年第1期；劉興林《管仲"三歸"考》，《江蘇社會科學》1992年第2期；趙緼《管仲三歸考辨》《管

子學刊》1992 年第 3 期；李衡眉《〈論語〉"三歸"另解》，《孔子研究》1992 年第 3 期；謝芳慶《"三歸"斠釋》，《辭書研究》1993年第 3 期；張富祥《管仲"三歸"考》，《齊魯文化研究》第 1 輯；胡雪麗《釋"三歸"》，《漢語史學報》第 7 輯；耿振東《〈論語〉"三歸"考辨》，《諸子學刊》第 8 輯；楊逢彬、李瑞《〈論語〉"三歸"考》，《上海大學學報》2016 年第 2 期）。

　　[13]【顏注】師古曰：擬，疑也，言相似也。

　　[14]【今注】桓公：齊桓公，與下文景公事迹見《史記》卷三二《齊太公世家》。

　　[15]【顏注】師古曰：比，方也。一曰，比，近也，頻寐反。

　　元朔中，[1]代薛澤爲丞相。[2]先是，漢常以列侯爲丞相，唯弘無爵，上於是下詔曰："朕嘉先聖之道，開廣門路，宣招四方之士，蓋古者任賢而序位，[3]量能以授官，勞大者厥禄厚，德盛者獲爵尊，故武功以顯重，而文德以行褒。其以高成之平津鄉户六百五十封丞相弘爲平津侯。"[4]其後以爲故事，至丞相封，自弘始也。時上方興功業，婁舉賢良。[5]弘自見爲舉首，[6]起徒步，[7]數年至宰相封侯，於是起客館，開東閣以延賢人，[8]與參謀議。弘身食一肉，脱粟飯，[9]故人賓客仰衣食，[10]奉禄皆以給之，家無所餘。然其性意忌，外寬内深。[11]諸常與弘有隙，無近遠，雖陽與善，後竟報其過。殺主父偃，[12]徙董仲舒膠西，[13]皆弘力也。

　　[1]【今注】元朔：漢武帝年號（前 128—前 123）。案，王先謙《漢書補注》引司馬光《通鑑考異》云："《史記·將相名臣表》

《漢書·百官公卿表》，弘爲相皆在元朔五年，《建元以來侯者表》《恩澤侯表》皆云元朔三年封侯。按，三年弘始爲御史大夫。蓋誤書‘五’爲‘三’，因置於三年耳。”

[2]【今注】薛澤：高祖功臣廣平侯薛歐孫。漢武帝元光四年（前131）爲丞相，元朔五年免職。楊樹達《漢書窺管》：“弘爲相，請禁民毋得挾弓弩，見《吾丘壽王傳》。數稱張湯之美，見《湯傳》。”

[3]【今注】序位：列次官位。指愈賢者官位越高。

[4]【今注】高成：縣名。治所在今河北鹽山縣東南故城。

[5]【顏注】師古曰：妻，古屖字。

[6]【今注】舉首：舉賢良之首。

[7]【今注】徒步：謂出行無車馬，指平民。

[8]【顏注】師古曰：閣者，小門也，東向開之，避當庭門而引賓客，以別於掾史官屬也。【今注】開東閣以延賢人：錢大昭《漢書辨疑》引《西京雜記》補證：“其一曰欽賢館，以待大賢；次曰翹材館，以待大才；次曰接士館，以待國士。其有德任毗贊、佐理陰陽者，處欽賢之館；其有才堪九列將軍、二千石者，居翹材之館；其有一介之善、一方之藝，居接士之館。”王先謙《漢書補注》引姚鼐以爲，“閣”是小門，指不以賢者爲吏屬，別開門延用。陳直《漢書新證》：“殿本閣作閤，西安漢城天禄閣遺址曾出天禄閣瓦當（咸陽郭氏所藏拓本，未著録）。望都壁畫侍閤題字，皆借閤爲閣字，與本文同。”

[9]【顏注】師古曰：才脱粟而已，不精鑿也。脱，音他活反（活，大德本誤作“而”）。【今注】脱粟：糙米；祇去皮殼、不加精製的米。

[10]【顏注】師古曰：故人，平生故交也。仰，音牛向反。【今注】故人賓客：沈欽韓《漢書疏證》引《西京雜記》補證云：“弘起家徒步，爲丞相，故人高賀從之。弘食以脱粟飯，覆以布被。賀怨曰：‘何用故人富貴爲！脱粟布被，我自有之。’弘大慙。賀告

人曰：'公孫弘内服貂蟬，外衣麻枲，内厨五鼎，外膳一肴，豈可以示天下！'於是朝廷疑其矯焉。弘嘆曰：'甯逢惡賓，不逢故人。'"

[11]【顏注】師古曰：意忌，多所忌害也。【今注】意忌：王念孫《讀書雜志・史記第六》以爲"意""忌"二字平列。意者，疑也。内多疑忌，故曰"外寬内深"。《廣雅》："意，疑也"。本書卷四七《文三王傳》顏注："意，疑也。"本書卷四〇《陳平傳》、卷五九《張湯傳》並同。

[12]【今注】主父偃：傳見本書卷六四上。

[13]【今注】董仲舒：傳見本書卷五六。 膠西：西漢文帝十六年（前164）置，封齊悼惠王子印爲膠西王。治高密縣（今山東高密市西南四十里前田莊）。轄境約當今山東膠河以西，高密市以北地區。

後淮南、衡山謀反，[1]治黨與方急，[2]弘病甚，自以爲無功而封侯，[3]居宰相位，宜佐明主填撫國家，[4]使人由臣子之道。[5]今諸侯有畔逆之計，[6]此大臣奉職不稱也。[7]恐病死無以塞責，[8]乃上書曰："臣聞天下通道五，[9]所以行之者三。君臣、父子、夫婦、長幼、朋友之交，五者天下之通道也；仁、知、勇三者，所以行之也。故曰'好問近乎知，[10]力行近乎仁，[11]知恥近乎勇。[12]知此三者，知所以自治。知所以自治，然後知所以治人。'[13]未有不能自治而能治人者也。陛下躬孝弟，監三王，[14]建周道，兼文武，招俠四方之士，[15]任賢序位，量能授官，將以屬百姓勸賢材也。今臣愚駑，無汗馬之勞，[16]陛下過意擢臣弘卒伍之中，[17]封爲列侯，致位三公。臣弘行能不足以稱，[18]

加有負薪之疾,[19]恐先狗馬填溝壑,[20]終無以報德塞責。願歸侯,乞骸骨,避賢者路。"

[1]【今注】淮南衡山：淮南，指淮南王劉安。衡山，指衡山王劉賜。二人傳見本書卷四四。

[2]【今注】黨與：同黨。　方：正在，正當。

[3]【今注】案，白鷺洲本無"而"字。

[4]【顏注】師古曰：填，音竹刃反（刃，白鷺洲本誤作"正"）。【今注】填撫：鎮定安撫。填，通"鎮"。

[5]【顏注】師古曰：由，從也。

[6]【今注】案，今，殿本作"而"。

[7]【顏注】師古曰：稱，副也。

[8]【顏注】師古曰：塞，當也。

[9]【今注】通道：普遍適用之道。

[10]【顏注】師古曰：疑則問之，故成其智。

[11]【顏注】師古曰：屈己濟物，故爲仁也。

[12]【顏注】師古曰：不求苟得，故爲勇也。

[13]【顏注】師古曰：自"好問近乎智"以下（智，殿本作"知"），皆《禮記·中庸》之辭。

[14]【今注】監三王：監，借鑒，參考。三王，夏商周三代君主，這裏指三代制度。

[15]【今注】招俫：招引，延攬。亦作"招徠""招來"。

[16]【顏注】師古曰：言未嘗從軍旅（嘗，白鷺洲本誤作"常"）。

[17]【顏注】師古曰：過猶誤也。【今注】過意：周壽昌《漢書注校補》以爲猶言過垂恩意。

[18]【顏注】師古曰：不副其任也。

[19]【今注】負薪：古代士自稱疾病的謙辭。

[20]【今注】狗馬：臣下對君主自謙之詞。　填溝壑："死"的婉辭。

上報曰："古者賞有功，襃有德，守成上文，遭遇右武，[1]未有易此者也。[2]朕夙夜庶幾獲承至尊，[3]懼不能寧，惟所與共爲治者，君宜知之。[4]蓋君子善善及後世，若兹行，常在朕躬。[5]君不幸罹霜露之疾，何恙不已，[6]乃上書歸侯，乞骸骨，是章朕之不德也。[7]今事少閒，[8]君其存精神，止念慮，輔助醫藥以自持。"[9]因賜告牛酒雜帛。[10]居數月，有瘳，視事。

[1]【顏注】師古曰：右亦上也，禍亂時則上武耳。【今注】遇：殿本、白鷺洲本作"禍"。王先謙《漢書補注》以爲據顏注，亦當是"禍"字。《史記》作"遭遇"，司馬貞《索隱》引顏注云"言遭遇亂時而上武也"，又與此注異。或是"遇"字篆文與"禍"相涉，因訛"禍"爲"遇"。

[2]【顏注】師古曰：易，改也。

[3]【今注】庶幾：有幸。

[4]【顏注】師古曰：惟，思也。知謂知道治也（道治，大德本、殿本作"治道"）。

[5]【顏注】師古曰：朕常思此，不息於心也。【今注】案，王先謙《漢書補注》指出《史記》作"蓋君子善善惡惡，君宜知之，君若謹行，常在朕躬"。復引郭嵩燾云："此答其歸侯之意。善善及後世，謂世傳國爲侯。行者，所以行賞也。武帝自言身任賞罰之權。與《史記》文義各別，而《漢書》爲勝。"又，"兹行"前大德本無"若"字。

[6]【顏注】師古曰：罹，遭也。恙，憂也。已，上也（上，

殿本、大德本、白鷺洲本作“止”，是）。言何憂於疾不止也。《禮記》曰“疾止復初”也。【今注】恙：《史記》卷一一二《平津侯主父列傳》裴駰《集解》引《漢書音義》曰：“何恙，喻小疾不以時愈。”司馬貞《索隱》：“恙，憂也。言罹霜露寒涼之疾，輕，何憂於病不止。”

　　[7]【顏注】師古曰：章，明也。

　　[8]【顏注】師古曰：閒言有空隙也。“閒”讀曰“閑”。

　　[9]【今注】自持：自我維持。

　　[10]【今注】告：告假。王先謙《漢書補注》引郭嵩燾，以爲如《後漢書》卷四六《陳忠傳》李賢注：“古者名吏休假曰告。”本書卷五〇《汲黯傳》：“黯多病，病且滿三月，上常賜告者數。”此連“牛酒雜帛”爲文，謂因賜告假，兼賜牛酒雜帛。

　　凡爲丞相、御史六歲，年八十，終丞相位。[1]其後李蔡、嚴青翟、趙周、石慶、公孫賀、劉屈氂繼踵爲丞相。[2]自蔡至慶，丞相府客館丘虛而已，[3]至賀、屈氂時壞以爲馬厩、車庫、奴婢室矣，[4]唯慶以惇謹，復終相位，[5]其餘盡伏誅云。弘子度嗣侯，爲山陽太守十餘歲，[6]詔徵鉅野令史成詣公車，[7]度留不遣，坐論爲城旦。[8]

　　[1]【今注】案，王先謙《漢書補注》引陳鵬年云：“按《史記》，弘以建元元年徵爲博士，罷歸，年六十。至元光五年，凡十一年，年七十一。是年即以博士爲左內史。元朔三年爲御史大夫，年七十五。五年爲丞相，年七十七。元狩二年三月薨。在相位二年餘，年八十。”楊樹達《漢書窺管》：“弘以元狩二年卒，年八十，則當生於漢高帝七年辛酉。徵博士罷歸事在建元元年，其年弘年當

爲六十一也。"

[2]【顏注】師古曰：繼踵，言相躡也。屈，音丘勿反，又鉅勿反。氂，音力之反。【今注】李蔡：隴西成紀（今甘肅秦安縣）人。李廣從弟。漢文帝時與其兄廣同爲郎，景帝時積功官至二千石。武帝元朔中，爲輕車將軍，從大將軍衞青擊匈奴右賢王，有功封樂安侯。元狩二年（前121）代公孫弘爲丞相。後因侵盜陽陵墳地，下獄自殺。 嚴青翟：即莊青翟。莊不識孫。漢文帝後元二年（前162），嗣爵爲武强侯。武帝建元中，爲御史大夫。元狩中爲丞相。後朱買臣等丞相三長史謀陷御史大夫張湯，致湯自殺。武帝聞知，盡殺三長史，牽連青翟下獄自殺。 趙周：趙夷吾子。以父功封商陵侯。任太子太傅。武帝元鼎中爲丞相。後坐酎金下廷尉，自殺。 石慶：傳見本書卷四六。 公孫賀：傳見本書卷六六。 劉屈氂：傳見本書卷六六。

[3]【顏注】師古曰：言不能進賢，故不繕脩其室屋也。"虛"讀曰"墟"。【今注】丘虛：王先謙《漢書補注》引郭嵩燾以爲，本書卷四五《息夫躬傳》云"寄居丘亭"，顏注云："丘，空也。"是當時或名空虛爲丘虛。依師古前注，則此不當讀"虛"爲"墟"。

[4]【今注】案，陳直《漢書新證》：《鹽鐵論·救匱》云："而葛繹彭侯之等，壞其緒，紕亂其紀，毀其客館議堂，以爲馬厩婦舍，無養士之禮，而尚驕矜之色。"與本文正合。庫，王先謙《漢書補注》引《説文》釋云："庫，兵車藏也，从車在广下。"

[5]【顏注】師古曰：惇，厚也，音"敦"。

[6]【今注】山陽：西漢景帝中分梁國置山陽國，立梁孝王子定爲山陽王。武帝建元五年（前136）改爲山陽郡，治昌邑縣（今山東巨野縣南六十里）。

[7]【今注】鉅野令史：鉅野縣，西漢置，屬山陽郡。治所在今山東巨野縣東北。令史，縣令屬吏。 公車：漢代官署名。爲衞

尉的下屬機構，設公車令，掌管宮殿司馬門的警衛。天下上事及徵召等事宜，經由此處受理。後以指此類官署。

　　[8]【今注】城旦：秦漢時强制男犯築城的刑罰。本書卷二《惠紀》："上造以上及內外公孫耳孫有罪當刑及當爲城旦舂者，皆耐爲鬼薪白粲。"應劭注："城旦者，旦起行治城。"常與其他刑罰結合施用，如黥城旦、髡鉗城旦等。

　　元始中，脩功臣後，[1]下詔曰："漢興以來，股肱在位，身行儉約，輕財重義，未有若公孫弘者也。位在宰相封侯，而爲布被、脫粟之飯，奉禄以給故人賓客，無有所餘，可謂減於制度，[2]而率下篤俗者也，[3]與內富厚而外爲詭服以釣虛譽者殊科。[4]夫表德章義，所以率世厲俗，聖王之制也。其賜弘後子孫之次見爲適者，[5]爵關內侯，食邑三百户。"

　　[1]【今注】脩：謂舉進。
　　[2]【顏注】應劭曰：禮，貴有常尊，衣服有品。
　　[3]【顏注】師古曰：篤，厚也。
　　[4]【顏注】師古曰：詭，違也。詭服，謂與心志相違也。一曰，違衆之服也。【今注】富厚：殿本作"厚富"。　科：品。
　　[5]【顏注】師古曰：見，音胡電反。"適"讀曰"嫡"。【今注】次：王先謙《漢書補注》謂世次。

　　卜式，河南人也。[1]以田畜爲事。有少弟，弟壯，式脫身出，[2]獨取畜羊百餘，田宅財物盡與弟。式入山牧，十餘年，羊致千餘頭，買田宅。而弟盡破其產，式輒復分與弟者數矣。[3]時漢方事匈奴，式上書，願輸家財半助邊。[4]上使使問式："欲爲官乎？"式曰："自小牧羊，不習仕宦，不願也。"使者曰："家豈有冤，欲言事乎？"式曰："臣生與人亡所爭，邑人貧者貸之，[5]不善者教之，所居，人皆從式，式何故見冤！"使者曰："苟，子何欲？"[6]式曰："天子誅匈奴，愚以爲賢者宜死節，有財者宜輸之，如此而匈奴可滅也。"使者以聞。上以語丞相弘。弘曰："此非人情。不軌之臣，[7]不可以爲化而亂法，願陛下勿許。"上不報，數歲乃罷式。式歸，復田牧。

[1]【今注】河南：郡名。漢高帝時改河南國置，治洛陽縣（今河南洛陽市東北）。

[2]【顏注】師古曰：脫身謂引身出也。脫，音他活反（他，殿本、白鷺洲本作"徒"）。

[3]【顏注】師古曰：數，音所角反。【今注】數：多次。

[4]【今注】輸：繳納，捐獻。

[5]【顏注】師古曰：貸，音土戴反。

[6]【顏注】師古曰：言子苟如此輸財，必有所欲。【今注】案，《漢書考證》齊召南據《史記·平準書》作"苟如此，子何欲而然"，以爲此傳節去數字，意似不完整。

[7]【顏注】師古曰：軌亦法也。

歲餘，會渾邪等降，[1]縣官費衆，[2]倉府空，[3]貧民大徙，皆印給縣官，[4]無以盡贍。式復持錢二十萬與河南太守，[5]以給徙民。河南上富人助貧民者，[6]上識式姓名，曰："是固前欲輸其家半財助邊。"乃賜式外繇四百人，[7]式又盡復與官。是時富豪皆爭匿財，[8]唯式尤欲助費。上於是以式終長者，乃召拜式爲中郎，[9]賜爵左庶長，[10]田十頃，布告天下，尊顯以風百姓。[11]

[1]【今注】渾邪：一作"昆邪"，匈奴王。漢武帝元狩中，匈奴伊穉斜單于因渾邪與休屠王居西方數爲漢兵所敗，損失數萬人，欲並召而誅之。渾邪畏誅，遂與休屠王合謀降漢，後休屠王猶豫，遂殺死休屠王吞併其衆，率衆投降漢朝。武帝封其爲漯陰侯，邑萬户，對其部衆置五屬國加以安置，以其地爲武威、酒泉郡。

[2]【今注】縣官：朝廷。

[3]【顏注】師古曰：倉，粟所積也。府，錢所聚也。

[4]【顏注】師古曰：卬，音牛向反。【今注】卬給：依賴。"卬"古同"仰"。

[5]【今注】案，二，白鷺洲本作"三"。

[6]【今注】案，周壽昌《漢書注校補》以爲《史記》"助"下有"籍"字，當有。指卜式姓名在載籍中。

[7]【顏注】蘇林曰：外繇謂戍邊也。一人出三百錢，謂之過更。式歲得十二萬錢也。一説，在縣役之外得復除四百人也。師古曰：一説是也。【今注】外繇：王先謙《漢書補注》引郭嵩燾以爲："漢律，踐更、過更，謂之縣戍。出錢給代更者，皆官主之，故名更賦。外繇正謂出縣戍錢者。"下文云"式又盡復與官"，是所賜者四百人更賦錢，又復納之官，非復除至四百人。一説誤。

[8]【顏注】師古曰：匿，藏也。

[9]【今注】中郎：秦漢皆置。掌守衞宮殿門户，出充車騎。屬郎中令，秩比六百石。

[10]【顏注】師古曰：弟十爵。

[11]【顏注】師古曰："風"讀曰"諷"。

初式不願爲郎，上曰："吾有羊在上林中，[1]欲令子牧之。"式既爲郎，布衣屨蹻而牧羊。[2]歲餘，羊肥息。[3]上過其羊所，善之。式曰："非獨羊也，治民亦猶是矣。[4]以時起居，惡者輒去，[5]毋令敗群。"上奇其言，欲試使治民。拜式緱氏令，[6]緱氏便之；遷成皋令，[7]將漕，最。[8]上以式朴忠，[9]拜爲齊王太傅，[10]轉爲相。[11]

[1]【今注】上林：即上林苑，在今陝西西安市西南鄠邑區、周至縣一帶。秦始皇時營建朝宮於苑中，阿房宮爲其前殿。漢初荒廢。高祖許民入苑開墾。武帝時，又收爲宮苑，周圍達二百多里，苑內放養禽獸，供皇帝射獵，並建離宮、觀、館數十處。

[2]【顏注】師古曰：蹻（蹻，白鷺洲本誤作"僑"），即今之鞵也（今之鞵，殿本、白鷺洲本作"今草蹻"），南方謂之蹻。字本作"屩"，並音居略反。【今注】案，中，殿本作"草"。

[3]【顏注】師古曰：息，生也。言羊既肥而又生多也。

[4]【今注】案，矣，白鷺洲本作"也"。

[5]【顏注】師古曰：去，除也，音丘呂反（丘呂，殿本作"邱巨"，白鷺洲本"丘巨"，"巨"誤）。【今注】惡者輒去：沈欽韓《漢書疏證》引《齊民要術》證云："羊有疥者閒別之；不別，相染汙，或能合群致死。"

[6]【今注】緱氏：秦置，屬三川郡。西漢時屬河南郡。治所在今河南偃師市東南府店鎮北二里。

[7]【今注】成皋：西漢置，屬河南郡。治所在今河南滎陽市西北汜水鎮。

[8]【顏注】師古曰：爲縣令而又使領漕，其課最上。

[9]【顏注】師古曰：朴，質也。

[10]【今注】齊王：齊懷王劉閎。傳見本書卷六三。　太傅：指諸侯王太傅。皇子封王，其郡爲國，置太傅一人輔王，導王以善，禮如師，不臣。成帝改太傅曰傅，俸二千石。

[11]【今注】相：指諸侯王相。

　　會吕嘉反，[1]式上書曰：“臣聞主媿臣死。[2]群臣宜盡死節，其駑下者宜出財以佐軍，如是則强國不犯之道也。[3]臣願與子男，[4]及臨菑習弩、博昌習船者請行死之，[5]以盡臣節。”[6]

[1]【今注】吕嘉：事迹見本書卷九五《西南夷兩粤朝鮮傳》。

[2]【今注】媿：古同“愧”。

[3]【顔注】師古曰：國家咸强而不見侵犯。

[4]【顔注】師古曰：子男，自謂其子也。

[5]【今注】臨菑：縣名。秦置，爲臨淄郡治。治所在今山東淄博市臨淄區北。後項羽封田都爲齊王，西漢時初封庶長子肥爲齊王，皆都臨淄。西漢爲齊郡治。　習弩：陳直《漢書新證》：“《齊魯封泥集存》六十二頁，有‘發弩’封泥。此等封泥皆出臨菑，足證臨菑人長於射弩。”　博昌：縣名。西漢置，屬千乘郡。治所在今山東博興縣東南。

[6]【顔注】師古曰：從軍而致死。

　　上賢之，下詔曰：“朕聞報德以德，報怨以直。[1]今天下不幸有事，郡縣諸侯未有奮繇直道者也。[2]齊相雅行躬耕，[3]隨牧蓄番，輒分昆弟，更造，[4]不爲利惑。[5]日者北邊有興，[6]上書助官。往年西河歲惡，率齊人入粟。[7]今又首奮，[8]雖未戰，可謂義形於内矣。[9]其賜式爵關內侯，黃金四十斤，田十頃，布告天下，使明知之。"

[1]【顏注】師古曰：《論語》稱孔子曰"以直報怨，以德報德"，故詔引之。【今注】案，語見《論語·憲問》。

[2]【顏注】孟康曰：未有奮迅樂出身勞於徭役者也。臣瓚曰：言未有奮屬於正直之道也（殿本"之道"後無"也"字）。師古曰：二說皆非也。奮，憤激也。繇讀與由同。由，從也。直道，謂報怨以直，征南越也。言無欲奮屬而從於報怨之道也。【今注】奮繇直道：楊樹達《漢書窺管》以爲"繇""由"字通，臣瓚說是。《爾雅》云："繇，於也。"《毛詩·大雅·抑》云："無易由言。"鄭玄《箋》云："由，於也。"

[3]【顏注】臣瓚曰：雅，素也。言卜式躬耕於野，不要名利。晉灼曰：雅，正也。師古曰：晉說是也（殿本無"晉說是也"四字）。言其行雅正，又躬耕也。

[4]【顏注】師古曰：言蓄牧滋多（殿本"蓄牧"前有"其"字），則與昆弟，而更自營爲也。番，音扶元反。【今注】案，番，殿本作"蕃"，通。

[5]【顏注】師古曰：言不惑於利。【今注】惑：《漢書考正》宋祁指出"惑"一本作"或"。王念孫《讀書雜志·漢書第十》以爲"惑"字《漢書》本作"或"，故師古曰"言不惑於利"。若直作"惑"，則不煩訓釋了。

[6]【顏注】師古曰：日者，往日也。興謂發軍。

[7]【顏注】師古曰：西河歲惡（白鷺洲本、大德本、殿本無"西河"二字），猶凶歲也。《禮記》曰："歲凶，年穀不登。"【今注】西河：郡名。西漢置，治平定縣（今內蒙古伊金霍洛旗東南境）。

[8]【顏注】師古曰：爲首而奮屬，願從軍也。

[9]【顏注】師古曰：形，見也。

元鼎中，[1]徵式代石慶爲御史大夫。式既在位，言郡國不便鹽鐵而船有算，[2]可罷。上由是不説式。[3]明年當封禪，[4]式又不習文章，[5]貶秩爲太子太傅，[6]以兒寬代之。式以壽終。

[1]【今注】元鼎：漢武帝年號（前116—前111）。

[2]【今注】鹽鐵：煮鹽、鑄鐵官營。　船有算：船稅。本書《食貨志下》："船五丈以上一算。"一算爲一百二十文。

[3]【顏注】師古曰："説"讀曰"悦"。【今注】不説式：楊樹達《漢書窺管》："詳見《食貨志》下卷。據志文，式因孔僅言之。又此類皆桑弘羊主其事，武帝正信賴弘羊甚，而式力詆羊，亦見《食貨志》。故武帝不説也。"

[4]【今注】封禪：帝王祭天地的大典。在泰山上築土爲壇，報天之功，稱封；在泰山下的梁父山上辟場祭地，報地之德，稱禪。

[5]【今注】文章：何焯《義門讀書記》卷一八以爲，文章，謂文物典章。

[6]【今注】太子太傅：與太子少傅並稱太子二傅。西漢初掌保養、監護、輔翼太子，昭、宣以後兼掌教諭訓導。秩二千石。與太子少傅同領太子門大夫、庶子、洗馬、舍人等東宮官屬。新莽改名太子師。

兒寬，[1]千乘人也。[2]治《尚書》，事歐陽生。[3]以郡國選詣博士，受業孔安國。[4]貧無資用，嘗爲弟子都養。[5]時行賃作，[6]帶經而鉏，[7]休息輒讀誦，其精如此。以射策爲掌故，[8]功次補廷尉文學卒史。[9]

[1]【今注】兒寬：或作"倪寬"。關於"兒"姓，陳直《漢書新證》："《魏相傳》云：'兒湯舉秋。'《隸釋》卷九《魯峻碑》陰有兒雄題名。卷七《楊統碑》陰有兒銀題名。皆省郳作兒，無作倪者。《漢印文字徵》第八、二十頁，有'兒尊'印亦其證。"

[2]【顏注】師古曰：千乘郡千乘縣也。兒音五奚反。【今注】千乘：郡、縣名。治所在今山東高青縣東南。

[3]【今注】歐陽生：傳見本書卷八八。楊樹達《漢書窺管》："《論衡·正說篇》謂鼂錯从伏生受《尚書》而傳於兒寬，與此及《儒林傳》並不同。《儒林傳》云：'寬授歐陽生之子，歐陽大小夏侯之學，皆出於寬也。'"白鷺洲本"歐陽生"前無"事"字。

[4]【今注】孔安國：傳見本書卷八八。

[5]【顏注】師古曰：都，凡衆也。養，主給亨炊者也（亨，殿本、白鷺洲本作"烹"，通，下同）。貧無資用，故供諸弟子亨炊也。養，音弋向反（殿本無"音"字）。

[6]【今注】賃作：受雇爲人勞作。關於兩漢時期的"雇傭"問題，參見翦伯贊《兩漢時期的僱傭勞動》（《北京大學學報》1959年第1期）、石洋《兩漢三國時期"傭"群體的歷史演變：以民間雇傭爲中心》（《中國史研究》2014年第3期）、薛英群《居延漢簡中的雇傭勞動者試析》（《蘭州學刊》1986年第5期）、安忠義《漢簡中的雇傭勞動者》（《魯東大學學報》2009年第5期）。

[7]【今注】鉏：古同"鋤"。

[8]【今注】射策：漢代考試取士方法之一。本書卷七八《蕭望之傳》："望之以射策甲科爲郎。"顏師古注："射策者，謂爲難問疑義書之於策，量其大小署爲甲乙之科，列而置之，不使彰顯。有欲射者，隨其所取得而釋之，以知優劣。射之言投射也。" 掌故：亦稱"掌固"。西漢置，屬太常，故亦稱太常掌故，秩百石。又有

文學掌故、太史掌故、治禮掌故等。熟習禮樂制度等典章故事，備諮詢。武帝時，丞相公孫弘請置博士弟子，一歲皆試，能通一藝以上，補文學掌故；擇太常掌故補中二千石曹史，文學掌故補郡屬曹史。後遂成定制，歲課甲、乙、丙三科，其丙科即補文學掌故，射策得乙科可爲太常掌故、太史掌故。

[9]【顏注】蘇林曰：秩六百石，舊郡亦有也。臣瓚曰：漢注卒史秩百石。師古曰：瓚説是也。【今注】廷尉文學卒史：王先謙《漢書補注》引郭嵩燾，以爲此是廷尉官屬，不與郡卒史同。文學卒史主行文書。下云“除爲從史”，後又“以爲奏讞掾”，似卒史有員額。從史無員額，其秩又在掾下。廷尉左右平秩六百石，掾史之屬自當下之，故知蘇林説非。

寬爲人温良，有廉知自將，[1] 善屬文，[2] 然懦於武，[3] 口弗能發明也。[4] 時張湯爲廷尉，[5] 廷尉府盡用文史法律之吏，[6] 而寬以儒生在其間，見謂不習事，不署曹，[7] 除爲從史，[8] 之北地視畜數年。[9] 還至府，上畜簿。[10]

[1]【顏注】師古曰：將，衞也，以智自衞護也。【今注】有：楊樹達《漢書窺管》以爲“有”當作“以”，“以”古字作“㠯”，形近而誤。本書卷七六《張敞傳》“以經術自輔”與此句例同。

[2]【顏注】師古曰：屬，綴也，音之欲反。

[3]【顏注】師古曰：懦，柔也，音乃喚反，又音“儒”。

[4]【今注】口弗能發明：陳直《漢書新證》據《鹽鐵論·刺復篇》補證云：“是以曹丞相日飲醇酒，倪大夫閉口不言。故治大者不可以煩，煩則亂，治小者不可以怠，怠則廢。”以爲與本文正合。

[5]【今注】張湯：傳見本書卷五九。　廷尉：戰國秦始置，

秦、西漢沿置。主管詔獄。列位九卿，秩中二千石。

[6]【顏注】師古曰：史謂善史書者。【今注】案，府，大德本誤作"應"。

[7]【顏注】張晏曰：不署爲列曹也。師古曰：署，表也，置也。凡言署官，表其秩位，置立爲之也。

[8]【顏注】師古曰：從史者，但衹隨官僚，不主文書。【今注】案，陳直《漢書新證》："《隸釋》卷一七《益州太守無名碑》，有從史二人題名，皆爲牧靡縣籍貫，與本文正合。東漢郡縣吏之名稱，多因襲於西漢。又《倉頡廟碑》陰題，有從掾位，當與從史相類似。顏注多就文生訓，不究根源，兹條尤爲明顯之例。"

[9]【顏注】師古曰：之，往也。畜謂廷尉之畜在北地者，若今諸司公廨牛羊。【今注】視畜：陳直《漢書新證》："養畜官吏稱畜官，府稱某畜府。《善齋吉金録‧璽印録》卷中、十三頁，有'畜官'印。《十鐘山房印舉》舉二、五十六頁，有'榆畜府'印均可證。"

[10]【顏注】師古曰：簿謂文計也。

會廷尉時有疑奏，已再見卻矣，[1]掾史莫知所爲。寬爲言其意，掾史因使寬爲奏。成，[2]讀之皆服，以白廷尉湯。湯大驚，召寬與語，乃奇其材，以爲掾。上寬所作奏，即時得可。異日，湯見上。問曰："前奏非俗吏所及，誰爲之者？"湯言兒寬。上曰："吾固聞之久矣。"湯由是鄉學，[3]以寬爲奏讞掾，[4]以古法義決疑獄，[5]甚重之。及湯爲御史大夫，以寬爲掾，舉侍御史。[6]見上，語經學。上説之，從問《尚書》一篇。[7]擢爲中大夫，[8]遷左内史。

[1]【顏注】師古曰：卻，退也。

[2]【今注】案，白鷺洲本、大德本、殿本"成"上複有一"奏"字。

[3]【顏注】師古曰："鄉"讀曰"嚮"。

[4]【今注】奏讞掾：爲廷尉屬官，掌刑獄案牘上奏事。

[5]【今注】古法義決疑獄：指以經術決疑獄。

[6]【今注】侍御史：掌糾彈非法，督察郡縣，治理刑獄，或奉旨出使。又分治書侍御史、符節侍御史、繡衣直指等。隸於御史大夫屬官御史中丞，秩六百石。

[7]【顏注】師古曰："說"讀曰"悅"。【今注】案，本書卷八八《儒林傳》："寬有俊材，初見武帝，語經學。上曰：'吾始以《尚書》爲樸學，弗好，及聞寬說，可觀。'乃從寬問一篇。"

[8]【今注】中大夫：秦、漢時置。爲皇帝侍從官員。掌論議，侍從皇帝左右。無定員，多至數十人。屬郎中令，秩比二千石。漢武帝時更名光禄大夫。

　　寬既治民，勸農業，緩刑罰，理獄訟，卑體下士，務在於得人心；[1]擇用仁厚士，推情與下，不求名聲，吏民大信愛之。寬表奏開六輔渠，[2]定水令以廣溉田。[3]收租稅，時裁闊狹，與民相假貸，[4]以故租多不入。後有軍發，左內史以負租課殿，當免。民聞當免，皆恐失之，大家牛車，小家擔負，輸租繦屬不絕，[5]課更以最。上由此愈奇寬。

[1]【顏注】師古曰：下，音胡嫁反（嫁，白鷺洲本、大德本誤作"稼"）。

[2]【顏注】韋昭曰：六輔謂京兆（謂，殿本作"爲"）、馮

翊、扶風、河東、河南、河内也。劉德曰：於六輔界中爲渠也。
師古曰：二説皆非也。《溝洫志》云“兒寬爲左内史，奏請穿六
輔渠以益溉鄭國旁高卬之田”，此則於鄭國渠上流南岸更開六道小
渠以輔助溉灌耳。今雍州雲陽、三原兩縣界此渠尚存，鄉人名曰
六渠，亦號輔渠。故《河渠書》云“關内則輔渠、靈軹”是也
（軹，白鷺洲本、大德本、殿本作“軹”，是），焉説三河之地哉！
【今注】六輔渠：或以爲是在六個郡範圍之内所修管道的總稱；或
認爲在鄭國渠的南岸，引鄭渠水來灌溉；或認爲在鄭國渠的北岸，
引清、治諸水來灌溉。季旭認爲，六輔渠存在於鄭國渠南岸有古人
發現的遺址作爲證據，且有其存在的合理性，在唐以前存在於鄭渠
北岸也有一定的可能性（詳見季旭《陝西關中古六輔渠位置考》，
《浙江水利水電學院學報》2017 年第 4 期）。

　　[3]【顔注】師古曰：爲用水之次具立法，令皆得其所也。

　　[4]【顔注】師古曰：謂有貧弱及農要之時不即徵收也。貸，
音土代反。【今注】闊狹：猶寬裕與窘迫。又《資治通鑑》卷二〇
《漢紀》孝武皇帝元鼎四年胡三省注云：“余謂闊，謂征斂稍寬、禁
防疏闊之時；狹，謂督促迫急之時。闊時不急征收，假貸與民，使
營生業。”

　　[5]【顔注】師古曰：繈，索也，言輸者接連，不絕於道，
若繩索之相屬也，猶今言續索矣。屬，音之欲反。【今注】繈
（qiǎng）屬：沈欽韓《漢書疏證》據《論語》苞注：“負者以器。”
皇侃疏云：“以竹爲之，或云以布爲之。今蠻夷猶以布帊裹兒，負
之背也。”以爲此“繈屬”即上“擔負”者。王先謙《漢書補注》
以爲“輸租繈屬不絕”承上“牛車”“擔負”言，故顔以爲取譬是
也。顔不誤。

　　及議欲放古巡狩封禪之事，[1]諸儒對者五十餘人，
未能有所定。先是，司馬相如病死，有遺書，頌功德，

言符瑞，足以封泰山。上奇其書，以問寬，寬對曰："陛下躬發聖德，統楫群元，[2]宗祀天地，薦禮百神，[3]精神所鄉，徵兆必報，[4]天地並應，符瑞昭明。其封泰山，禪梁父，昭姓考瑞，[5]帝王之盛節也。然享薦之義，不著于經，[6]以爲封禪告成，合袪於天地神祇，[7]祇戒精專以接神明。總百官之職，各稱事宜而爲之節文。[8]唯聖王所由，[9]制定其當，[10]非群臣之所能列。今將舉大事，優游數年，[11]使群臣得人自盡，終莫能成。[12]唯天子建中和之極，兼總條貫，[13]金聲而玉振之，[14]以順成天慶，垂萬世之基。"上然之，乃自制儀，采儒術以文焉。

[1]【顏注】師古曰：放，依也，音甫往反。

[2]【顏注】張晏曰：統，察；楫，聚也。如淳曰：曆數之元也。臣瓚曰：統猶揔覽也。楫當作輯。師古曰：輯與集三字並同（白鷺洲本"輯"上有"楫"字，大德本、殿本在"輯"下）。《虞書》曰"楫五瑞"是也，其字從木。瓚曰當爲輯，不通。【今注】楫：《漢書考證》齊召南以爲"輯""楫"與"集"三字並同，是。錢大昕《三史拾遺》卷三以爲"楫"當爲"揖"。

[3]【今注】薦：進獻。

[4]【顏注】師古曰："鄉"讀曰"嚮"。徵，證也。

[5]【今注】考：驗合。

[6]【顏注】師古曰：封禪之享薦也，以非常禮，故經無其文。著，音竹筯反。

[7]【顏注】李奇曰：袪（袪，大德本、殿本作"祛"），開散；合，閉也。開閉於天地也。【今注】袪（qū）：王先謙《漢書補注》以爲袪有舉義。宗祀天地，薦禮百神，是爲合舉於天地神

祇。大德本、殿本作"祛"。　案，祇，殿本作"祗"。

[8]【顏注】師古曰：稱，副也。

[9]【今注】案，王，大德本、殿本作"主"。

[10]【顏注】師古曰：當猶中也。

[11]【顏注】師古曰：言不決也。

[12]【顏注】師古曰：所言不同，各有執見也。

[13]【顏注】師古曰：極，正也。《周禮》曰"以爲人極"也。【今注】極：吳恂《漢書注商》以爲"準"義，言唯天子能立中和之準。

[14]【顏注】師古曰：言振揚德音，如金玉之聲也。

既成，將用事，拜寬爲御史大夫，從東封泰山，還登明堂。[1]寬上壽曰："臣聞三代改制，屬象相因。[2]間者聖統廢絕，[3]陛下發憤，合指天地，[4]祖立明堂辟雍，[5]宗祀泰一，[6]六律五聲，[7]幽贊聖意，[8]神樂四合，各有方象，[9]以丞嘉祀，[10]爲萬世則，[11]天下幸甚。將建大元本瑞，登告岱宗，發祉闔門，以候景至。癸亥宗祀，日宣重光；上元甲子，肅邕永亨。[12]光輝充塞，天文粲然，[13]見象日昭，報降符應。[14]臣寬奉觴再拜，上千萬歲壽。"制曰："敬舉君之觴。"

[1]【今注】明堂：古代帝王宣明政教的地方。凡朝會、祭祀、慶賞、選士、養老、教學等大典，都在此舉行。

[2]【顏注】李奇曰：政教之法象相因屬。師古曰：屬，連也，音之欲反。【今注】案，指雖改制，但不廢禮儀。

[3]【顏注】師古曰：聖統，聖人之遺業，謂禮文也。

[4]【今注】合指：合乎意向，合乎意旨。指，通"恉"。

　　［5］【顏注】師古曰：祖，始也。【今注】辟雍：本爲西周天子所設大學，又是養老、鄉飲、鄉射之處，兼爲獻俘之所。西漢時雖逐漸與太學分開（參見范正娥《論兩漢時期太學與辟雍、明堂的關係》，《文史博覽》2007 年第 6 期），但漢人常將“辟雍”“太學”“明堂”混稱。西漢末、新莽時曾在長安南修建，今陝西西安市西有其遺址（參見許道齡、劉致平《關於西安西郊發現的漢代建築遺址是明堂或辟雍的討論》，《考古》1959 年第 4 期）。

　　［6］【顏注】師古曰：宗，尊也。【今注】泰一：傳説中的天神名。一，殿本作“山”。

　　［7］【顏注】師古曰：六律，謂黃鍾、大蔟（大，大德本、殿本作“太”）、姑洗、蕤賓、夷則、無射也。五聲，宮、商、角、徵、羽也。

　　［8］【顏注】師古曰：幽，深也。贊，明也。

　　［9］【顏注】如淳曰：四方色及五神祭祀聲樂各有等。

　　［10］【今注】丞：王先謙《漢書補注》以爲同“承”。

　　［11］【顏注】師古曰：則，法也。

　　［12］【顏注】李奇曰：太平之世，日抱重光，謂日有重日也。蘇林曰：將，甫始之辭也。太元（太，大德本、殿本作“大”），太初曆也。本瑞，謂白麟、寶鼎之屬也。以候景至，冬至之景也。上元甲子，太初元年甲子朔旦冬至也。師古曰：宗，尊也。肅，敬也。雍，和也。既敬且和，則長爲天所亨也（亨，大德本、殿本作“享”）。閼讀與開同。【今注】大元本瑞：王先謙《漢書補注》據本書《郊祀志》“有司言元宜以天瑞”謂以本瑞改建元年。是歲以封禪改元，元封亦其義。時尚未改，故言“將建大元”；不指《太初曆》。本瑞亦不追指白麟之屬。《公卿表》寬以元封元年爲御史大夫，從封泰山，即在是歲。而改定《太初曆》在後，本傳詳之。大，白鷺洲本作“太”。　　闓門：開門。陳直《漢書新證》：“《隸釋》卷一《韓勑禮器碑》云：‘前闓九頭，以升言

教.'卷七《祝睦後碑》云：'闓道綱.'皆以闓爲開，與本文同，爲東漢時通常之隸體假借字。" 以候景至：王先謙《漢書補注》引李楨以爲，本書卷六《武紀》是歲登封在夏四月，距冬至尚遠。蘇説非。景，謂景象。卷六《武紀》云"遭天地況施，著見景象"。武帝意封禪，必有光應，是以開門候之。 癸亥宗祀：王先謙《漢書補注》引李楨以爲即上云"宗祀天地"也。 上元甲子：王先謙《漢書補注》引李楨以爲，"甲子爲癸亥明日，上元即指甲子，爲六十日之元"。 蕭邕永亨：王先謙《漢書補注》引李楨以爲，"即上云'薦禮百神'也。《爾雅》：'永，遐也，遠也。'遐遠有徧及之象，猶《虞書》言'徧於群神'也"。李慈銘《越縵堂讀史札記·漢書五》以爲"亨"當作"享"。"亨""享"通假。

[13]【顏注】師古曰：塞，滿也。粲然，明貌。

[14]【顏注】師古曰：言大顯示景象（大，白鷺洲本、殿本作"天"，是），日日昭明也（第一個"日"字，大德本作"如"，殿本作"白"；第二個"日"字，白鷺洲本作"月"）。降下符應，以報德化。

後大史令司馬遷等言："歷紀壞廢，漢興未改正朔，[1]宜可正。"上乃詔寬與遷等共定漢大初歷。[2]語在《律歷志》。初梁相褚大通《五經》，[3]爲博士，時寬爲弟子。及御史大夫缺，徵褚大，大自以爲得御史大夫。[4]至洛陽，聞兒寬爲之，褚大笑。及至，與寬議封禪於上前，大不能及，退而服曰："上誠知人。"寬爲御史大夫，以稱意任職，故久無有所匡諫於上，官屬易之。[5]居位九歲，以官卒。[6]

[1]【今注】正朔：正月朔日，古代曆法指一年開始的第一

天。又代指曆法。古代帝王易姓受命，必改正朔，故夏、殷、周、秦及漢初的正朔各不相同。自漢武帝後，直至現今的農曆，都用夏制，即以建寅之月爲歲首。

[2]【今注】大初曆：太初曆。殿本、白鷺洲本"大"作"太"。漢武帝太初元年（前104）鄧平、落下閎等人所造。把一日分作八十一分，故又稱"八十一分律曆"。《太初曆》第一次把二十四節氣訂入曆法，以没有中氣的月份爲閏月；推算出135個月有23次交食的周期。從漢武帝太初元年起到東漢章帝元和二年（85）止，共施行188年。原著已佚。

[3]【今注】褚大：西漢東海蘭陵人。從胡母生學《公羊春秋》，爲博士，官至梁相。武帝時，曾遣大循行天下，存問鰥寡廢疾，舉薦遺逸獨行君子，並奏治奸猾爲害、田野荒廢不耕及爲政尚苛者。

[4]【今注】案，大，白鷺洲本、殿本作"夫"。白鷺洲本、殿本"御史"前無"得"字。

[5]【顏注】師古曰：易，輕也，音弋豉反。【今注】案，周壽昌《漢書注校補》以爲武帝時寬有重罪繫，以按道侯韓説諫而免，見本書卷三六《劉向傳》。又劉向云"御史大夫未有及寬者也"。前事此傳未載，後説與此云"官屬易之"之語不合。錢大昭《漢書辨疑》以爲《劉向傳》所云，當即前以負租課殿當免事。寬之咎不止於免官，"免"疑"死"字形近而訛。王先謙《漢書補注》以爲負租課罪，未必至死。據《公卿表》，寬爲左内史，後未嘗解官，則有重罪繫非此時事。且説以元封元年封按道侯，寬時已爲御史大夫，則罪繫或是居位九歲中事。

[6]【今注】案，王先謙《漢書補注》以爲本書《百官公卿表》作"八年卒"。案，武帝太初三年正月，延廣爲御史大夫，則"八年"是。《武紀》書寬卒於武帝太初二年十二月，可以爲證。

贊曰：公孫弘、卜式、兒寬皆以鴻漸之翼困於燕爵，[1]遠迹羊豕之間，[2]非遇其時，焉能致此位乎?[3]是時，漢興六十餘載，海内艾安，[4]府庫充實，而四夷未賓，[5]制度多闕。上方欲用文武，求之如弗及，[6]始以蒲輪迎枚生，[7]見主父而歎息。[8]群士慕嚮，異人並出。[9]

[1]【顏注】李奇曰：漸，進也。鴻一舉而進千里者，羽翼之材也。弘等皆以大材初爲俗所薄，若燕爵不知鴻志也。師古曰：《易·漸卦》上九爻辭曰："鴻漸于陸，其羽可以爲儀。"鴻，大鳥也（殿本無"也"字）。漸，進也。高平曰陸。言鴻進於陸，以其羽翼爲威儀也。喻弘等皆有鴻之羽儀，未進之時，燕爵所輕也。【今注】爵：通"雀"。

[2]【顏注】師古曰：遠竄其迹也。【今注】遠迹羊豕之間：指曾海濱、山中牧豕、放羊。

[3]【顏注】師古曰：焉，於何也。

[4]【顏注】師古曰："艾"讀曰"乂"。【今注】艾（yì）：安定。

[5]【今注】賓：賓服。

[6]【顏注】師古曰：恐失之。

[7]【今注】蒲輪：指用蒲草裹輪的車子。轉動時震動較小。古時常用於封禪或迎接賢士，以示禮敬。　枚生：枚乘。傳見本書卷五一。

[8]【顏注】師古曰：謂言："公皆安在？何相見之晚！"【今注】主父：主父偃。傳見本書卷六四上。

[9]【今注】異人：不尋常的人，有異才的人。

卜式拔於芻牧，[1]弘羊擢於賈豎，[2]衛青奮於奴僕，[3]日磾出於降虜，[4]斯亦曩時版築飯牛之明已。[5]漢之得人，於茲爲盛，儒雅則公孫弘、董仲舒、兒寬，篤行則石建、石慶，[6]質直則汲黯、卜式，推賢則韓安國、鄭當時，[7]定令則趙禹、張湯，[8]文章則司馬遷、相如，滑稽則東方朔、枚皋，[9]應對則嚴助、朱買臣，[10]曆數則唐都、洛下閎，[11]協律則李延年，[12]運籌則桑弘羊，[13]奉使則張騫、蘇武，[14]將率則衛青、霍去病，[15]受遺則霍光、金日磾，[16]其餘不可勝紀。[17]

［1］【今注】芻（chú）牧：放牧人。

［2］【今注】弘羊：桑弘羊。洛陽人。出身商人家庭。年十三被漢武帝召爲侍中，後任治粟都尉。領大農令。積極參與制定、推行鹽鐵酒官營專賣政策，並建議設立均輸、平準機構，由政府直接經營運輸和貿易，平抑物價。昭帝即位，他被任爲御史大夫，與霍光、金日磾共同輔政。召開鹽鐵會議，他堅持鹽鐵官營專賣政策。次年，受指控謀廢昭帝另立燕王旦爲帝，以罪被殺。　賈豎：對商人的賤稱。

［3］【今注】衛青：傳見本書卷五五。

［4］【今注】日磾：金日磾。傳見本書卷六八。

［5］【顏注】師古曰：版築，傅説也。飯牛，甯戚也。已，語終辭也。飯，音扶晚反。【今注】版築：兩種築土墻的工具。商時傅岩爲築墻之奴隸。武丁夢得聖人，名曰説，求於野。乃於傅岩得之，舉以爲相，國大治。　飯牛：餵牛。春秋時衛國人甯戚，貧困無資，爲商旅挽車至齊，宿於城門外，夜餵牛，待齊桓公出迎客，擊牛角悲歌，桓公聞而異之，與見。遂説桓公以治理天下之道，桓公大悦，任爲大夫。　案，明，白鷺洲本、大德本、殿本作

"朋"，是。

[6]【今注】石建：事迹見本書卷四六《萬石君石奮傳》。

[7]【今注】韓安國：傳見本書卷五二。　鄭當時：傳見本書卷五〇。

[8]【今注】定令：制定法令。　趙禹：傳見本書卷九〇。

[9]【顏注】師古曰：滑稽，轉利之稱也。滑，亂也。稽，礙也。言其變亂無留礙也。一說，稽，考也。言可滑亂不可考校也。滑，音"骨"。稽，音工奚反。【今注】滑稽：王先謙《漢書補注》據《史記》卷一二六《滑稽列傳》司馬貞《索隱》引崔浩云："滑，音骨。滑稽，流酒器也。轉注吐酒，終日不已。言出口成章，詞不窮竭，若滑稽之吐酒。故揚雄《酒賦》云'鴟夷滑稽，腹大如壺，盡日盛酒，人復藉沽'是也。"以爲顏説非。　東方朔：傳見本書卷六五。　枚皋：傳見本書卷五一。

[10]【今注】嚴助：傳見本書卷六四上。

[11]【今注】唐都：方士，善曆數。祖先爲楚國史官，司馬遷曾從其學天官。漢武帝元封間改正朔，詔司馬遷、星官射姓、曆官鄧平和唐都及洛下閎共同製造新曆《太初曆》。　洛下閎：姓或作落下。西漢巴郡人，字長公。明天文，善曆數。武帝時徵爲待詔太史，作《太初曆》。拜侍中，不受。

[12]【今注】協律：校定音律。　李延年：傳見本書卷九三。

[13]【今注】運籌：用算籌進行計算。這裏指善於經營。

[14]【今注】張騫：傳見本書卷六一。　蘇武：傳見本書卷五四。

[15]【今注】霍去病：傳見本書卷五五。

[16]【今注】霍光：傳見本書卷六八。

[17]【顏注】師古曰：紀，記也。【今注】案，陳直《漢書新證》："《三希堂法帖》摹刻有褚遂良、董其昌二家所書《漢書·公孫宏卜式兒寬傳贊》各一本。褚書與今本《漢書》同，董書在

‘運籌則弘羊’句下多‘孔僅’二字，未知根據何本。”

　　是以興造功業，制度遺文，後世莫及。孝宣承統，纂修洪業，亦講論六藝，招選茂異，[1]而蕭望之、梁丘賀、夏侯勝、韋玄成、嚴彭祖、尹更始以儒術進，[2]劉向、王襃以文章顯，[3]將相則張安世、趙充國、魏相、丙吉、于定國、杜延年，[4]治民則黃霸、王成、龔遂、鄭弘、召信臣，[5]韓延壽、尹翁歸、趙廣漢、嚴延年、張敞之屬，[6]皆有功迹見述於世。參其名臣，亦其次也。[7]

　　[1]【今注】茂異：才德出衆的人。

　　[2]【今注】蕭望之：傳見本書卷七八。　梁丘賀：傳見本書卷八八。　夏侯勝：傳見本書卷七五。　韋玄成：傳見本書卷七三。　嚴彭祖：傳見本書卷八八。　尹更始：汝南人，字翁君。先從蔡千秋學《穀梁春秋》，後又從張禹受《春秋左氏傳》。宣帝時，以儒術進，官至諫大夫。

　　[3]【今注】劉向：傳見本書卷三六。　王襃：傳見本書卷六四下。

　　[4]【今注】張安世：傳見本書卷五九。　趙充國：傳見本書卷六九。　魏相：傳見本書卷七四。　丙吉：傳見本書卷七四。　于定國：傳見本書卷七一。　杜延年：傳見本書卷六〇。

　　[5]【顏注】師古曰：“召”讀曰“邵”。【今注】黃霸王成龔遂：三人傳見本書卷八九。　鄭弘：傳見本書卷六六。　召信臣：傳見本書卷八九。

　　[6]【今注】韓延壽尹翁歸趙廣漢：三人傳見本書卷七六。　嚴延年：傳見本書卷九〇。　張敞：傳見本書卷七六。

　　[7]【顏注】師古曰：次於武帝時。

漢書　卷五九

張湯傳第二十九

　　張湯，杜陵人也。[1]父爲長安丞，[2]出，湯爲兒守舍。[3]還，鼠盜肉，父怒，笞湯。湯掘熏得鼠及餘肉，[4]劾鼠掠治，傳爰書，訊鞫論報，[5]并取鼠與肉，具獄磔堂下。[6]父見之，視文辭如老獄吏，大驚，遂使書獄。[7]

　　[1]【今注】杜陵：縣名。治所在今陝西西安市雁塔區曲江街道辦事處三兆村西北。原名杜縣。後漢宣帝在此築陵，因名杜陵。

　　[2]【今注】長安丞：長安縣的縣丞。長安，縣名。治所在今陝西西安市西北。

　　[3]【顏注】師古曰：稱爲兒者，言其尚幼少也（少，白鷺洲本作“小”）。

　　[4]【今注】掘熏：《史記》卷一二二《酷吏列傳》作“掘窟”。

　　[5]【顏注】師古曰：傳謂傳逮，若今之追逮赴對也。爰，換也，以文書代換其口辭也。訊，考問也。鞫，窮也，謂窮覈之也。論報，謂上論之而獲報也。“訊”音“信”。【今注】傳爰書：將爰書移交給上級裁決機關。王先謙《漢書補注》認爲，當時張湯捕得盜鼠，並不能按正式的按獄流程，向上移交爰書，衹是自己擬

訂供詞而記録爲爰書。爰書，記録訴訟案件訴狀、供詞、證詞以及勘驗、法醫記録等的司法文書。爰，更換。秦漢時期爰書記録案件情況之後，再換由其他官吏進行審案，故稱"爰書"。漢簡中又有秋射爰書、疾病爰書、貰賣衣財物爰書、軍□□爰書等。可參看高敏《釋"爰書"——讀秦、漢簡牘劄記》（《益陽師專學報》1987年第2期）；大庭脩著，徐世虹等譯《秦漢法制史研究》（中西書局2017年版，第440—451頁）。

[6]【顏注】師古曰：具爲治獄之文，處正其罪而磔鼠也。【今注】具獄：定獄或據以定罪的全部案卷。

[7]【顏注】如淳曰：決獄之書，謂律令也。【今注】書獄：撰作案牘文書或判詞，並非專指律令。

父死後，湯爲長安吏。周陽侯爲諸卿時，[1]嘗繫長安，湯傾身事之。及出爲侯，大與湯交，徧見貴人。湯給事内史，[2]爲甯成掾，[3]以湯爲無害，[4]言大府，[5]調茂陵尉，[6]治方中。[7]

[1]【顏注】師古曰：姓趙。【今注】周陽侯：田勝。《漢書考證》齊召南曰：顏注誤。此周陽侯即田蚡弟田勝，孝武初以皇太后弟得封。國都在今山西聞喜縣東北。　諸卿：《史記》卷一二二《酷吏列傳》《集解》徐廣説，指年少者互相稱謂。

[2]【今注】内史：官名。掌治京畿地方。相當於郡太守。

[3]【今注】甯成：此時爲中尉。傳見本書卷九○。　掾：古代官府屬官和佐吏的統稱。

[4]【今注】無害："文無害"的省稱。指精通法律條文。楊樹達《漢書窺管》認爲，文無害是一事，蓋言能爲文書没有疵病，緣官書貴於周密，稍有罅隙，即可僨事。

[5]【顏注】師古曰：大府，丞相府也。無害，言其最勝也，

解在《蕭何傳》。

[6]【顏注】師古曰：調，選也，選以爲此官也。調，音徒釣反。【今注】茂陵：縣名。治所在今陝西興平市西北。本爲槐里縣茂鄉，漢武帝建茂陵，因以置縣。 尉：縣尉。秦漢縣府佐官，掌治安捕盜。指掌管修建陵墓的官員。

[7]【顏注】孟康曰：方中，陵上土作方也，湯主治之。蘇林曰：天子即位，豫作陵，諱之，故言方中，或言斥上（上，白鷺洲本、殿本作“土”）。如淳曰：漢注陵方中用地一頃，深十二丈。師古曰：蘇説非也。古謂掘地爲阬曰方，今荊楚俗土功築作算程課者，猶以方計之，非謂避諱也。【今注】方中：對帝王陵墓以及其上建築的諱稱。

武安侯爲丞相，[1]徵湯爲史，[2]薦補侍御史。[3]治陳皇后巫蠱獄，[4]深竟黨與，上以爲能，遷太中大夫。[5]與趙禹共定諸律令，[6]務在深文，[7]拘守職之吏。[8]已而禹至少府，[9]湯爲廷尉，[10]兩人交驩，兄事禹。[11]禹志在奉公孤立，而湯舞知以御人。[12]始爲小吏，乾没，與長安富賈田甲、魚翁叔之屬交私。[13]及列九卿，[14]收接天下名士大夫，己心内雖不合，然陽浮道與之。[15]

[1]【顏注】師古曰：田蚡。【今注】武安侯：田蚡。傳見本書卷五二。因外戚封武安侯。武安，縣名。治所在今河北武安市西南。

[2]【今注】史：掾史，官府的屬吏，分曹治事。此處指丞相府的屬吏。

[3]【今注】侍御史：官名。隸於御史大夫屬官御史中丞。掌

糾彈非法，督察郡縣，治理刑獄，或奉旨出使。秩六百石。又分治書侍御史、符節侍御史、繡衣直指等。

　　[4]【今注】陳皇后巫蠱獄：陳皇后爲長公主劉嫖之女。漢武帝即位，立爲皇后，十餘年無子。因衛子夫得幸，陳皇后挾婦人媚道，請來巫女楚服等詛咒暗害衛子夫，後被人告發。元光五年（前130），武帝遂窮治之，楚服梟首於市，受誅連的有三百餘人。陳皇后被奪璽綬，退居長門宮。

　　[5]【今注】太中大夫：官名。九卿之一郎中令屬官。掌議論、法令，秩比千石。

　　[6]【今注】趙禹：傳見本書卷九〇。　共定諸律令：楊樹達《漢書窺管》按，“《晉書·刑法志》云：張湯《越宮律》二十七篇，趙禹《朝律》六篇。《太平御覽·刑法部》引張裴《律序》云：張湯制《越宮律》，趙禹作《朝會正見律》”。

　　[7]【今注】深文：援引法律條文嚴苛。

　　[8]【顏注】蘇林曰：拘刻於守職之吏。【今注】拘守職之吏：以文法律令拘制在職的官吏，使不得任意處置事務。

　　[9]【今注】少府：官名。漢九卿之一。掌管山海池澤之稅、飲食起居、器物製作等事，爲皇帝私府。

　　[10]【今注】廷尉：官名。漢九卿之一。掌法律刑獄，主管詔獄。秩中二千石。

　　[11]【顏注】師古曰：事之如兄。

　　[12]【顏注】師古曰：舞弄其智，制御它人也。

　　[13]【顏注】服虔曰：乾没，射成敗也。如淳曰：豫居物以待之，得利爲乾，失利爲没。師古曰：“乾”音“干”。【今注】乾没：僥倖獲得利益。　田甲：陳直《漢書新證》認爲，當作“田申”。與下文田信當爲一人。信讀爲申。

　　[14]【今注】九卿：泛指漢代中央政府居卿位的高級官吏。

　　[15]【顏注】師古曰：陽以道義爲交，非其中心，故云浮

也。【今注】陽浮道與之：表面上假裝稱贊。陽浮，虛僞的。道與，稱道結交。

是時，上方鄉文學，[1]湯決大獄，欲傅古義，[2]乃請博士弟子治《尚書》《春秋》，[3]補廷尉史，[4]平亭疑法。奏讞疑，[5]必奏先爲上分別其原，[6]上所是，受而著讞法廷尉絜令，[7]揚主之明。[8]奏事即譴，湯摧謝，[9]鄉上意所便，[10]必引正監掾史賢者：[11]“固爲臣議，如此[12]上責臣，[13]臣弗用，愚抵此。”[14]罪常釋。[15]間即奏事，上善之，曰：“臣非知爲此奏，迺監、掾、史某所爲。”[16]其欲薦吏，揚人之善解人之過如此。所治即上意所欲皋，予監吏深刻者；即上意所欲釋，予監吏輕平者。[17]所治即豪，必舞文巧詆；[18]即下户羸弱，[19]時口言“雖文致法，上裁察”。於是往往釋湯所言。[20]湯至於大吏，内行脩，交通賓客飲食，於故人子弟爲吏及貧昆弟，調護之尤厚。[21]其造請諸公，不避寒暑。[22]是以湯雖文深意忌不專平，然得此聲譽。而深刻吏多爲爪牙用者，依於文學之士。丞相弘數稱其美。[23]

[1]【顏注】師古曰：“鄉”讀曰“嚮”。【今注】文學：儒家經典和學説。

[2]【顏注】師古曰：“傅”讀曰“附”。【今注】傅古義：附會儒家經義。

[3]【今注】博士弟子：漢太學學生名。博士官置弟子學於太學，或稱太學生。其設置始於武帝元朔五年（前124）丞相公孫弘

建議。　尚書：書名。先秦時稱《書》。漢初始稱《尚書》。尚，同“上”，指上古之書。記載上古及夏商事迹，體裁有典、謨、訓、誥、誓、命六種。　春秋：書名。魯國編年體史書。記載列國之間朝聘、盟會、戰爭等事，起於魯隱公元年（前722），終於魯哀公十四年（前481）。

[4]【今注】廷尉史：官名。漢九卿之一廷尉的屬吏，掌文書。

[5]【顏注】李奇曰：亭亦平也。師古曰：亭，均也，調也。言平均疑法及爲讞疑奏之。【今注】平亭疑法：遇到疑難案件，則根據《尚書》《春秋》等經義裁決。《史記》卷一二二《酷吏列傳》作“亭疑法”。亭，通“平”。執法公平。　奏讞疑：向皇帝奏明疑難案件。《史記·酷吏列傳》作“奏讞疑事”。

[6]【今注】必奏先爲上分別其原：王念孫《讀書雜志·漢書第十一》認爲，“奏”字涉上文“奏”字而衍。《史記·酷吏列傳》作“奏讞疑事，必豫先爲上分別其原”。

[7]【顏注】韋昭曰：在板挈也。師古曰：著謂明書之也。挈，獄訟之要也。書於讞法挈令以爲後式也。挈，音口計反。【今注】受而著讞法廷尉挈令：漢代中央機構或地方政府將以皇帝詔令名義發布的法令，摘取與自己有關的部分進行編録。常冠以機構名或地名，如漢簡有御史挈令、樂浪挈令。挈，提起、摘録。（參見張積《令甲、挈令、科辨義》，中國政法大學法律古籍整理研究所編《中國古代法律文獻研究》第2輯，中國政法大學出版社2004年版，第75頁）《史記·酷吏列傳》作“絜”。

[8]【顏注】師古曰：言此自天子之意，非由臣下有司。

[9]【顏注】蘇林曰：深自挫按也。師古曰：若上有責，即摧折而謝也。【今注】摧謝：王先謙《漢書補注》引郭嵩燾説，“摧謝”當作“權謝”。《史記》作“應謝”，《集解》引徐廣説“應”一作“權”。“摧”即“權”字殘損而誤。

　　[10]【顏注】師古曰：謂如天子責湯之指而言其端也。"鄉"讀曰"嚮"。

　　[11]【今注】正監掾史：廷尉正、左右監、掾、史的合稱。其中掾包括奏曹掾、奏讞掾。本書《百官公卿表》廷尉有正、左右監，皆秩千石。

　　[12]【顏注】師古曰：如上之意。

　　[13]【今注】如此上責臣：王先謙《漢書補注》認爲，《史記》作"固爲臣議，如上責臣"，"如"下"此"字爲衍文。

　　[14]【顏注】蘇林曰：坐不用諸掾語，故至於此。

　　[15]【顏注】臣瓚曰：謂常見原也。

　　[16]【顏注】師古曰：閒謂非當朝奏者。【今注】間即奏事：王先謙《漢書補注》引王闓運說，指有空閑時奏事。《史記·酷吏列傳》"間"作"聞"。

　　[17]【今注】案，此二句指張湯治獄往往依據皇帝的意願：皇帝想要治罪的，則交給執法嚴酷的官吏；皇帝想要寬釋的，則交給執法寬緩公平的官吏。《史記·酷吏列傳》"吏"作"史"。

　　[18]【顏注】師古曰：詆，誣也，音丁禮反。其下並同（殿本無此句）。

　　[19]【今注】下户：貧困人家。

　　[20]【顏注】李奇曰：先見上口言之，欲與輕平，故皆見原釋也。如淳曰：雖文書按察致下戶之罪，湯以先口解之矣。上以湯言，輒裁察之，輕其罪也。師古曰：李、如二說皆非也。此言下戶贏弱，湯欲佐助，雖具文奏之，而又口奏，言雖律令之文合致此罪，聽上裁察，蓋爲此人希恩宥也。於是上得湯此言，往往釋其人辠，非未奏之前口豫言也。

　　[21]【顏注】師古曰：調，和適之。令得其所也。護謂保祐也（祐，白鷺洲本、大德本、殿本作"佑"）。

　　[22]【顏注】師古曰：造，至詣也。請，謁問也。造，音七

到反。

　　[23]【今注】弘：公孫弘。漢武帝元朔五年爲丞相。傳見本書卷五八。

　　及治淮南、衡山、江都反獄，[1]皆窮根本。[2]嚴助、伍被，[3]上欲釋之，湯爭曰："伍被本造反謀，而助親幸出入禁闥腹心之臣，乃交私諸侯，如此弗誅，後不可治。"上可論之。[4]其治獄所巧排大臣自以爲功，多此類。繇是益尊任，[5]遷御史大夫。[6]

　　[1]【今注】淮南：淮南王劉安。傳見本書卷四四。　衡山：衡山王劉賜。傳見本書卷四四。　江都：江都王劉建。傳見本書卷五三。

　　[2]【今注】皆窮根本：治獄嚴酷，株連很廣。

　　[3]【今注】嚴助：與淮南王劉安結交。傳見本書卷六四。伍被：傳見本書卷四五。

　　[4]【顏注】師古曰：可湯所奏而論決之（論，大德本作"諭"）。【今注】案，本書卷四五《伍被傳》載，伍被多次勸諫淮南王，言辭多稱美漢朝，並告發淮南王謀反事迹。故天子不想誅之。

　　[5]【顏注】師古曰：繇讀與由同。

　　[6]【今注】遷御史大夫：司馬光《資治通鑑》卷一九《漢紀》孝武皇帝元狩二年《考異》認爲，本書《百官公卿表》載武帝元狩三年（前120）三月壬辰，廷尉張湯爲御史大夫。而《史記·漢興以來將相名臣表》則云，元狩二年，御史大夫湯。王先謙《漢書補注》按，李蔡既免，張湯即應補其缺，當以《史記》爲是。

　　會渾邪等降漢，[1]大興兵伐匈奴，[2]山東水旱，[3]貧民流徙，皆印給縣官，[4]縣官空虚。湯承上指，請造白金及五銖錢，[5]籠天下鹽鐵，[6]排富商大賈，出告緡令，[7]鉏豪彊并兼之家，舞文巧詆以輔法。[8]湯每朝奏事，語國家用。日旰，[9]天子忘食。丞相取充位，[10]天下事皆決湯。百姓不安其生，騷動，縣官所興未獲其利，姦吏並侵漁，[11]於是痛繩以皐。自公卿以下至於庶人咸指湯。湯嘗病，上自至舍視，[12]其隆貴如此。

　　[1]【今注】會渾邪等降漢：渾邪王，西漢諸侯。原爲匈奴諸王。亦作“昆邪王”“混邪王”。武帝元狩二年（前121），爲霍去病所敗，降漢。次年封漯陰侯。

　　[2]【今注】匈奴：秦漢時期北方游牧民族。戰國時，分布於秦、趙、燕以北的地區。秦朝時，爲蒙恬擊敗而北遷。秦及漢初，統治大漠南北。武帝時，被衛青、霍去病等所敗。此即指元狩二年春霍去病擒渾邪王。傳見本書卷九四。

　　[3]【今注】山東：戰國、秦漢時指崤山或華山以東地區。

　　[4]【顔注】師古曰：印，音牛向反。【今注】縣官：官府。又代指天子、朝廷。楊振紅認爲，以“縣官”稱天子、國家的制度始於秦始皇統一中國。意爲秦從諸侯國君升格爲天子，成爲居住在縣内（王畿）統治天下的官。（參見《“縣官”之由來與戰國秦漢時期的“天下”觀》，《中國史研究》2019年第1期）

　　[5]【今注】白金：漢代白金幣，以銀和錫合成。　五銖錢：漢代重五銖的錢。一銖爲一兩的二十四分之一。古代以十六兩爲一斤。武帝元狩五年，因三銖錢太輕，改鑄五銖錢。重五銖，上有“五銖”二字。案，此事詳見本書《食貨志下》。

　　[6]【顔注】師古曰：籠羅其事，皆令利入官。【今注】籠天

下鹽鐵：漢武帝元狩三年，實行鹽鐵官營。

[7]【今注】告緡令：漢武帝元狩四年，頒布算緡令。元鼎三年（前114），武帝實行告緡，即鼓勵告發算緡不實。如告發屬實，則没收被告全部財産，罰戍邊一年。告發者則獎給被没收財産的一半。

[8]【顏注】師古曰：輔，助也。以巧詆助法，言不公平也。【今注】案，何焯《義門讀書記》卷一八云，鹽鐵專賣事出於桑弘羊，告緡事出於楊可，這些人如不依靠張湯則不能取得天子的信任。而張湯則以嚴酷法令支持他們。

[9]【顏注】師古曰：旰，晚也。論事既多，至於日晚。"旰"音"幹"。

[10]【顏注】師古曰：但充其位而已，無所造設也。【今注】案，此時丞相爲李蔡、莊青翟。

[11]【顏注】師古曰：並，且也。

[12]【今注】舍：漢代官員辦公的官舍。

匈奴求和親，[1]群臣議前，[2]博士狄山曰："和親便。"上問其便，山曰："兵，凶器，未易數動。[3]高帝欲伐匈奴，大困平城，[4]乃遂結和親。孝惠、高后時，[5]天下安樂，及文帝欲事匈奴，[6]北邊蕭然苦兵。[7]孝景時，[8]吳楚七國反，[9]景帝往來東宮間，[10]天下寒心數月。[11]吳楚已破，竟景帝不言兵，[12]天下富實。今自陛下興兵擊匈奴，中國以空虛，邊大困貧。由是觀之，不如和親。"上問湯，湯曰："此愚儒無知。"狄山曰："臣固愚忠，若御史大夫湯，乃詐忠。湯之治淮南、江都，以深文痛詆諸侯，別疏骨肉，使藩臣不自安，[13]臣固知湯之詐忠。"於是上作色曰：

“吾使生居一郡，能無使虜入盜乎？”[14]山曰：“不能。”
曰：“居一縣？”曰：“不能。”復曰：“居一鄣閒？”[15]
山自度辯窮且下吏，[16]曰：“能。”迺遣山乘鄣。[17]至
月餘，匈奴斬山頭而去。是後群臣震讋。[18]

　　[1]【今注】和親：敵對雙方爲議和而結爲姻親。

　　[2]【顏注】師古曰：於上前議事（事，殿本作“也”）。

　　[3]【顏注】師古曰：言難可屢動。

　　[4]【今注】大困平城：漢高祖七年（前200），劉邦率軍迎擊
匈奴，被冒頓單于圍困於平城（今山西大同市東北）東白登山。

　　[5]【今注】孝惠：漢惠帝劉盈。紀見本書卷二。　高后：高
祖皇后呂雉。紀見本書卷三。

　　[6]【今注】文帝：劉恒。紀見本書卷四。

　　[7]【顏注】師古曰：蕭然猶騷然，擾動之貌也（殿本無“也”
字）。【今注】案，漢文帝時期匈奴多次侵漢。文帝前元三年（前
177）五月，匈奴入河南地（今內蒙古河套地區），侵掠上郡（今
陝西榆林市東南）。文帝前元十四年，匈奴侵入朝那、蕭關（均在
今寧夏固原市境）。文帝後元六年（前158）匈奴入上郡、雲中。

　　[8]【今注】孝景：漢景帝劉啓。紀見本書卷五。

　　[9]【今注】吳楚七國反：漢景帝前元三年（前154）吳王劉
濞、楚王劉戊等七王反叛。

　　[10]【顏注】師古曰：謂諮謀於太后也。【今注】東宮：長
樂宮。竇太后所居。漢長樂宮在東，太后居之，故謂之東宮，亦謂
之東朝。

　　[11]【顏注】師古曰：懼於兵難也。

　　[12]【顏注】師古曰：託景帝之身更不議征伐之事。

　　[13]【今注】藩臣：諸侯。古代以諸侯爲天子的屏藩。

　　[14]【顏注】師古曰：博士之官，故呼爲生也。

[15]【顏注】師古曰：郭謂塞上要險之處，別築爲城，因置吏士而爲郭蔽以扞寇也。郭，音之向反。

[16]【顏注】師古曰：度，計也。見詰自辯而辭窮，當下吏也。

[17]【顏注】師古曰：乘，登也，登而守之。

[18]【顏注】師古曰：震，動也。讋，失氣也。讋，音之涉反。【今注】震讋（zhé）：震動驚恐。讋，恐懼。

湯客田甲雖賈人，有賢操，[1]始湯爲小吏，與錢通，[2]及爲大吏，而甲所責湯行義，有烈士之風。湯爲御史大夫七歲，敗。[3]

[1]【顏注】師古曰：操謂所執持之操志行也（白鷺洲本、大德本、殿本“志”前無“操”字）。音千到反（白鷺洲本、殿本“音”前有“操”字）。

[2]【顏注】師古曰：爲小吏之時與田甲爲錢財之交。

[3]【今注】案，本書《百官公卿表》元狩六年（前117），漢武帝御史大夫張湯有罪自殺。

河東人李文，[1]故嘗與湯有隙，已而爲御史中丞，[2]薦數從中，文事有可以傷湯者，不能爲地。[3]湯有所愛史魯謁居，知湯弗平，使人上飛變告文姦事。[4]事下湯，湯治論殺文，而湯心知謁居爲之。上問：“變事從迹安起？”[5]湯陽驚曰：“此殆文故人怨之。”[6]謁居病臥閭里主人，湯自往視病，爲謁居摩足。趙國以冶鑄爲業，[7]王數訟鐵官事，[8]湯常排趙王。趙王求湯陰事。謁居嘗案趙王，趙王怨之，并上書告：“湯大臣也，史謁居有病，湯至爲摩足，疑與爲大姦。"事下廷尉。謁居病死，事連其弟，弟繫導官。[9]湯亦治它囚導官，見謁居弟，欲陰爲之，而陽不省。[10]謁居弟不知而怨湯，使人上書，告湯與謁居謀，共變李文。[11]事下減宣。[12]宣嘗與湯有隙，及得此事，窮竟其事，未奏也。會人有盜發孝文園瘞錢，[13]丞相青翟朝，[14]與湯約俱謝，[15]至前，[16]湯念獨丞相以四時行園，當謝，湯無與也，不謝。[17]丞相謝，上使御史案其事。湯欲致其文丞相見知，[18]丞相患之。三長史皆害湯，欲陷之。[19]

[1]【今注】河東：郡名。治安邑（今山西夏縣西北）。

[2]【今注】御史中丞：官名。御史大夫屬官。居殿內，領侍御史，掌舉劾按章，故曰中丞。

[3]【顏注】服虔曰：薦，藉也。文與湯故有隙，已而爲御史中丞，藉己在內臺，中文書有可用傷湯者因會致之，不能爲湯作道地。蘇林曰：薦，仍也。師古曰：薦、數義同，蘇説是也。數數在中，其有文書事可用傷湯者，不爲作道地也。薦，音在見反。數，音所角反。《大雅·雲漢》之詩曰"飢饉薦臻"，字亦如此。【今注】案，"薦數從中"三句，指從宮中文書中查閱對張湯不利的內容，不留餘地。薦數，檢閱。

[4]【顏注】師古曰：飛變猶言急變也。【今注】飛變：向上司密告緊急事件的匿名文書。王先謙《漢書補注》引劉奉世，此類文書無姓名，故後文上問"從迹安起"，而湯云"殆文故人"。

[5]【顏注】師古曰："從"讀曰"蹤"。

[6]【顏注】師古曰：殆，近也（近，白鷺洲本、殿本同，大德本作"迎"）。

[7]【今注】趙國：王國名。在今河北南部，都邯鄲（今河北邯鄲市）。

[8]【今注】王：趙敬肅王劉彭祖。傳見本書卷五三。 鐵官：秦漢時主管鐵業的官署。武帝時在各郡國置鐵官四十餘處（參見［日］潮見浩《漢代鐵官郡、鐵器銘文與冶鐵遺址》，趙志文譯，《中原文物》1996 年第 2 期）。

[9]【顏注】蘇林曰：《漢儀》注獄二十六所，導官無獄也（白鷺洲本、殿本作“獄官無導也”）。師古曰：蘇説非也。導，擇也。以主擇米，故曰導官。事見《百官表》。時或以諸獄皆滿，故權寄在此署繫之，非本獄所也。【今注】導官：官名。漢九卿之一少府屬官，秩六百石。陳直《漢書新證》認爲，導官掌管擇米，女徒白粲（選精米以供祭祀）。導官署中女徒較多，已等於詔獄。

[10]【顏注】師古曰：省，視也。

[11]【今注】共變李文：《史記》卷一二二《酷吏列傳》作“共變告李文”。王先謙《漢書補注》引郭嵩燾説，變告是漢人常用語。指上書皇帝告發謀反叛亂等重大事件。

[12]【今注】減宣：咸宣。傳見本書卷九〇。

[13]【顏注】如淳曰：瘞，埋也，埋錢於園陵以送死也。【今注】孝文園：霸陵。在今陝西西安市灞橋區。 瘞錢：爲死者埋葬在陵墓四周的錢幣。所埋多爲當時使用的錢幣。

[14]【今注】青翟：莊青翟。漢武帝元狩六年（前 117）爲丞相。

[15]【顏注】師古曰：將入朝之時爲此要約。

[16]【顏注】師古曰：至天子之前。

[17]【顏注】師古曰：行，音下更反。“與”讀曰“豫”。無豫無不干其事也（無豫無，白鷺洲本、大德本作“無豫謂”，殿本作“無與謂”）。【今注】丞相以四時行園：遣丞相四季往諸陵巡視。

[18]【顏注】張晏曰：見知故縱，以其罪罪之也。

[19]【顏注】師古曰：《百官表》丞相有兩長史，今此云三者，蓋以守者，非正員也。【今注】長史：官名。西漢三公、將軍府皆設，爲諸掾史之長，秩千石。丞相長史爲丞相屬吏，掌管理丞相府諸曹事務。有兩員，秩千石。

　　始，長史朱買臣素怨湯，[1]語在其傳。王朝，齊人，[2]以術至右內史。[3]邊通學短長，[4]剛暴人也，官至濟南相。[5]故皆居湯右，[6]已而失官，守長史，詘體於湯。[7]湯數行丞相事，知此三長史素貴，常陵折之，故三長史合謀曰：“始湯約與君謝，已而賣君；今欲劾君以宗廟事，此欲代君耳。吾知湯陰事。”[8]使吏捕案湯左田信等，[9]曰湯且欲爲請奏，信輒先知之，居物致富，與湯分之。[10]及它姦事。事辭頗聞。[11]上問湯曰：“吾所爲，賈人輒知，益居其物，[12]是類有以吾謀告之者。”[13]湯不謝，又陽驚曰：“固宜有。”減宣亦奏謁居事。上以湯懷詐面欺，[14]使使八輩簿責湯。[15]湯具自道無此，不服。於是上使趙禹責湯。禹至，讓湯曰：[16]“君何不知分也！[17]君所治，夷滅者幾何人矣！[18]今人言君皆有狀，天子重致君獄，[19]欲令君自爲計，[20]何多以對爲？”[21]湯迺爲書謝曰：“湯無尺寸之功，起刀筆吏，[22]陛下幸致位三公，[23]無以塞責。[24]然謀陷湯者，三長史也。”遂自殺。

[1]【今注】朱買臣：傳見本書卷六四上。

[2]【今注】齊：王國名。在今山東北部。都臨淄（今山東淄

博市北）。

　[3]【今注】右内史：官名。掌治理京畿。

　[4]【顏注】應劭曰：短長術興於六國時，長短其語，隱謬用相激怒也。張晏曰：蘇秦、張儀之謀，趣彼爲短，歸此爲長，《戰國策》名短長術也（王先謙《漢書補注》曰：殿本“師古”作“應劭”。《集解》引作《漢書音義》。後文又引張晏，不應當在師古之後）。【今注】短長：短長術。戰國時縱橫家游説之術。《史記》卷一二二《酷吏列傳》作“長短”。《集解》引《漢書音義》曰“長短術興於六國時。行長入短其語隱謬，用相激怒”。

　[5]【今注】濟南：王國名。都東陵（今山東濟南市章丘區西北）。　相：官名。漢初諸侯國置丞相，統領衆官。景帝中五年（前145），改丞相爲相。

　[6]【顏注】師古曰：言舊在湯上。【今注】右：古代以右爲上，故以居右者爲地位較高。

　[7]【顏注】師古曰：謂拜伏也。

　[8]【今注】案，吾知，大德本作“君知”。

　[9]【顏注】李奇曰：左，證左也。師古曰：謂之左者，言除罪人正身之外，又取其左右者考問也。【今注】左：通“佐”。佐證之人。

　[10]【顏注】服虔曰：居謂儲也。

　[11]【顏注】師古曰：聞於天子也。

　[12]【顏注】師古曰：益，多也。

　[13]【顏注】師古曰：類，似也。

　[14]【顏注】師古曰：對面欺誣也。

　[15]【顏注】蘇林曰：簿，音“主簿”之“簿”。簿，悉責也。師古曰：以文簿次第一一責之。【今注】八輩：八次。

　[16]【顏注】師古曰：讓亦責也。

　[17]【顏注】師古曰：分，音扶問反。【今注】何不知分：爲

何不知輕重。

[18]【顏注】師古曰：幾，音居起反。【今注】夷滅：消滅。

[19]【顏注】師古曰：重猶難也。

[20]【顏注】師古曰：言引決也。

[21]【顏注】師古曰：言何用多對。

[22]【今注】刀筆吏：主管文案的小吏。古時用刀在龜甲和竹木簡上削改字，後以筆在上面寫字。刀筆爲書吏隨身携帶。

[23]【今注】案，致位，大德本同，白鷺洲本、殿本無“位”字。　三公：漢代以丞相、太尉、御史大夫爲三公。漢代後期改作大司徒、大司馬、大司空。

[24]【顏注】師古曰：塞，當也。

湯死，家産直不過五百金，[1]皆所得奉賜，[2]無它贏。[3]昆弟諸子欲厚葬湯，湯母曰：“湯爲天子大臣，被惡言而死，[4]何厚葬爲！”載以牛車，有棺而無椁。[5]上聞之，曰：“非此母不生此子。”乃盡桉誅三長史。[6]丞相青翟自殺。出田信。上惜湯，復稍進其子安世。

[1]【今注】金：黄金一斤（十六兩）。一金值萬錢。

[2]【顏注】師古曰：奉，音扶用反。【今注】奉賜：俸禄和賞賜。張湯爲御史大夫，秩中二千石。漢代皇帝對大臣的定期賞賜，有春賜、臘賜、慶典賞賜等。

[3]【顏注】師古曰：贏，餘也。

[4]【顏注】師古曰：被，加也，音皮義反。

[5]【今注】椁：古代套於棺之外的大棺。

[6]【今注】案，桉，白鷺洲本、大德本同，殿本作“按”。

安世字子孺，[1]少以父任爲郎。[2]用善書給事尚書，[3]精力於職，休沐未嘗出。[4]上行幸河東，嘗亡書三篋，詔問莫能知，唯安世識之，[5]具作其事。[6]後購求得書，以相校無所遺失。上奇其材，擢爲尚書令，[7]遷光禄大夫。[8]

[1]【今注】字：古代男子二十歲時加冠取字（女子爲十四歲），表示成人。

[2]【今注】郎：官名。漢九卿之一郎中令（光禄勳）屬官。掌侍從，掌顧問。有議郎、中郎、侍郎、郎中等。

[3]【顏注】師古曰：於尚書中給事也。給，供也。【今注】尚書：官名。少府屬官。掌文書章奏。漢武帝時，因接近皇帝，稱中書，權勢漸重。陳直《漢書新證》云，尚書重視書寫，故用善書者給事。

[4]【今注】休沐：休假。漢代中央官吏府舍分離，平時居住於官舍，每五日得一休沐，以與家屬團聚。

[5]【顏注】師古曰：識，記也，音式志反。

[6]【今注】具作其事：能够舉出所失文書記載的内容。

[7]【今注】尚書令：官名。少府屬官。掌文書章奏。

[8]【今注】光禄大夫：官名。漢九卿之一光禄勳屬官，掌議論。秩比二千石。

昭帝即位，[1]大將軍霍光秉政，[2]以安世篤行，[3]光親重之。會左將軍上官桀父子及御史大夫桑弘羊皆與燕王、蓋主謀反誅，[4]光以朝無舊臣，白用安世爲右將軍光禄勳，[5]以自副焉。久之，天子下詔曰：“右將軍光禄勳安世輔政宿衞，肅敬不怠，十有三年，咸以康寧。夫親親任賢，唐虞之道也，[6] 其封安世爲富平侯。[7]

［1］【今注】昭帝：劉弗陵。公元前 87 年至前 74 年在位。紀見本書卷七。

［2］【今注】大將軍：武官名。漢代將軍中級別最高者，掌統兵征戰，又參與政事。　霍光：傳見本書卷六八。

［3］【顏注】師古曰：篤，厚也。

［4］【今注】左將軍：武官名。掌領兵及京城守衞。不常置。上官桀：字少叔，隴西上邽（今甘肅天水市麥積區）人。漢武帝時爲太僕，曾與霍光共輔昭帝，封安陽侯。後因謀廢昭帝被誅。桑弘羊：洛陽商人之子，善於理財。漢武帝元封元年（前 110），任治粟都尉，代理大農令。昭帝後元二年（前 87）爲御史大夫。後因與上官桀等謀立燕王劉旦、奪霍光權而被殺。　燕王：漢武帝子劉旦。傳見本書卷六三。　蓋主：劉旦的姐姐鄂邑長公主。其夫爲蓋侯，故稱蓋主。案，此事詳見本書卷六三《武五子傳》。

［5］【今注】右將軍：武官名。與左將軍職掌相同。　光禄勳：官名。漢九卿之一。原名郎中令，漢武帝太初元年（前 104）改名光禄勳。掌宮殿門户守衞，兼皇帝侍從。

［6］【今注】唐虞：唐堯和虞舜。後世常以唐、虞時爲王道盛世。

［7］【今注】富平：縣名。馬孟龍《西漢侯國地理》（上海古籍出版社 2013 年版）認爲，富平侯國初封在今河南尉氏縣境。其子張延壽嗣位，遷至今山東惠民縣東北。改厭次縣置。

明年，昭帝崩，未葬，大將軍光白太后，[1] 徙安世爲車騎將軍，[2] 與共徵立昌邑王。[3] 王行淫亂，[4] 光復與安世謀廢王，尊立宣帝。[5] 帝初即位，襃賞大臣，下詔曰："夫襃有德，賞有功，古今之通義也。車騎將軍光禄勳富平侯安世，宿衞忠正，宣德明恩，勤勞國家，守職秉義，以安宗廟，其益封萬六百户，[6]功次大將軍光。"安世子千秋、延壽、彭祖，皆中郎將侍中。[7]

[1]【今注】太后：昭帝皇后上官氏。

[2]【今注】車騎將軍：漢代將軍名號。僅次於大將軍的高級將領，位高權重。

[3]【今注】昌邑王：劉賀。事見本書卷六三《武五子傳》。

[4]【今注】王行淫亂：據本書《武五子傳》、卷六八《霍光傳》載，劉賀立二十七日，有諸如行爲昏亂、與宮人淫亂、任意徵發使者、奢侈浪費等罪名。

[5]【今注】宣帝：劉詢。紀見本書卷八。

[6]【今注】其益封萬六百户：王先謙《漢書補注》曰，據本書《外戚恩澤侯表》凡萬三千六百四十户，則原封爲三千户。

[7]【今注】中郎將：官名。漢九卿之一光禄勳屬官。掌統領皇帝侍衞。　侍中：加官。秦漢時自列侯至郎中皆有加官。侍從皇帝，出入宮禁。無定員。

大將軍光薨後數月，[1]御史大夫魏相上封事曰：[2]"聖王襃有德以懷萬方，[3]顯有功以勸百寮，是以朝廷尊榮，天下鄉風。[4]國家承祖宗之業，制諸侯之重，新失大將軍，宜宣章盛德以示天下，顯明功臣以填藩國。[5]毋空大位，以塞爭權，[6]所以安社稷絕未萌也。[7]車騎將軍安世事孝武皇帝三十餘年，忠信謹厚，勤勞政事，夙夜不怠，與大將軍定策，天下受其福，國家重臣也，宜尊其位，以爲大將軍，毋令領光禄勳事，使專精神，憂念天下，思惟得失。安世子延壽重厚，可以爲光禄勳，領宿衛臣。"上亦欲用之。安世聞指，懼不敢當，請閒求見，免冠頓首曰："老臣耳妄聞，言之爲先事，不言情不達，[8]誠自量不足以居大位，繼大將軍後。唯天子財哀，以全老臣之命。"[9]上笑曰："君言泰謙。君而不可，尚誰可者！"[10]安世深辭弗能得。後數日，竟拜爲大司馬車騎將軍，[11]領尚書事。[12]數月，罷車騎將軍屯兵，更爲衛將軍，[13]兩宮衛尉，[14]城門、北軍兵屬焉。[15]

[1]【今注】案，古代稱諸侯死爲薨。霍光死於漢宣帝地節二年（前68）。

[2]【今注】魏相：傳見本書卷七四。　封事：密封的奏章。古代臣下上書奏事，爲防止泄漏機密，用皂囊封緘進呈。也作"封章"。

[3]【顏注】師古曰：懷，來也。【今注】萬方：萬國。代指各諸侯國。

[4]【顏注】師古曰："鄉"讀曰"嚮"。

[5]【顏注】師古曰：填，音竹刃反。

[6]【顏注】師古曰：大臣位空，則起爭奪之權也。

[7]【顏注】師古曰：未萌，謂變故未生者也。【今注】社稷：國家。社，土地神。稷，穀神。

[8]【顏注】師古曰：事未施行而遽言之，故曰先事也。【今注】頓首：叩拜。頭接觸地面即起。次於稽首，即頭觸地停頓。

[9]【顏注】師古曰：財與裁同。

[10]【顏注】師古曰：言君尚不可，誰更可也（誰更，白鷺洲本、大德本、殿本作"更誰"）！

[11]【今注】大司馬：官名。漢初承秦制，置太尉掌軍事。武帝元狩四年（前119）改置大司馬，以冠將軍之號。

[12]【今注】領尚書事：以他官兼領尚書政事。漢代稱兼管他官而不兼其職爲領（參見劉欣尚《漢代的領尚書事述論》，《北京師範大學學報》1992年第2期）。

[13]【今注】衛將軍：漢代將軍名號。即掌護衛的高級武官。文帝時始置，輔政大臣多加衛將軍銜，掌京師屯兵及守衛宮禁。

[14]【今注】兩宮衛尉：官名。指東宮（未央宮）衛尉與西宮（長樂宮）衛尉。掌管未央宮、長樂宮警衛。諸宮設衛尉，各因宮名命名。

[15]【今注】城門：官名。城門校尉。武帝征和二年（前91）置。掌京師城門屯兵、警衛。秩二千石。　北軍：漢朝衛戍京師的軍隊。因駐扎在未央宮及長樂宮之北，故名。

時霍光子禹爲右將軍，[1]上亦以禹爲大司馬，罷其右將軍屯兵，以虛尊加之，而實奪其衆。後歲餘，禹謀反，夷宗族，安世素小心畏忌，已内憂矣。[2]其女孫敬爲霍氏外屬婦，[3]當相坐，安世瘦懼，[4]形於顔色。[5]上怪而憐之，以問左右，乃赦敬，以慰其意。安世寔恐。[6]職典樞機，[7]以謹慎周密自著，外内無閒。[8]每定大政，已決，輒移病出，[9]聞有詔令，乃驚，使史之丞相府問焉。[10]自朝廷大臣莫知其與議也。[11]

[1]【今注】禹：霍光之子霍禹。事見本書卷六八《霍光金日磾傳》。

[2]【顔注】師古曰：忌者，戒盈滿之禍。

［3］【顏注】師古曰：女孫，即今所謂孫女也。

［4］【今注】瘦懼：消瘦。楊樹達《漢書窺管》認爲"懼"是"臞"之誤。臞，少肉。

［5］【顏注】師古曰：形，見也。

［6］【顏注】師古曰：寫，益也。

［7］【今注】職典樞機：擔任朝中重要職位。如尚書、中書等。

［8］【顏注】師古曰：著，明也。間，隙也。

［9］【顏注】師古曰：移病，謂移書言病也。一曰以病而移居。

［10］【今注】案，史，白鷺洲本、大德本、殿本作"吏"。

［11］【顏注】師古曰："與"讀曰"豫"。

嘗有所薦，其人來謝，安世大恨，以爲舉賢達能，豈有私謝邪？絕弗復爲通。[1]有郎功高不調，[2]自言，安世應曰："君之功高，明主所知。人臣執事，何長短而自言乎！"絕不許。已而郎果遷。[3]莫府長史遷，[4]辭去之官，安世問以過失。[5]長史曰："將軍爲明主股肱，而士無所進，論者以爲譏。"安世曰："明主在上，賢不肖較然，[6]臣下自脩而已，何知士而薦之？"其欲匿名迹遠權埶如此。[7]

［1］【顏注】師古曰：有欲謝者，皆不通也。一曰告此人而絕之，更不與相見也。

［2］【顏注】師古曰：調，選也，音徒釣反。【今注】郎：官名。或稱郎官、郎吏。漢九卿之一郎中令（光禄勳）屬官，掌守皇宮門户，出行充皇帝車騎。

[3]【顏注】師古曰：安世外陽距之，而實令其遷。

[4]【今注】莫府：軍隊出征時將帥的官署。古代將軍出征時，軍隊駐扎的地點不固定，以幕帳爲官署。莫，通"幕"。

[5]【顏注】師古曰：問己有何失。

[6]【顏注】師古曰：較，明貌。

[7]【顏注】師古曰：遠，離也，音于萬反。【今注】案，因漢宣帝多忌，故張安世畏懼謹慎以求自免。

　　爲光禄勳，[1]郎有醉小便殿上，主事白行法，[2]安世曰："何以知其不反水漿邪？[3]如何以小過成罪！"郎淫官婢，[4]婢兄自言，安世曰："奴以恚怒，誣汙衣冠。"[5]告署適奴。[6]其隱人過失，皆此類也。

[1]【今注】案，張安世爲光禄勳在漢昭帝始元元年（前86）。

[2]【今注】主事：官名。爲漢九卿之一光禄勳屬官。秩四百石。　行法：按法律規定執行。

[3]【顏注】師古曰："反"讀曰"翻"。【今注】反水漿：打翻了水漿。這比起在殿上小便是小過。

[4]【今注】郎淫官婢：王念孫《讀書雜志·漢書第十一》案，此本作"郎有淫官婢"，與上"郎有醉小便殿上"文同一例。今本脱去"有"字，則語意不完整。周壽昌《漢書注校補》曰："《漢官舊儀》云：'給使尚書侍中，皆使官婢。宮殿中宦者署、郎署皆官奴婢。其法，給尚書郎女侍史二人，皆選端正者從直。女侍史自止車門，執香爐燒熏，從入臺，護衣。'"

[5]【今注】衣冠：古代士以上的服裝，引申爲士大夫、官吏。

[6]【顏注】師古曰："適"讀曰"謫"。【今注】告署適奴：自辦文書署名處分官婢。適，同"謫"。案，告署，白鷺洲本、大

德本作“自署”。

安世自見父子尊顯，懷不自安，爲子延壽求出補吏，上以爲北地太守。[1]歲餘，上閔安世年老，復徵延壽爲左曹太僕。[2]

[1]【今注】北地：郡名。治馬領（今甘肅慶陽市西北馬嶺鎮）。 太守：官名。一郡中最高長官。案，王先謙《漢書補注》：“《公卿表》：‘元康元年，北海太守張延壽爲太僕，四年，病免。’”

[2]【今注】左曹：加官名。掌受尚書奏事。漢代自列侯、將軍、卿大夫、都尉、尚書、太醫至郎中等皆可加官，因親近皇帝，職權頗重。 太僕：官名。漢九卿之一。掌爲皇帝駕車及馬政。秩中二千石。

初，安世兄賀幸於衛太子，[1]太子敗，賓客皆誅，安世爲賀上書，得下蠶室。[2]後爲掖庭令，[3]而宣帝以皇曾孫收養掖庭。賀內傷太子無辜，而曾孫孤幼，所以視養拊循，恩甚密焉。及曾孫壯大，賀教書，令受《詩》，爲取許妃，以家財聘之。曾孫數有徵怪，[4]語在《宣紀》。賀聞知，爲安世道之，稱其材美。安世輒絕止，以爲少主在上，[5]不宜稱述曾孫。及宣帝即位，而賀已死。上謂安世曰：“掖廷令平生稱我，[6]將軍止之，是也。”上追思賀恩，欲封其冢爲恩德侯，[7]置守冢二百家。[8]賀有一子蚤死，[9]無子，子安世小男彭祖。[10]彭祖又小與上同席研書，指欲封之，先賜爵關內侯。[11]故安世深辭賀封，又求損守冢户數，稍減至三十户。上曰："吾自爲掖廷令，非爲將軍也。"安世乃止，不敢復言。遂下詔曰："其爲故掖廷令張賀置守冢三十家。"上自處置其里[12]居冢西鬬雞翁舍南，上少時所嘗游處也。明年，復下詔曰："朕微眇時，故掖廷令張賀輔道朕躬，[13]脩文學經術，[14]恩惠卓異，厥功茂焉。詩云：'無言不讎，無德不報。'[15]其封賀弟子侍中關内侯彭祖爲陽都侯，[16]賜賀謚曰陽都哀侯。"[17]時賀有孤孫霸，年七歲，拜爲散騎中郎將，[18]賜爵關内侯，食邑三百户。[19]安世以父子封侯，在位大盛，乃辭禄。詔都内别臧張氏無名錢以百萬數。[20]

[1]【今注】衛太子：漢武帝太子劉據。衛皇后所生，故稱。傳見本書卷六三。

[2]【顏注】師古曰：謂腐刑也。凡養蠶者，欲其温而早成，故爲密室蓄火以置之。而新腐刑亦有中風之患，須入密室乃得以全，因呼爲蠶室耳。

[3]【今注】掖庭令：官名。九卿之一少府屬官。漢武帝太初元年（前104）改秦朝永巷爲掖庭。掌後宫宫女、供御雜務及宫中詔獄，由宦者充任。

[4]【顏注】師古曰：徵，證也。【今注】曾孫：漢武帝曾孫劉詢，即宣帝。見本書《武五子傳》及卷八《宣紀》。

[5]【今注】少主：昭帝即位時年八歲，故稱少主。

[6]【今注】案，廷，白鷺洲本、殿本作"庭"，下同不注。平生：平時、平素。

[7]【今注】恩德侯：因父祖恩德功勳而獲得的封號。

[8]【顏注】師古曰：身死追封，故云封冢也。【今注】冢：吴恂《漢書注商》以爲"冢"乃"家"之誤。

[9]【顏注】師古曰：蚤，古早字（殿本此注在"無子"後）。

[10]【顏注】師古曰：言養以爲子。【今注】子安世小男彭祖：顧炎武《日知録》卷二七認爲，張賀並無活着的兒子。張賀早死的兒子有一子，即下文所謂"孤孫霸"。

[11]【今注】關内侯：秦漢二十等爵制中的第十九級，次於列侯。有侯號、封户而無封土，居京畿，有徵收租税之權。也有在關内有封土的，食其租税。

[12]【顏注】師古曰：處，安也，音昌汝反。【今注】上自處置其里：王先謙《漢書補注》曰："'上'下六字，與下'居冢西鬭雞翁舍南'八字爲一句，謂處置三十家於此地也。"

[13]【顏注】師古曰："道"讀曰"導"。

[14]【今注】文學經術：儒家經典和學説。

[15]【顏注】師古曰：《大雅·抑》之詩。

[16]【今注】賀弟子：王先謙《漢書補注》曰："賀以彭祖爲子，而詔仍稱'賀弟子'，表稱'彭祖世父賀'者，不没其所生也。"本書《外戚恩澤侯表》："元康三年三月乙未，侯彭祖以世父故掖庭令賀有舊恩封，千六百户。" 陽都：縣名。治所在今山東沂南縣南。

[17]【今注】謚：古代帝王、貴族、大臣等死後，禮官依照其平生事迹給予的稱號。

[18]【今注】散騎：加官。可侍從皇帝出游。漢武帝元鼎三年（前114），以其掌顧問應對。

[19]【今注】食邑：秦漢皇帝賜予臣下封地和人口，受封者以其租税收入作爲俸禄。在封邑内無統治權。

[20]【顏注】文穎曰：都内，主臧官也。張晏曰：安世以還官，官不薄也。【今注】都内：官名。九卿之一大司農屬官。掌宮内貨幣、布帛等。 無名錢：未標名目的國庫款。多指私人官俸歸

公者。

安世尊爲公侯,[1]食邑萬户,然身衣弋綈,[2]夫人自紡績,[3]家童七百人,皆有手技作事,内治産業,累積纖微,是以能殖其貨,[4]富於大將軍光。天子甚尊憚大將軍,然内親安世,心密於光焉。

[1]【今注】公侯:張安世爲大司馬,位列三公,又封爲富平侯。

[2]【顏注】師古曰:弋,黑色也。綈,厚繒也。

[3]【今注】紡績:紡織絲綢和績麻。

[4]【顏注】師古曰:殖,生也。

元康四年春,[1]安世病,上疏歸侯,乞骸骨。天子報曰:"將軍年老被病,朕甚閔之。雖不能視事,折衝萬里,[2]君先帝大臣,明於治亂,朕所不及,得數問焉,[3]何感而上書歸衞將軍富平侯印?[4]薄朕忘故,[5]非所望也!願將軍强餐食,[6]近醫藥,專精神,以輔天年。"安世復强起視事,至秋薨。[7]天子贈印綬,[8]送以輕車介士,[9]謚曰敬侯。賜塋杜東,[10]將作穿復土,[11]起冢祠堂。子延壽嗣。

[1]【今注】元康:漢宣帝年號(前65—前61)。

[2]【今注】折衝:使敵方的戰車折返。指抵禦、擊退敵人攻城的戰車。

[3]【顏注】師古曰:言意所不及者,即以問君也。

[4]【顏注】師古曰:感,恨也,音胡闇反。

[5]【顏注】蘇林曰：本望君重於此也。師古曰：蘇説非也。薄猶嫌也，君意嫌朕遺忘故舊，而求去也。

[6]【今注】案，强，白鷺洲本、大德本、殿本作"彊"。

[7]【今注】案，王先謙《漢書補注》曰，《百官公卿表》云"八月丙寅薨"。

[8]【今注】印綬：印信和繫印的絲帶。

[9]【顏注】師古曰：輕車，古之戰車。《續漢書》云："彤朱輪輿，不巾不蓋，蕡矛戟幢也，麾班弩。"介士謂甲士也。蕡，插也。班皮篋盛弩也。蕡，音側事反。班，音"服"。

[10]【顏注】師古曰：塋，冢地也。【今注】杜：縣名。治所在今陝西西安市東南。漢宣帝元康元年（前65）改名杜陵。

[11]【今注】將作：官名。原名將作少府，漢景帝中元六年（前144）更爲將作大匠。掌修建宮室、宗廟、陵寢等。秩二千石。

復土：據《史記》卷六《秦始皇本紀》《正義》及卷一〇《孝本紀》《索隱》，指掘土爲陵，完成後，下棺時又將土回填，即復其土，故言復土。

　　延壽已歷位九卿，既嗣侯，國在陳留，[1]別邑在魏郡，[2]租入歲千餘萬。延壽自以身無功德，何以能久堪先人大國，數上書讓減户邑，又因弟陽都侯彭祖口陳至誠。天子以爲有讓，迺徙封平原，[3]并一國，户口如故，而租税減半。薨，謚曰愛侯。子勃嗣，爲散騎諫大夫。[4]

[1]【今注】陳留：郡名。治陳留（今河南開封市東南）。

[2]【今注】魏郡：治鄴縣（今河北臨漳縣西南）。

[3]【今注】平原：郡名。治平原（今山東平原縣西南）。

[4]【今注】諫大夫：官名。九卿之一郎中令（光禄勳）屬

官。掌議論。

　　元帝初即位,[1]詔列侯舉茂材,[2]勃舉太官獻丞陳湯。[3]湯有罪,勃坐削户二百,會薨,故賜諡曰繆侯。[4]後湯立功西域,[5]世以勃爲知人。子臨嗣。

　　[1]【今注】元帝:劉奭。公元前 48 年至前 33 年在位。紀見本書卷九。

　　[2]【今注】列侯:秦漢二十等爵的最高一級(第二十級)。即徹侯,因避武帝劉徹諱,稱通侯或列侯。　茂材:漢代察舉科目名。始置於漢武帝元封五年(前 106),原作"秀才"。後避東漢光武帝諱,改爲"茂才"。

　　[3]【顏注】蘇林曰:獻丞,主貢獻物也。【今注】太官:官名。太官令。九卿之一少府屬官。掌皇帝宴會飲食。　獻丞:官名。太官令下屬七丞之一。掌各地進獻食物。獻丞當即本書卷七〇《陳湯傳》"獻食丞"。

　　[4]【顏注】師古曰:以其所舉不得人,故加惡諡。繆者,妄也。

　　[5]【今注】西域:地區名。漢代以後指玉門關、陽關以西的地區。

　　臨亦謙儉,每登閣殿,[1]常歎曰:"桑、霍爲我戒,豈不厚哉!"[2]且死,分施宗族故舊,[3]薄葬不起墳。臨尚敬武公主。[4]薨,子放嗣。

　　[1]【今注】閣殿:樓閣殿堂。

　　[2]【顏注】師古曰:桑,桑弘羊也。霍,霍禹也。言以驕

奢致禍也。

　　[3]【顏注】師古曰：言將死之時，多以財分施也。

　　[4]【顏注】文穎曰：成帝姊也。臣瓚曰：敬武公主是元帝姊也（姊，白鷺洲本、大德本、殿本作“妹”）。師古曰：二説皆非也。《薛宣傳》云主怒曰：“嫂何以取妹殺之？”既謂元后爲嫂，是則元帝妹也。【今注】敬武公主：漢宣帝之女，元帝之妹。

　　鴻嘉中，[1]上欲遵武帝故事，[2]與近臣游宴，放以公主子開敏得幸。放取皇后弟平恩侯許嘉女，[3]上爲放供張，[4]賜甲第，[5]充以乘輿服飾，號爲天子取婦，皇后嫁女。大官私官並供其弟，[6]兩宮使者冠蓋不絶，[7]賞賜以千萬數。放爲侍中中郎將，監平樂屯兵，[8]置莫府，儀比將軍。與上卧起，寵愛殊絶，常從爲微行出游，北至甘泉，[9]南至長楊、五莋，[10]鬭雞走馬長安中，積數年。

　　[1]【今注】鴻嘉：漢成帝年號（前20—前17）。

　　[2]【今注】武帝：劉徹。公元前141年至前87年在位。紀見本書卷六。　故事：過去的事例和典章制度。

　　[3]【今注】平恩：縣名。治所在今河北曲周縣東南。　許嘉：漢代外戚。成帝許皇后之父。宣帝時任中常侍。

　　[4]【顏注】師古曰：供，音居用反。張，音竹亮反。【今注】供張：陳設帷帳、用具、飲食等，供宴會之用。指舉行宴會。又作“供帳”。

　　[5]【今注】甲第：豪門貴族的頭等住宅。

　　[6]【顏注】服虔曰：私官，皇后之官也。【今注】大官：官名。太官令，少府屬官。掌宮中飲食。　私官：官名。私府令。詹

事屬官。掌宮中幣帛財物。

[7]【今注】兩宮：東宮長樂宮，太后所居；西宮未央宮，皇帝所居。

[8]【今注】平樂：古館名。即平樂館。遺址在今陝西西安市西。

[9]【今注】甘泉：宮名。在今陝西淳化縣西北甘泉山上。

[10]【顏注】師古曰：莋與柞同。【今注】長楊：宮名。在今陝西周至縣東南。　五莋：宮名。即五柞宮，因宮中有五柞樹以此爲名。在今陝西周至縣東南。

是時上諸舅皆害其寵，[1]白太后。[2]太后以上春秋富，[3]動作不節，甚以過放。[4]時數有災異，議者歸咎放等。於是丞相宣、御史大夫方進[5]奏："放驕蹇縱恣，奢淫不制。前侍御史脩等四人奉使至放家逐名捕賊，[6]時放見在，奴從者閉門設兵弩射吏，距使者不肯内。知男子李游君欲獻女，[7]使樂府音監景武強求不得，[8]使奴康等之其家，賊傷三人。又以縣官事怨樂府游徼莽，[9]而使大奴駿等四十餘人群黨盛兵弩，[10]白晝入樂府攻射官寺，[11]縛束長吏子弟，[12]斫破器物，宮中皆犇走伏匿。[13]莽自髡鉗，[14]衣赭衣，[15]及守令史調等皆徒跣叩頭謝放，[16]放乃止。奴從者支屬並乘權勢爲暴虐，至求吏妻不得，殺其夫，或恚一人，妄殺其親屬，輒亡入放弟，不得，幸得，勿治。[17]放行輕薄，連犯大惡，有感動陰陽之咎，爲臣不忠首，[18]罪名雖顯，前蒙恩。[19]驕逸悖理，[20]與背畔無異，臣子之惡，莫大於是，不宜宿衞在位。臣請免放歸國，以銷衆邪之萌，厭海内之心。"[21]

　　[1]【今注】諸舅：外戚王鳳等。

　　[2]【今注】太后：王政君，漢成帝之母。傳見本書卷九八。

　　[3]【今注】春秋富：年紀較小。

　　[4]【顏注】師古曰：以放爲罪過。

　　[5]【顏注】師古曰：薛宣、翟方進。【今注】宣：薛宣。傳見本書卷八三。　　方進：翟方進。傳見本書卷八四。

　　[6]【顏注】劉德曰：謂詔捕罪人有名者也。

　　[7]【今注】李游君：中私府長。詹事屬官。陳直《漢書新證》據《漢印文字徵》以爲是"李君游"，傳寫有顛倒。中私府與宮闈最接近，故可以獻女。

　　[8]【顏注】孟康曰：音監，監主樂人也。姓景名武。【今注】樂府：官署名。長官爲樂府令，掌管理音樂。　音監：官名。樂府令屬官。本書《禮樂志》載"黃門名倡，丙彊、景武之屬"，或即此人。

　　[9]【顏注】師古曰：樂府之游徼名莽。【今注】樂府游徼：官名。漢樂府令屬官。掌樂府巡邏捕盜。

　　[10]【今注】大奴：家奴的頭目。

　　[11]【今注】官寺：官署。

　　[12]【今注】長吏：級別較高的官吏。一般指六百石以上。二百石至四百石的縣吏也稱長吏。

　　[13]【顏注】師古曰：犇，古奔字。【今注】宫中：室中。宫，通"室"。

　　[14]【今注】髠鉗：刑罰名。剃去頭髮稱髠，用鐵圈束住脖子稱鉗。

　　[15]【今注】赭衣：古代囚犯所穿的囚服，以赤土染成赭色。

　　[16]【今注】守令史：官名。處於試守期内的令史。令史爲

掌管文書的下級屬吏。　徒跣：赤足步行。

[17]【今注】幸得勿治：家奴犯罪後藏到張放家里不出，即使捕獲，也不能將其治罪。

[18]【顏注】師古曰：不忠之罪放爲首。

[19]【今注】罪名雖顯前蒙恩：謂連犯大罪，罪名已經十分顯著，此前已蒙恩不加究治，故祇是請免歸國。

[20]【顏注】師古曰：悖，乖也，音布內反。

[21]【顏注】師古曰：萌，始生者也。厭，滿也，音一豔反。

上不得已，[1]左遷放爲北地都尉。[2]數月，復徵入侍中。大后以放爲言，出放爲天水屬國都尉。[3]永始、元延間，[4]比年日蝕，[5]故久不還放，璽書勞問不絕。居歲餘，徵放歸第視母公主疾。數月，主有瘳，[6]出放爲河東都尉。[7]上雖愛放，然上迫大后，下用大臣，故常涕泣而遣之。後復徵放爲侍中光禄大夫，秩中二千石。[8]歲餘，丞相方進復奏放，上不得已，免放，賜錢五百萬，遣就國。數月，成帝崩，放思慕哭泣而死。

[1]【顏注】師古曰：已，止也。

[2]【今注】左遷：當時張放爲侍中中郎將，秩比二千石，屬皇帝親近，位高權重，而任邊地都尉，雖同爲比二千石，但由宮禁至邊地，屬於貶官。　都尉：官名。郡的最高武官，輔佐郡守掌管郡軍事。秦置郡尉，漢景帝時改爲都尉。

[3]【今注】天水：郡名。治平襄（今甘肅通渭縣西）。　屬國都尉：官名。掌管理屬國事務，兼戍衛邊塞。秩比二千石。漢武帝元狩三年（前120）置五屬國於西北邊郡，安置內附匈奴，沿其舊俗，置匈奴官號，而設都尉主之。

[4]【今注】永始：漢成帝年號（前16—前13）。　元延：漢
成帝年號（前12—前9）。

[5]【顏注】師古曰：比，頻也。

[6]【今注】瘳（chōu）：病癒。

[7]【今注】河東：郡名。治安邑（今山西夏縣西北）。

[8]【今注】秩中二千石：漢制，光禄大夫秩比二千石，郡都
尉也是秩比二千石。張放秩中二千石，乃特殊優待。

初，安世長子千秋與霍光子禹俱爲中郎將，將兵
隨度遼將軍范明友擊烏桓。[1]還，謁大將軍光，問千秋
戰鬬方略，[2]山川形埶，千秋口對兵事，畫地成圖，無
所忘失。光復問禹，禹不能記，曰：“皆有文書。”光
由是賢千秋，以禹爲不材，歎曰：“霍氏世衰，張氏興
矣！”及禹誅滅，而安世子孫相繼，自宣、元以來爲侍
中、中常侍、諸曹、散騎，列校尉者凡十餘人。[3]功臣
之世，唯有金氏、張氏，[4]親近寵貴，比於外戚。

[1]【今注】度遼將軍：漢昭帝元鳳三年（前78），因遼東烏
桓起事，以中郎將范明友率軍擊之，因度遼水，故以“度遼”爲官
號。宣帝時罷。　范明友：漢昭宣時人，以擊烏桓有功，封爲平陵
侯。宣帝地節四年（前66）坐謀反誅。　烏桓：古族名。西漢時
活動於今内蒙古東部、河北北部、遼寧西部部分地區。

[2]【今注】案，王念孫《讀書雜志·漢書第十一》曰：
“‘問’上更有一‘光’字，而今本脱之，則語意不完。”

[3]【今注】中常侍：加官名。原稱常侍，漢元帝後稱中常
侍。出入禁中，侍從皇帝。　諸曹：加官名。處理尚書事務。　校
尉：武官名。出征時臨時任命，領一校（營）兵。

[4]【今注】金氏：金日磾。傳見本書卷六八。　張氏：張安世。

　　放子純嗣侯，恭儉自脩，明習漢家制度故事，[1]有敬侯遺風。[2]王莽時不失爵，建武中歷位至大司空，[3]更封富平之別鄉爲武始侯。[4]

　　[1]【今注】明習漢家制度故事：本書卷九《元紀》載，漢家自有制度故事，“霸王道雜之”。

　　[2]【今注】有敬侯遺風：班固此說不符合事實。楊樹達《漢書窺管》指出：“今按列侯九百二人爲莽求九錫，純名居首，然則純實以阿莽得全也。此殆以班修書時張氏正盛，不免曲筆。”

　　[3]【今注】建武：東漢光武帝年號（25—56）。　大司空：西漢後期改御史大夫爲大司空。

　　[4]【今注】武始：王先謙《漢書補注》引錢大昭曰：“‘別鄉’疑當作‘別邑’，上文所謂‘別邑在魏郡’也，武始是魏郡縣，非富平鄉。”此說爲是。

　　張湯本居杜陵，安世武、昭、宣世輒隨陵，[1]凡三徙，復還杜陵。[2]

　　[1]【顏注】服虔曰：隨所事帝，徙處其陵也。

　　[2]【今注】案，王先謙《漢書補注》引王啓原說，張延壽以後不隨陵而遷的原因，在於元帝以後園陵並不因之設縣，故張氏止在杜陵定居。

　　贊曰：馮商稱張湯之先與留侯同祖，[1]而司馬遷不言，[2]故闕焉。[3]漢興以來，侯者百數，保國持寵，未有若富平者也。[4]湯雖酷烈，及身蒙咎，其推賢揚善，固宜有後。安世履道，滿而不溢。賀之陰德，亦有助云。

[1]【今注】馮商：字子商。漢成帝時以能屬書待詔金馬門，受詔續《太史公書》十餘篇。本書《藝文志》春秋家載馮商所續《太史公》七篇。　留侯：張良。傳見本書卷四〇。

[2]【今注】司馬遷：傳見本書卷六二。

[3]【顏注】如淳曰：班固《目錄》，馮商，長安人，成帝時以能屬書待詔金馬門，受詔續《太史公書》十餘篇。師古曰：劉歆《七略》云商陽陵人，治《易》，事五鹿充宗，能屬文，博通強記，與孟柳俱待詔，頗序列傳，未卒，會病死。

[4]【今注】案，“侯者百數”三句，據本書《高惠高后文功臣表》，至高祖十二年（前195）封侯者一百四十三人。但至文景之時，“子孫驕逸，忘其先祖之艱難，多陷法禁，隕命亡國或亡子孫”。

漢書　卷六〇

杜周傳第三十[1]

[1]【今注】案，《史記》列杜周於《酷吏列傳》，《漢書》則立專傳，張湯亦是。本書卷九〇《酷吏傳》説："湯、周子孫貴盛，故別傳。"顔師古注曰："言所以不列於酷吏之篇也。"

杜周，[1]南陽杜衍人也。[2]義縱爲南陽太守，[3]以周爲爪牙，薦之張湯，[4]爲廷尉史，[5]使案邊失亡，[6]所論殺甚多。奏事中意，任用，[7]與減宣更爲中丞者十餘歲。[8]

[1]【今注】杜周：《史記》卷一二二《酷吏列傳》《正義》引《杜氏譜》云："字長孺。"

[2]【今注】南陽：郡名。治宛縣（今河南南陽市宛城區）。杜衍：縣名。治所在今河南南陽市西南二十餘里。

[3]【今注】義縱：傳見本書卷九〇。

[4]【今注】張湯：傳見本書卷五九。《史記》列張湯、杜周於《酷吏列傳》，《漢書》則立專傳，或因其子孫顯貴之故。《史記·平準書》載："湯死，而民不思。"《漢書》則説："湯雖酷烈，及身蒙咎，其推賢揚善，固宜有後。"本傳贊亦説杜周"跡其福祚，元功儒林之後莫能及也"。

[5]【今注】廷尉史：官名。廷尉屬吏。負責審案，任重而禄薄。或可奉詔鞠獄。漢簡有廷尉史奉詔出行，範圍包括河東、河西等十郡。參見《懸泉漢簡》Ⅱ0114③：447。

[6]【顏注】文穎曰：邊卒多亡也。或曰，郡縣主守有所亡失也。師古曰：此説皆非也。謂因虜入爲寇，而失人畜甲兵倉廩者也。

[7]【顏注】師古曰：以奏事當天子之意旨，故被任用也。中音竹仲反。【今注】任用：白鷺洲本、殿本同，大德本作“仕用”。

[8]【顏注】師古曰：更，互也，音工衡反。【今注】減宣：即咸宣，傳見本書卷九〇。　中丞：官名。即御史中丞，秦始置。漢朝爲御史大夫的次官，或稱御史中執法，秩千石。參見翟金明《漢代御史中丞的職能、設立時間、原因新探》（《首都師範大學學報》2017 年第 1 期）。

周少言重遲，[1]而内深次骨。[2]宣爲左内史，[3]周爲廷尉，[4]其治大抵放張湯，[5]而善候司。[6]上所欲擠者，因而陷之。[7]上所欲釋，久繫待問而微見其冤狀。[8]客有謂周曰：“君爲天下決平，[9]不循三尺法，[10]專以人主意指爲獄，獄者固如是乎？”[11]周曰：“三尺安出哉？[12]前主所是著爲律，後主所是疏爲令；[13]當時爲是，何古之法乎！”[14]

[1]【顏注】師古曰：遲謂性非敏速也。【今注】重遲：遲鈍，不敏捷。《荀子·修身》：“卑溼重遲貪利，則抗之以高志。”楊倞注：“重遲，寬緩也。”

[2]【顏注】李奇曰：其用法深刻至骨。

　　[3]【今注】左内史：京師地方行政長官之一。内史，秦、西漢初沿置。景帝前元二年（前 155）分置左、右。武帝太初元年（前 104）改右内史爲京兆尹，左内史爲左馮翊，與右扶風合稱“三輔”。或參見張焯《西漢三輔建置考述》（《歷史教學》1987 第 6 期）。

　　[4]【今注】廷尉：官名。秦置漢沿。掌管刑獄，爲九卿之一。

　　[5]【顏注】師古曰：大抵，大歸也。放，依也，音甫往反。

　　[6]【顏注】師古曰：觀望天子意。【今注】案，司，《史記》卷一二二《酷吏列傳》作“伺”，同。

　　[7]【顏注】孟康曰：擠音濟（濟，大德本同，白鷺洲本、殿本作“躋”）。師古曰：擠，墜也。【今注】案，王先謙《漢書補注》曰：“擠，謂推排而去之。”

　　[8]【顏注】師古曰：見，顯也。

　　[9]【今注】決平：公平斷案。《禮記·月令》：“（孟秋之月）審斷決，獄訟必端平。”

　　[10]【顏注】孟康曰：以三尺竹簡書法律也。師古曰：循，因也，順也。【今注】三尺法：指已成文的法律。漢代法律書在三尺長的竹簡上，故曰“三尺法”。又稱“三尺令”，本書卷八三《朱博傳》記載：“如太守漢吏，奉三尺令以從事耳。”案，陳直《漢書新證》説：杜周父子所造律令，即大小杜律，在西漢盛行，東漢仍之。《漢書考正》宋祁曰：浙本無“法”字。沈欽韓《漢書疏證》曰：“孟説言其大凡耳。《鹽鐵論·詔聖篇》：‘二尺四寸之律，古今一也。’《論衡·正説篇》：‘周以八寸爲尺，則二尺四寸當周之三尺。’《左傳》正義：‘《鉤命決》云：“《春秋》二尺四寸書之。”故知六經之策皆稱長二尺四寸。’按，律令，國家所重，故長亦二尺四寸也。”王先謙《漢書補注》引郭嵩燾曰：“蔡邕《獨斷》：‘策書制長二尺，短者半之。命諸侯以策書。罪免亦賜策，以

尺一木。'邕所述漢制策簡如此。《説文》：'檄，二尺書。'段注：'《後漢·光武紀》注："《説文》以木簡書長尺二者謂之檄。"與《前書·高祖紀》同。'蓋古本《説文》如此。檄與常簡宜有異也。《儀禮·聘禮》疏引鄭《論語序》：'《易》《詩》《書》《禮》《樂》《春秋》策尺二寸，《孝經》謙半之。《論語》策八寸者，三分居一，又謙焉。'《左傳·序》疏又云：'《春秋》二尺四寸書之，《孝經》一尺二寸書之。'六經之策較常簡長四寸，所以尊經。《儀禮》疏云'尺二寸'，蓋有脱誤。合諸傳記證之，策長不逾二尺，惟刑書策三尺。《朱博傳》云'奉三尺律令以從事'，正以異於常簡，故自漢相沿以爲三尺法。《左傳·昭六年》'鄭人鑄刑書'，《昭二十九年》'晉趙鞅、荀寅鑄刑鼎，著范宣子所爲刑書'，疑自春秋以來，刑書皆用鑄。《定九年》竹刑注：'鄧析造刑法，書之竹簡。'《説文》：'笵，竹簡書，古法有竹刑。'鄧析蓋私造之，故取簡易，書之竹簡。秦漢以後，因相襲用。木簡長三尺者，以示嚴重不可移易。其他簡策無及三尺者。姚鼐言漢官書制必三尺，天子詔亦三尺。沈氏因據《春秋緯》之文，以漢尺二尺四寸準周之三尺。不知簡策長短，諸儒但據漢制言之，於周無與也。"

[11]【顏注】師古曰：言不當然也。

[12]【顏注】師古曰：安猶焉也。

[13]【顏注】師古曰：著謂明表也。疏謂分條也。【今注】案，一般來説，律指成文的法律，令指皇帝頒佈的臨時法令。由於皇帝有立法權，令的效率或高於法律。然近年隨簡帛文獻的發現，又可以見到律令轉化、律主令輔、律令分途等特殊的律令關係。見張忠煒《秦漢律令關係試探》（《文史哲》2011年第4期）。又，沈欽韓《漢書疏證》引《唐六典》："凡文法之名有四：一曰律，二曰令，三曰格，四曰式。"詳見《唐書·職官志》。漢甲乙之令，雖條目不存，大約不外乎此。《宋史·職官志》："禁於未然之謂令，施於已然之謂敕，設於此而使彼至之謂格，設於此而使彼效之

謂式。"

[14]【顏注】師古曰：各當其時而爲是也。【今注】當時：當世。此指合當時皇帝之意。

至周爲廷尉，詔獄亦益多矣。[1]二千石繫者新故相因，不減百餘人。郡吏大府舉之廷尉，[2]一歲至千餘章。[3]章大者連逮證案數百，小者數十人；遠者數千里，近者數百里。會獄，[4]吏因責如章告劾，[5]不服，以掠笞定之。[6]於是聞有逮證，皆亡匿。獄久者至更數赦十餘歲而相告言，[7]大氐盡詆以不道，以上[8]廷尉，及中都官詔獄逮至六七萬人，[9]吏所增加十有餘萬。[10]周中廢，[11]後爲執金吾，[12]逐捕桑弘羊、衛皇后昆弟子，[13]刻深，上以爲盡力無私，遷爲御史大夫。[14]

[1]【今注】詔獄：意指奉皇帝詔令繫獄的案件。參見宋傑《漢代監獄制度研究》（中華書局 2013 年版）。

[2]【顏注】如淳曰：郡吏，大守也（大守，白鷺洲本、大德本、殿本作"太守"）。文穎曰：大府（殿本同，白鷺洲本、大德本作"太府"），公府也。孟康曰：舉之廷尉，以章劾付廷尉治之也。師古曰：孟説非也。舉，皆也。言郡吏大府獄事皆歸廷尉也。大府，丞相、御史之府也。【今注】案，此説有誤。王先謙《漢書補注》引郭嵩燾説，漢制，郡國秋冬遣無害吏按訊諸囚。此言公府及郡國之獄，皆由廷尉鞫治。如以郡吏專屬太守，亦誤。大府，殿本同，白鷺洲本、大德本作"太府"。

[3]【今注】章：奏章，此指法律文書。

[4]【顏注】師古曰：往赴對也。【今注】會獄：指前往對證。

[5]【顏注】師古曰：皆令服罪如所告劾之本章。

[6]【顏注】師古曰：定其辭，令服也。

[7]【顏注】師古曰：更，歷也。其罪或非赦例，故不得除，而久逃亡不出至於十餘歲，猶相告言，由周用法深刻故也。更音工衡反。【今注】獄久者：指案件長期拖延。

[8]【顏注】師古曰：氐讀與抵同。抵，歸也。牴，誣也。並音丁禮反。

[9]【顏注】師古曰：中都官，凡京師諸官府也。獄辭所及，追考問者六七萬人也。【今注】中都官詔獄：西漢的中都官獄爲朝廷列卿屬下的監獄，與三輔、郡國獄分屬不同。中都官獄或泛指中央機構的監獄，或專指武帝以降的特設“詔獄”。參見宋傑《西漢的中都官獄》（《中國史研究》2008年第2期）。案，中華本等此處標點或誤，中都官爲京官泛稱，不當與廷尉並列。

[10]【顏注】師古曰：吏又於此外以文致之，更增加也。

[11]【今注】中廢：意指中途免職。王先謙《漢書補注》說：“《公卿表》，周爲廷尉十一年免，數之，應在天漢二年，而是年即書周爲執金吾，則中廢纔數月。”

[12]【今注】執金吾：官名。掌京師治安。執金吾詞義有三：其一，應劭說“吾者，禦也。掌金鉗，以禦非常”。其二，顏師古說：“金吾，鳥名也，主辟不祥，天子出行，職主先導，以禦非常，故執此鳥之象，因以名官”（此二說見本書《百官公卿表》注）。其三，《古今注》則謂金吾係兩端塗金的銅棒，此官出行執之，作爲權仗。御史大夫、司隸大夫亦可執此棒。御史、校尉、守、令、都尉所執，則以木爲“吾”。

[13]【今注】桑弘羊：洛陽人，出身於商人之家，曾協助武帝推行一系列經濟改革，武帝臨終，爲顧命大臣之一，官至御史大夫。《史》《漢》無傳，事迹散見《史記·平準書》《鹽鐵論》及本書《食貨志》、卷六八《霍光傳》等。　衛皇后：即衛子夫，漢武帝皇后。事見本書卷九七《外戚傳上》。　案，中華本等此處標點

有誤，"刻深"屬下讀，此二字當爲對傳主描述。　又案，顧炎武《日知錄》卷二六說，《百官表》，天漢三年（前98）二月，執金吾杜周爲御史大夫，四年卒。而衛太子巫蠱事乃在征和二年（前91），周卒已四年矣。又十一年，昭帝元鳳元年（前80），御史大夫桑弘羊坐燕王旦事誅。書事之謬如此。王先謙《漢書補注》說，周，天漢二年爲執金吾，三年遷御史大夫。據《武紀》，天漢二年秋大搜，因泰山琅邪群盜起，復遣暴勝之等分部逐捕，刺史郡守以下皆伏誅，周之逐捕盡力正在斯時，《史記·周傳》明言"逐盜捕治"也；後七年爲征和元年，乃書"巫蠱起"，二年，衛皇后弟子長平侯伉坐巫蠱誅；逐捕與巫蠱兩事，本不相涉。據《公卿表》，周爲執金吾時，弘羊爲大司農。此蓋桑、衛昆弟子皆在逐捕中，非指弘羊本身。所云"衛皇后昆弟子"，亦非即巫蠱坐誅之衛伉也。周執法不避貴戚，故武帝嘉之。必牽合後事，以此傳爲謬，失理甚矣。

[14]【今注】御史大夫：官名。秦置漢沿。三公之一。掌監察百官，並代皇帝接受百官奏章、起草詔命文書等。秩中二千石。

始周爲廷史，有一馬，[1]及久任事，列三公，而兩子夾河爲郡守，[2]家訾累巨萬矣。[3]治皆酷暴，唯少子延年行寬厚云。

[1]【顏注】師古曰：廷史，即廷尉史也。

[2]【今注】兩子夾河爲郡守：指杜延壽、杜延考爲河南、河內兩郡之太守。《漢書考證》齊召南說，《唐書·宰相世系表》，周三子：延壽、延考、延年。延年最幼，昭帝初始爲吏。則夾河爲郡守者，延壽、延考也。何焯《義門讀書記》卷一八說，褚先生書田仁事云，仁刺舉三河時，河南、河內太守皆杜周子弟，河東太守石丞相孫。仁已刺三河，皆下吏誅死。當史遷作《酷吏傳》時，未

覩其終，班氏遂仍之爾。天之報虐，無或爽也。

［3］【顏注】師古曰：訾與貲同。

延年字幼公，亦明法律。昭帝初立，大將軍霍光秉政，[1]以延年三公子，吏材有餘，補軍司空。[2]始元四年，益州蠻夷反，[3]延年以校尉將南陽士擊益州，還，爲諫大夫。[4]左將軍上官桀父子與蓋主、燕王謀爲逆亂，[5]假稻田使者燕倉知其謀，[6]以告大司農楊敞。[7]敞惶懼，移病，[8]以語延年，延年以聞，桀等伏辜。延年封爲建平侯。

［1］【今注】大將軍：將軍的最高稱謂。位在三公上，卿以下皆拜。後又設大司馬，爲將軍的加官。自漢武帝起，章奏的拆讀與審議，漸轉歸以大將軍爲首的尚書，分丞相權。自霍光以大司馬大將軍的名義當政，大將軍實爲中朝官領袖，權力已逾丞相。　霍光：傳見本書卷六八。

［2］【顏注】蘇林曰：主獄官也。如淳曰：律，營軍司空、軍中司空各二人。【今注】軍司空：漢代將軍屬員之一。本書卷七九《馮奉世傳》有軍司空令之名。王先謙《漢書補注》引宋祁説，謂軍司空疑即軍司空令。軍司空爲軍中主獄官，陳直《漢書新證》以宋祁説爲是，又據《十鐘山房印舉》所收“軍司空丞”印，謂有令有丞，《杜延年傳》所脱成當爲“丞”字。

［3］【今注】益州：漢武帝十三刺史部之一。州治在雒縣（今四川广漢市北）。轄八郡一百一十二縣七道，包括今四川、雲南、貴州等地區。

［4］【今注】諫大夫：官名。掌論議，秩六百石，屬光祿勳。秦始置諫議大夫，掌議論，有數十人之多。漢初不置。元狩五年

（前 118）初置。東漢改稱諫議大夫。

[5]【今注】左將軍：武官名。戰國已有，漢不常置。金印紫綬，位次於上卿，職務或典京師兵衞、或屯兵邊境。　上官桀：字少叔，西漢大臣，漢昭帝皇后上官氏的祖父。漢武帝病重時，與霍光同受顧命。昭帝元鳳元年（前 80）與御史大夫桑弘羊、燕王劉旦等人欲謀殺霍光，事敗被誅。事見本書卷六三《武五子傳》、卷六八《霍光傳》等。　蓋主：即鄂邑蓋長公主。事見本書卷九七《外戚傳上》。　燕王：燕王劉旦。傳見本書卷六三。

[6]【今注】稻田使者：官名。漢置，大司農屬官，掌墾田種稻。　燕倉：蓋主舍人之父，事見本書《武五子傳》。

[7]【今注】大司農：官名。秦置治粟內史，漢沿用。景帝時改名大農令，武帝更名大司農。掌租稅錢穀鹽鐵和國家的財政收支，爲九卿之一。　楊敞：傳見本書卷六六。

[8]【顏注】師古曰：移病，謂移書言病也。一曰，以病而移居。

延年本大將軍霍光吏，首發大姦，[1]有忠節，由是擢爲太僕、右曹給事中。[2]光持刑罰嚴，延年輔之以寬。治燕王獄時，御史大夫桑弘羊子遷亡，過父故吏侯史吳。[3]後遷捕得，伏法。會赦，侯史吳自出繫獄，廷尉王平與少府徐仁雜治反事，[4]皆以爲桑遷坐父謀反而侯史吳臧之，非匿反者，迺匿爲隨者也。[5]即以赦令除吳罪。後侍御史治實，[6]以桑遷通經術，知父謀反而不諫爭，與反者身無異；侯史吳故三百石吏，首匿遷，[7]不與庶人匿隨從者等，吳不得赦。奏請覆治，劾廷尉、少府縱反者。[8]少府徐仁即丞相車千秋女壻也，[9]故千秋數爲侯史吳言。恐光不聽，千秋即召中二千石、博士會公車門，議問吳法。[10]議者知大將軍指，[11]皆執吳爲不道。明日，千秋封上衆議，光於是以千秋擅召中二千石以下，外内異言，[12]遂下廷尉平、少府仁獄。朝廷皆恐丞相坐之，延年乃奏記光争，以爲："吏縱罪人，有常法，今更詆吳爲不道，恐於法深。[13]又丞相素無所守持，而爲好言於下，盡其素行也。[14]至擅召中二千石，甚無狀。[15]延年愚，以爲丞相久故，及先帝用事，[16]非有大故，不可棄也。間者民頗言獄深，吏爲峻詆，[17]今丞相所議，又獄事也，如是以及丞相，恐不合衆心。群下讙譁，庶人私議，流言四布，延年竊重將軍失此名於天下也！"[18]光以廷尉、少府弄法輕重，皆論棄市，而不以及丞相，終與相竟。[19]延年論議持平，合和朝廷，皆此類也。

[1]【顏注】師古曰：首謂初首先發之。

[2]【今注】太僕：官名。春秋始置，秦、漢沿襲，爲九卿之一。秩中二千石。主管皇帝車輛、馬匹。太僕總管車駕，親自爲皇帝御車，爲皇帝近臣，故常可以升擢爲三公。　右曹：加官名。武帝置，與左曹合稱諸曹。秩二千石。加此號者每日朝謁，在殿中收受平省尚書奏事，親近皇帝，典掌樞機。應劭《漢官儀》："左右曹受尚書事，前世文士以中書在右，因稱中書爲右曹，又稱西掖。"

給事中：加官名號。秦置，漢魏相沿，爲將軍、列侯、九卿以至黃門郎、謁者等的加官。因給事殿中，備顧問應對，討論政事，故名。

[3]【顏注】師古曰：姓侯史，名吳。【今注】案，王先謙《漢書補注》引繆荃孫曰，《通志》引《風俗通》云："董狐爲晉侯史官，後因氏焉。"先謙説：《通鑑》胡注："晉武帝時有侯史光。"

［4］【顏注】師古曰：交雜同共治之也。【今注】王平：字子心，齊人。　少府：官名。秦置漢沿。九卿之一，秩中二千石。掌皇帝財政、宮廷侍從及宮廷手工業，以備宮廷之用。武帝對少府職掌有所調整，在非常時期以少府禁錢用於國家開支。　徐仁：字中孫。齊人。

［5］【顏注】孟康曰：言桑遷但隨坐耳，非自反也。【今注】案，臧，白鷺洲本、殿本作“藏”。

［6］【顏注】師古曰：重戮其事也。【今注】案，《漢書考正》宋祁曰：“江南本‘後’字下有‘使’字。”

［7］【顏注】師古曰：首匿者，言身爲謀首而藏匿人也。他皆類此。【今注】首匿：主謀藏匿罪犯。《史記》卷一一八《淮南衡山列傳》：“得陳喜於衡山王子孝家。吏劾孝首匿喜。”本書卷八《宣紀》：“自今子首匿父母，妻匿夫，孫匿大父母，皆勿坐。”

［8］【顏注】師古曰：縱，放也。

［9］【今注】車千秋：即田千秋。昭帝時，以老年朝見，得乘小車入宮，號車丞相，後子孫以車爲姓。傳見本書卷六六。

［10］【顏注】師古曰：於法律之中吳當得何罪。

［11］【今注】指：意旨。

［12］【顏注】張晏曰：外則去疾欲盡，内則爲其堦也。師古曰：此説非也。外内，謂外朝及内朝也。

［13］【顏注】師古曰：詆，誣也。次下亦同。

［14］【顏注】師古曰：言非故有所執持，但其素行好與在下人言議耳。

［15］【顏注】師古曰：無善狀。

［16］【顏注】師古曰：言在位已久，是爲故舊，又嘗及仕先帝而任事也。

［17］【顏注】師古曰：峻謂峭刻也。

［18］【顏注】師古曰：重猶難也。以此爲重事也。

[19]【顔注】師古曰：謂終丞相之身，無貶黜也。

　　見國家承武帝奢侈師旅之後，數爲大將軍光言："年歲比不登，流民未盡還，[1]宜脩孝文時政，示以儉約寬和，順天心，説民意，年歲宜應。"[2]光納其言，舉賢良，議罷酒榷鹽鐵，[3]皆延年發之。[4]吏民上書言便宜，有異，輒下延年平處復奏。言[5]可官試者，至爲縣令，或丞相、御史除用，滿歲以狀聞，或抵其罪法，[6]常與兩府及廷尉分章。[7]

　　[1]【顔注】師古曰：比，頻也（頻，白鷺洲本、大德本同，殿本作"類"；又，殿本注在"比不登"後）。

　　[2]【顔注】師古曰：言儉約寬和，則豐年當應也。説讀曰悦。

　　[3]【今注】榷：同"権"。酒榷，酒税。　鹽鐵：鹽鐵專賣。

　　[4]【今注】案，白鷺洲本、大德本、殿本作"皆自延年發之"。

　　[5]【顔注】師古曰：先平處其可否，然後奏言。處音昌汝反。

　　[6]【顔注】師古曰：抵，至也。言事之人有姦妄者，則致之於罪法（白鷺洲本、大德本、殿本作"則持致之"）。

　　[7]【顔注】如淳曰：兩府，丞相、御史府也。諸章有所疑，使延年決之（延年，白鷺洲本、大德本同，殿本作"延言"）。師古曰：此説非也。上書言事者，其章或下丞相御史，或付延年，故云分章耳，非令決疑也。【今注】案，王先謙《漢書補注》引郭嵩燾曰："吏民上書，宜下丞相、御史兩府。其有異者，令延年平處。非徑下之延年也。上書言便宜尤與廷尉無涉。《漢官儀》：'諸

吏給事中，日上朝謁，平尚書奏事，分左右曹。’所謂諸吏，即左右曹也，屬侍中。延年時爲右曹給事中，平處所奏事，或由丞相、御史除用，或由廷尉議罰，第其功罪，分別下其章兩府及廷尉行之。上云‘平處’，下云‘分章’，係兩事，與下‘典領方藥’，皆侍中所領職。延年爲光信任，故常專主其事也。如、顏失考。”

昭帝末，寢疾，徵天下名醫，延年典領方藥。帝崩，昌邑王即位，[1]廢，大將軍光，車騎將軍張安世與大臣議所立。[2]時宣帝養於掖廷，[3]號皇曾孫，與延年中子佗相愛善，延年知曾孫德美，勸光、安世立焉。宣帝即位，襃賞大臣，延年以定策安宗廟，益户二千三百，[4]與始封所食邑凡四千三百户。詔有司論定策功，大司馬大將軍光功德過太尉絳侯周勃，[5]車騎將軍安世、丞相楊敞功比丞相陳平，前將軍韓增、御史大夫蔡誼功比潁陰侯灌嬰，[6]大僕杜延年功比朱虛侯劉章，[7]後將軍趙充國、大司農田延年、少府史樂成功比典客劉揭，[8]皆封侯益土。延年爲人安和，備於諸事，[9]久典朝政，上任信之，出即奉駕，入給事中，居九卿位十餘年，賞賜賂遺，訾數千萬。

[1]【今注】昌邑王：劉賀，武帝之孫。傳見本書卷六三。劉賀的墓葬，位於今江西南昌市新建區，是已發掘的最豐富的漢代列侯等級墓葬，2015年入選中國十大考古新發現。參見江西省文物考古研究所、首都博物館編《五色炫曜：南昌漢代海昏侯國考古成果》（江西人民出版社2016年版）。昌邑王立廢事，或可參見孫筱《從“爲人後者爲之子”談漢廢帝劉賀的立與廢》（《史學月刊》2016年第9期）。

　　[2]【今注】車騎將軍：官名。爲重號將軍（將軍稱號分成二類，即重號將軍和雜號將軍。重號將軍職位高，雜號將軍職位較低），西漢置，掌領車騎士。僅次於大將軍、驃騎將軍，金印紫綬，地位相當於上卿，或比三公，第二品。　張安世：張湯之子。傳見本書卷五九。

　　[3]【今注】掖廷：宮中旁舍，妃嬪所居之處。

　　[4]【今注】戶二千三百：本書《功臣表》作“三千三百六十戶”，“三千”乃“二千”之訛。此處不數“六十”，乃舉大數。

　　[5]【今注】功德過：此及下文“功比”，皆以誅諸呂時功爲比。

　　[6]【今注】前將軍：武官名。戰國置，秦漢沿置。位在大將軍、驃騎將軍之下。　韓增：韓王信玄孫。昭帝時官至前將軍，與大將軍霍光擁立漢宣帝，益封千戶。其事可見本書卷三三《魏豹田儋韓王信傳》。　蔡誼：即蔡義。傳見本書卷六六。

　　[7]【今注】案，大僕，白鷺洲本同，大德本、殿本作“太僕”。　劉章：高祖劉邦之孫，齊悼惠王劉肥次子。呂后稱制時封爲朱虛侯，後誅滅呂氏有功，加封爲城陽王。

　　[8]【顏注】師古曰：據如此傳，樂成姓史，而《霍光傳》云使樂成小家子，則又似姓使，《功臣侯表》乃云便樂成，三者不同。尋史、使一也，故當姓史，或作使字，而表遂誤爲便耳。【今注】後將軍：武官名。戰國已有，漢不常置。金印紫綬，位次上卿。掌京師兵衛，或屯兵邊境。　趙充國：傳見本書卷六九。　田延年：傳見本書卷九〇。　史樂成：或作“使樂成”及“便樂成”。“史”字爲省文，“便”字爲誤字。參見陳直《漢書新證》。

　　典客：官名。秦置漢沿。九卿之一。掌屬國交往等事務。景帝時改稱大行令，武帝改稱大鴻臚。　劉揭：高祖時爲典客。誅諸呂時，奪呂祿兵符，關殿門拒呂産等入。共立文帝，封陽信侯。

　　[9]【顏注】師古曰：言皆明習也。

　　霍光薨後，子禹與宗族謀反，誅。[1]上以延年霍氏舊人，欲退之，而丞相魏相奏延年素貴用事，[2]官職多姦。遣吏考案，但得苑馬多死，[3]官奴婢乏衣食，[4]延年坐免官，削戶二千。後數月，復召拜爲北地大守。[5]延年以故九卿外爲邊吏，治郡不進，[6]上以璽書讓延年。[7]延年乃選用良吏，捕擊豪強，[8]郡中清靜。居歲餘，上使謁者賜延年璽書，黃金二十斤，徙爲西河太守；[9]治甚有名。五鳳中，[10]徵入爲御史大夫。[11]延年居父官府，不敢當舊位，坐臥皆易其處。是時四夷和，海內平，延年視事三歲，以老病乞骸骨，天子優之，使光禄大夫持節賜延年黃金百斤、酒，加致醫藥。延年遂稱病篤。賜安車駟馬，罷就第。[12]後數月薨，謚曰敬侯，子緩嗣。

　　[1]【今注】案，事見本書六八《霍光傳》。霍光，大德本、殿本同，白鷺洲本作“光”。

　　[2]【今注】魏相：傳見本書卷七四。

　　[3]【今注】案，杜延年官爲大僕，所屬有邊郡六牧師令三十六苑之馬，蓋就邊郡所上畜簿考核之。參見陳直《漢書新證》。

　　[4]【顏注】師古曰：傳言延年身不犯法，但丞相致之於罪耳。【今注】案，王先謙《漢書補注》引李楨曰：“太僕掌輿馬，故有苑馬及官奴婢。”

　　[5]【今注】北地：郡名。治馬領（今甘肅慶陽市西北馬嶺鎮）。　案，大守，白鷺洲本、大德本、殿本作“太守”。

　　[6]【顏注】師古曰：比於諸郡（於，白鷺洲本、大德本同，殿本作“于”），不爲最也

　　[7]【顏注】師古曰：讓，責也。

[8]【今注】案，擊，白鷺洲本、大德本、殿本作“繫”。强，大德本、殿本同，白鷺洲本作“彊”。

[9]【今注】西河：郡名。漢西河郡治平定（今内蒙古鄂爾多斯市東勝區境）。何焯《義門讀書記》卷一八曰：“凡居外十餘年始徵，又以丙吉遺言薦之故也。”錢大昭《漢書辨疑》曰：“《公卿表》作‘五鳳三年六月辛酉’。《漢舊儀》云：大夫初拜策曰：‘惟五鳳三年正月乙巳，御史大夫之官。皇帝延登，親詔之曰：御史大夫其進，虚受朕言。朕鬱於大道，獲保宗廟，兢兢師師，夙夜思已失，不遑康寧，盡思百姓未能綏。於戲！御史大夫其帥意盡心，以補朕闕。於戲！九卿群大夫百官慎哉！不勖於厥職，厥有常辟。往悉乃心，和裕開賢，俾賢能反本夂民，靡諱朕躬。天下之衆，受制於朕，以法爲命，可不慎與？於戲！御史大夫其誡之。’”

[10]【今注】五鳳：漢宣帝年號（前57—前54）。

[11]【今注】案，杜延年徵入爲御史大夫時在五鳳三年，見本書《景武昭宣元成功臣表》。

[12]【顏注】師古曰：安車，坐乘之車也。《後漢·輿服志》云：“公列侯安車，朱斑輪，倚鹿較，伏熊軾，皁蓋。”倚鹿較者，畫立鹿於車之前兩藩外也。伏熊軾者，車前橫軾爲伏熊之形也。【今注】安車：一匹馬拉有車廂之車。古時乘車一般均站立於車廂，而安車可以安坐，故名。《周禮·春官·巾車》：“安車，雕面鷖總，皆有容蓋。”鄭玄注：“安車，坐乘車。凡婦人車皆坐乘。”

緩少爲郎，本始中以校尉從蒲類將軍擊匈奴，[1]還爲諫大夫，遷上谷都尉，[2]鴈門太守。[3]父延年薨，徵視喪事，拜爲大常，[4]治諸陵縣，每冬月封具獄日，常去酒省食，[5]官屬稱其有恩。元帝初即位，穀貴民流，永光中西羌反，[6]緩輒上書入錢穀以助用，前後數百萬。[7]緩六弟，五人至大官，少弟熊歷五郡二千石，三州牧刺史，有能名，唯中弟欽官不至而最知名。

[1]【顏注】文穎曰：趙充國也。臣瓚曰：征蒲類海，故以爲名。【今注】本始：漢宣帝年號（前73—前70）。

[2]【今注】上谷：郡名。治沮陽（今河北懷來縣大古城村）。

[3]【今注】雁門：郡名。治善無（今山西右玉縣東南）。

[4]【今注】大常：官名。即太常。秦置，名奉常。景帝時更名太常。掌宗廟禮儀，兼掌選試博士。位列漢朝九卿之首。案，杜緩於甘露三年（前51）始爲太常。

[5]【顏注】師古曰：獄案已具，當論決之，故封上。

[6]【今注】永光：漢元帝年號（前43—前39）。案，大德本同，白鷺洲本、殿本作“元光”。《漢書考正》引宋祁説，“元光”，當從南、浙本作“永光”。

[7]【今注】案，本書《百官公卿表》，緩以甘露三年爲太常，七年坐盜賊多免。七年，當元帝初元三年。

欽字子夏，少好經書，家富而目偏盲，[1]故不好爲吏。茂陵杜鄴與欽同姓字，[2]俱以材能稱京師，故衣冠謂欽爲“盲杜子夏”以相別。[3]欽惡以疾見詆，[4]迺爲小冠，高廣財二寸，[5]由是京師更謂欽爲“小冠杜子夏”，而鄴爲“大冠杜子夏”云。

[1]【顏注】師古曰：盲，目無見也。偏盲者，患目也（白鷺洲本、大德本、殿本作“患一目也”）。今俗乃以兩目無見者始爲盲，語移轉也。

[2]【顏注】師古曰：並字子夏。【今注】茂陵：此應指茂陵縣。治所在今陝西興平市東北十九里南位鄉茂林村。茂陵，武帝

陵，漢宣帝本始元年（前73），茂陵置茂陵縣，徙天下富豪六萬餘户，最多近三十萬人。案，漢武帝陵墓，位於今陝西興平市東北，東西爲横亘百里"五陵原"。北遠依九峻山，南遥屏終南山。此地漢時原屬槐里縣之茂鄉，故稱"茂陵"。參見張明惠《漢武帝茂陵考古調查勘探簡報》（《考古與文物》2011年第2期）。又，白鷺洲本、大德本無"欽"字。

　　[3]【顏注】師古曰：衣冠謂士大夫也。

　　[4]【顏注】師古曰：詆，毁也，音丁禮反。

　　[5]【顏注】師古曰：財與纔同，古通用字。

　　時帝舅大將軍王鳳以外戚輔政，[1]求賢知自助。鳳父頃侯禁與欽兄緩相善，故鳳深知欽能，奏請欽爲大將軍軍武庫令。[2]職閒無事，欽所好也。[3]

　　[1]【今注】王鳳：事見本書卷九九《王莽傳》。

　　[2]【今注】大將軍軍：大將軍之軍。　武庫令：官名。掌軍器，秦置。至二漢，屬執金吾，主兵器，秩六百石。《漢書考正》宋祁曰："軍武庫，一本無'軍'字；諸本皆有。予謂當存"軍"字。是大將軍之軍武庫也。"周壽昌《漢書注校補》曰："《續漢書》：武庫令一人，秩六百石，主兵器。"王先謙《漢書補注》："《荀紀·成帝建始三年》作'大將軍武庫令杜欽'，不重'軍'字；《通鑑》同。"

　　[3]【顏注】師古曰：閒讀曰閑。

　　欽爲人深博有謀。自上爲太子時，以好色聞，及即位，皇太后詔采良家女。欽因是説大將軍鳳曰："禮壹娶九女，所以極陽數，廣嗣重祖也。[1]必鄉舉求窈窕，不問華色，[2] 所以助德理內也；娣姪雖缺不復補，所以養壽塞爭也。[3] 故后妃有貞淑之行，則胤嗣有賢聖之君；制度有威儀之節，則人君有壽考之福。廢而不由，則女德不厭；[4] 女德不厭，則壽命不究於高年。[5]《書》云‘或四三年’，[6] 言失欲之生害也。[7] 男子五十，好色未衰；婦人四十，容貌改前。[8] 以改前之容侍於未衰之年，而不以禮爲制，則其原不可救而後徠異態；後徠異態，則正后自疑而支庶有間適之心。[9] 是以晉獻被納讒之謗，申生蒙無罪之辜。[10] 今聖主富於春秋，未有適嗣，方鄉術入學，[11] 未親后妃之議。將軍輔政，宜因始初之隆，建九女之制，詳擇有行義之家，求淑女之質，毋必有聲色音技能，爲萬世大法。[12] 夫少，戒之在色，[13]《小卞》之作，可爲寒心。[14] 唯將軍常以爲憂。”

[1]【顏注】張晏曰：陽數一三五七九，九，數之極也。臣瓚曰：天子一娶九女，夏殷之制也，欽故舉前代之約以刺今之奢也。【今注】案，王先謙《漢書補注》引李楨曰：《公羊傳》：“諸侯一聘九女。諸侯不再娶。”不言天子。《禮記》鄭注云：“帝嚳有四妃，象后妃四星，其一明者爲正妃，餘三小者爲次妃。帝堯因焉。舜不立正妃，但三妃而已，謂之三夫人。夏后氏增以三三而九，合十二人。《春秋說》云天子取十二，夏制也。殷人又增以三九二十七，合三十九人。周人上法帝嚳，立正妃，又增九九八十一，合之百二十人。其位后也，夫人也，嬪也，世婦也，女御也。”蔡邕《獨斷》：“天子一娶十二女，象十二月，三夫人、九嬪。諸侯一娶九女，象九州，一妻、八妾。”以上三說皆與瓚說不合。班氏《白虎通義》：“天子、諸侯一娶九女何？重國廣繼嗣也。適也者何？

法地有九州，承天之施，無所不生也。"《王度記》曰："天子一娶九女。"此同瓚説，但不必爲夏殷之制爾。

[2]【顔注】師古曰：鄉舉者，博問鄉里而舉之也。窈窕，幽閑也。窈音一了反。窕音徒了反。

[3]【顔注】師古曰：媵女之内，兄弟之女則謂之姪，己之女弟則謂之娣。窒，絶也。

[4]【顔注】師古曰：由，用也，從也。女德不厭，言好色之甚也。

[5]【顔注】師古曰：究，竟也。

[6]【顔注】師古曰：《周書》亡逸篇曰："惟湛樂之從，罔或克壽，或十年，或七八年，或五六年，或四三年。"謂逸欲過度則損壽也。【今注】案，《尚書·無逸》云："無湛樂之從，罔或克壽，或十年，或七八年，或五六年，或四三年。"

[7]【顔注】師古曰：失讀曰佚。佚與逸同。

[8]【今注】案，容貌，白鷺洲本、殿本同，大德本作"咨貌"。

[9]【顔注】師古曰：間，代也，音居莧反。適讀曰嫡。次下亦同。

[10]【顔注】師古曰：蒙亦被也（被，大德本、殿本同，白鷺洲本作"皮"）。【今注】案，《左傳》僖公四年記載，春秋時，晉獻公以驪姬爲夫人，驪姬生奚齊，欲立爲太子，於是譖殺太子申生，並逐群公子。

[11]【顔注】師古曰：鄉讀曰嚮。【今注】術：道。

[12]【顔注】師古曰：惟求淑質，無論美色及音聲技能，如此則可爲萬代法也。【今注】案，王先謙《漢書補注》説，據顔注，則正文作"毋必有色聲音技能"，顔所見本尚不誤。後人傳寫誤倒"色聲"作"聲色"，則"音"字爲贅文矣。《通鑑》作"毋必有聲色技能"，删去"音"字。

[13]【顏注】師古曰：《論語》孔子曰："君子有三戒，少之時血氣未定，戒之在色。"言好色無節則致損敗，故戒之也。

[14]【顏注】張晏曰：剌幽王廢申后而立襃姒，黜太子宜咎而立伯服也。臣瓚曰：《小卞》之詩，大子之傅作也（大，白鷺洲本、大德本、殿本作"太"），哀大子之放逐，愍周室之大壞也。師古曰：《詩》小雅也。二說皆是。卞音盤。【今注】小卞：即《小弁》，《詩經‧小雅》篇名之一。周幽王寵愛襃姒，廢申后，逐太子宜曰，立襃姒爲后，襃姒子伯服爲太子。此詩爲宜曰諷剌幽王，斥責讒人，且以自傷之作。

鳳白之大后，大后以爲故事無有。[1]欽復重言：[2]"《詩》云：'殷監不遠，在夏后氏之世。'[3]剌戒者至迫近，而省聽者常怠忽，[4]可不慎哉！前言九女，略陳其禍福，甚可悼懼，竊恐將軍不深留意。后妃之制，夭壽治亂存亡之端也。迹三代之季世，覽宗、宣之饗國，察近屬之符驗，[5]禍敗曷常不由女德？是以佩玉晏鳴，《關雎》歎之，[6]知好色之伐性短年，離制度之生無厭，天下將蒙化，陵夷而成俗也。[7]故詠淑女，幾以配上，[8]忠孝之篤，仁厚之作也。[9]夫君親壽尊，國家治安，誠臣子之至願，所當勉之也。《易》曰：'正其本，萬物理。'[10]凡事論有疑未可立行者，求之往古則典刑無，考之來今則吉凶同，卒搖易之則民心惑，[11]若是者誠難施也。今九女之制，合於往古，無害於今，不逆於民心，至易行也，行之至有福也，將軍輔政而不蚤定，[12]非天下之所望也。唯將軍信臣子之願，念《關雎》之思，[13]遝委政之隆，及始初清明，[14]爲漢家建無窮之基，誠難以忽，不可以遴。"[15]鳳不能自立法度，循故事而已。會皇太后女弟司馬君力，[16]與欽兄子私通，事上聞，欽慙懼，乞骸骨去。

[1]【今注】案，大后，白鷺洲本、大德本、殿本作"太后"。

[2]【顏注】師古曰：重，音直用反。

[3]【顏注】師古曰：《大雅》蕩之詩也。言殷之所監見，其事不遠，近在夏后氏之時。【今注】案，語見《詩·大雅·蕩》。監，即"鑒"。

[4]【顏注】師古曰：忽，忘也。

[5]【顏注】韋昭曰：宗，殷高宗也。宣，周宣王也。皆饗國長久。師古曰：宗、宣之義，韋說是也。近屬者，謂漢家之事耳。屬猶言甫爾也，音之欲反。【今注】饗：通"享"。王先謙《漢書補注》："漢人屬文，以殷高宗、周宣王並稱，以其爲中興之君也。《宣紀》贊'侔德殷宗、周宣'，即用此義。屬亦近也。近屬猶言近今。《李尋傳》'故屬者頗有改變'，與此義同。"

[6]【顏注】李奇曰：后夫人雞鳴佩玉去君所，周康王后不然，故詩人歎而傷之。臣瓚曰：此《魯詩》也。【今注】案，史說周康王貪色，早晨晏起，夫人不鳴璜，宮門不擊忻，故詩人感歎，作《關雎》，思得淑女，以配君子。王先謙《漢書補注》引繆荃孫曰："何焯云：'劉氏校本注文"鳴"字下更有"鳴"字。'荃孫案，此字當有。后夫人雞鳴即起，鳴佩玉而去君所也。下'鳴'字指玉言。故'佩玉晏鳴'，歎康王后之晏起。先謙曰：《列女傳·魏曲沃負篇》云：'周之康王夫人，晏出朝，《關雎》豫見，思得淑女以配君子。'《論衡·謝短篇》：'周衰而詩作，蓋康王時也。康王德缺於房，大臣刺晏，故詩作。'袁宏《後漢紀》：'楊賜云："昔周康王承文王之盛，一朝晏起，夫人不鳴璜，宮門不擊柝，《關雎》之人，見幾而作。"'《古文苑》載張超《誚青衣賦》云：'周漸將衰，康

王晏起。畢公喟然，深思古道，感彼《關雎》，性不雙侶。但願周公，妃以窈窕，防微消漸，諷諭君父。孔氏大之，列冠篇首。’劉向、王充習《魯詩》；楊賜與蔡邕同定石經《魯詩》；張超字子並，河間鄚人，見蔡邕作《青衣賦》，志蕩詞淫，作詩規之。皆用魯説。是此詩乃刺康王后夫人，作者是畢公也。本書《匡衡傳》衡引《齊詩》説，及王應麟《詩考》引《韓詩叙》，皆與《魯詩》説同，知《毛傳》非也。”

[7]【顏注】師古曰：蒙，被也。【今注】案，《漢書考正》宋祁曰：“離”字下疑有脱文。又，底本、白鷺洲本、大德本注在“成俗也”後，殿本注在“將蒙化”後。

[8]【顏注】師古曰：《關雎》之詩云：“窈窕淑女，君子好仇。”故云然也。淑，善也。幾讀曰冀。

[9]【顏注】師古曰：作謂作詩也。

[10]【顏注】師古曰：今《易》無此文。【今注】案，《易緯坤靈圖》云，“正其本，萬物理。差之毫釐，謬以千里”。

[11]【顏注】鄭氏曰：辛，急也。師古曰：辛音千忽反。

[12]【顏注】師古曰：蚤，古早字。

[13]【顏注】師古曰：信，讀曰申。

[14]【顏注】師古曰：委政之隆，言天子委鳳政事，權寵隆盛也。始初清明，天子新即位，宜立法制。

[15]【顏注】李奇曰：遴，難也。師古曰：遴與吝同。（吝，白鷺洲本、殿本同，大德本作“妾”）。【今注】遴（lín）：，同“吝”。

[16]【顏注】蘇林曰：字君力，爲司馬氏婦。

後有日蝕地震之變，詔舉賢良方正能直言士，合陽侯梁放舉欽，[1]欽上對曰：“陛下畏天命，悼變異，延見公卿，舉直言之士，將以求天心，迹得失也。[2]臣欽愚戆，經術淺薄，不足以奉大對。[3]臣聞日蝕地震，陽微陰盛也。臣者，君之陰也；子者，父之陰也；妻者，夫之陰也；夷狄者，中國之陰也。《春秋》日蝕三十六，地震五，[4]或夷狄侵中國，或政權在臣下，或婦乘夫，[5]或臣子背君父，事雖不同，其類一也。臣竊觀人事以考變異，則本朝大臣無不自安之人，外戚親屬無乖剌之心，[6]關東諸侯無強大之國，[7]三垂蠻夷無逆理之節；[8]殆爲後宮。[9]何以言之？日以戊申蝕，時加未。戊未，土也。土者，中宮之部也。其夜地震未央宮殿中，此必適妾將有爭寵相害而爲患者，[10]唯陛下深戒之。變感以類相應，人事失於下，變象見於上。能應之以德，則異咎消亡；不能應之以善，則禍敗至。高宗遭雊雉之戒，[11]飭己正事，享百年之壽，殷道復興，[12]要在所以應之。應之非誠不立，非信不行。宋景公小國之諸侯耳，有不忍移禍之誠，出人君之言三，熒惑爲之退舍。[13]以陛下聖明，內推至誠，深思天變，何應而不感？何搖而不動？孔子曰：‘仁遠乎哉！’[14]唯陛下正后妾，抑女寵，防奢泰，去佚游，躬節儉，親萬事，數御安車，由輦道，[15]親二宮之饔膳，[16]致昏晨之定省。[17]如此，即堯舜不足與比隆，咎異何足消滅！如不留聽於庶事，不論材而授位，殫天下之財以奉淫侈，匱萬姓之力以從耳目，[18]近謟諛之人而遠公方，[19]信讒賊之臣以誅忠良，賢俊失在巖穴，大臣怨於不以，[20]雖無變異，社稷之憂也。天下至大，萬事至衆，祖業至重，誠不可以佚豫爲，不可以奢泰持也。^[21]唯陛下忍無益之欲，以全衆庶之命。臣欽愚戇，言不足采。"

[1]【今注】梁放：宣帝功臣梁喜之子。《漢書考證》齊召南説，漢代列侯具見於表，此合陽侯梁放，《功臣》《恩澤》二表不見，何也？師古亦無注。錢大昭《漢書辨疑》説爲"梁喜之子"。王先謙《漢書補注》："喜，宣帝功臣。齊氏偶有不照。"

[2]【顏注】師古曰：覲得失之蹤迹也。【今注】案，王先謙《漢書補注》説，"迹"當作虛字解，猶言尋求之也。《周禮·地官·序官·迹人》注："迹之言跡知禽獸處。"跡知，謂尋求而知之也。《後漢·儒林傳》"跡衰敝之所由致"注："跡猶尋也。"顏讀迹爲實字，而訓爲覲得失之蹤迹，非是。《季布傳》"迹且至臣家"，注："迹，謂尋其蹤迹也。"《平常傳》"宜深迹其道"，注："迹，謂求其蹤迹也。"此二"迹"字皆當即訓爲尋求，注並失之。

[3]【顏注】師古曰：大對謂對大問也。

[4]【顏注】師古曰：解在《劉向傳》。

[5]【顏注】師古曰：乘，陵也。【今注】案，王先謙《漢書補注》説，《荀紀》作"或妻不承夫"。

[6]【顏注】師古曰：刺，戾也，音來曷反。

[7]【今注】案，強，大德本、殿本同，白鷺洲本作"彊"。

[8]【顏注】師古曰：三垂謂東南西也。【今注】垂：《説文》："垂，遠邊也。"

[9]【顏注】師古曰：殆，近也。

[10]【顏注】師古曰：適，讀曰嫡。嫡謂正后也。

[11]【今注】高宗遭雊雉之戒：語本《尚書·高宗肜日序》："高宗祭成湯，有飛雉升鼎耳而雊。"高宗，指商朝高宗武丁。雊雉，指雉鳴叫。雉雊爲變異之兆。

[12]【顏注】師古曰：解在五行志。【今注】案，"飭己正

事”三句，詳見本書《五行志》。沈欽韓《漢書疏證》：“蔡邕《石經》‘肆高宗之享國百年’，與劉向《五行傳》同，則漢時古、今文皆云‘百年’。《竹書紀年》‘武丁五十九年陟’。僞古文出於汲郡古文之後，故《無逸》作‘五十九年’。”“正”字白鷺洲本、殿本同，大德本作“王”。

[13]【顏注】張晏曰：宋景公熒惑守心，太史子韋請移之於大臣及國人與歲，公皆不聽。天感其誠，熒惑爲之退舍，景公享延期之祚也。【今注】熒惑：指火星。火星熒熒似火，行踪不定，古代稱爲“熒惑”。火星侵入心宿，此暗指帝王有灾。火星在東西方均爲戰爭、死亡象徵。

[14]【顏注】師古曰：《論語》載孔子之言也（載，大德本、殿本同，白鷺洲本作“有”）。言仁道不遠，求之而至也。

[15]【顏注】師古曰：由，從也。【今注】案，“數御安車”二句，暗指成帝好微行。

[16]【顏注】韋昭曰：二宮邛成大后與成帝母也（邛，白鷺洲本、大德本、殿本作“即”；大后，白鷺洲本同，大德本、殿本作“太后”）。師古曰：熟食曰饗，具食曰膳。膳之言善也。

[17]【今注】昏晨：王先謙《漢書補注》本、中華本作“晨昏”。

[18]【顏注】師古曰：殫、匱皆盡也。從讀曰縱。

[19]【顏注】師古曰：方，正也。

[20]【顏注】師古曰：失在巖穴，謂隱處巖穴（巖，殿本同，白鷺洲本作“嵓”，大德本作“岩”），朝廷失之也。《論語》稱周公謂魯公“不使大臣怨乎不以”。以，用也。不見用而怨也。

[21]【顏注】爲：治也。

　　其夏，上盡召直言之士詣白虎殿對策，[1]策曰：“天地之道何貴？王者之法何如？《六經》之義何上？

人之行何先？取人之術何以？[2]當世之治何務？各以
經對。"[3]

[1]【顏注】師古曰：此殿在未央宮也。【今注】白虎殿：即
白虎觀。本書卷八二《王商傳》："單于來朝，引見白虎殿。"

[2]【顏注】師古曰：以，用也。

[3]【顏注】師古曰：據經義以對。

欽對曰："臣聞天道貴信，地道貴貞；[1]不信不貞，
萬物不生。生，天地之所貴也。王者承天地之所生，
理而成之，昆蟲草木靡不得其所。[2]王者法天地，非仁
無以廣施，非義無以正身；克己就義，恕以及人，[3]
《六經》之所上也。不孝，則事君不忠，蒞官不敬，[4]
戰陳無勇，朋友不信。[5]孔子曰：'孝無終始，而患不
及者，未之有也。'[6]孝，人行之所先也。觀本行於鄉
黨，考功能於官職，達觀其所舉，富觀其所予，窮觀
其所不爲，乏觀其所不取，[7]近觀其所爲，遠觀其所
主。[8]孔子曰：'視其所以，觀其所由，察其所安，人
焉廋哉？'[9]取人之術也。殷因於夏尚質，周因於殷尚
文，今漢家承周秦之敝，宜抑文尚質，廢奢長儉，表
實去僞。[10]孔子曰'惡紫之奪朱'，[11]當世治之所務
也。[12]臣竊有所憂，言之則拂心逆指，[13]不言則漸日
長，爲禍不細，然小臣不敢廢道而求從，違忠而耦
意。[14]臣聞玩色無厭，必生好憎之心；好憎之心生，
則愛寵偏於一人；愛寵偏於一人，則繼嗣之路不廣，
而嫉妒之心興矣。如此，則匹婦之說，不可勝也。[15]

唯陛下純德普施，無欲是從，[16]此則衆庶咸説，[17]繼嗣日廣，而海内長安。萬事之是非何足備言！"[18]

[1]【顏注】師古曰：貞，正也。

[2]【今注】案，蠱，大德本、殿本同，白鷺洲本作"虫"。

[3]【顏注】師古曰：恕，仁也。言以仁愛爲心，内省己志施之於人也（於，殿本作"于"）。

[4]【顏注】師古曰：蒞，臨也。【今注】案，蒞，白鷺洲本、大德本、殿本作"涖"。

[5]【今注】案，"事君不忠"四句，見《禮記·祭義》曾子之言。

[6]【顏注】師古曰：《孝經》載孔子之言也。言人能終始行孝（終始，殿本作"始終"，與諸本異），而患不及於道者（殿本無"於"，諸本皆有），未之有也。一説行孝終始不備，而患禍不及者，無此事也。【今注】終絡：當作"終始"。白鷺洲本、大德本、殿本作"終始"。

[7]【今注】案，"達觀其所舉"四句，見《説苑·臣術篇》李克對魏文侯語。《周書》及《大戴禮·官人篇》略同。

[8]【顏注】師古曰：所爲，謂託人以爲援而自進也（白鷺洲本作"爲主，謂託人以爲援而自造也"，大德本、殿本作"所爲主，謂託人以爲援而自進也"），其所王（王，白鷺洲本、大德本、殿本作"主"），爲人之援而進也。

[9]【顏注】師古曰：《論語》載孔子之言也。廋，匿也。此言視人之所用（殿本無"此"字，諸本皆有），觀人之所從，察人之所樂，則可知其善惡，無所匿其情也。【今注】案，語見《論語·爲政》。

[10]【顏注】師古曰：長謂崇貴之也。表，明也。

[11]【顏注】師古曰：《論語》載孔子之言也。朱，正色也。

紫，間色之好者也。惡其邪好而奪正色，以喻利口之人，多言少實，傾惑者也。【今注】案，語見《論語·陽貨》。

[12]【今注】治之：當爲"之治"，以對上文策曰"當世之治何務"。參見王念孫《讀書雜志·漢書第十一》。

[13]【顏注】師古曰：拂謂違戾也，音佛。

[14]【顏注】師古曰：從，順也。耦，合也。

[15]【顏注】師古曰：匹婦，一婦人也。【今注】案，《漢書考正》宋祁曰："説"，別本、浙本作"謀"。

[16]【顏注】師古曰：從，讀曰縱。不縱心於所欲也。

[17]【顏注】師古曰：説，讀曰悦。

[18]【顏注】師古曰：如此，則細故萬端不足憂也。

欽以前事病，[1]賜帛罷，後爲議郎，復以病免。徵詣大將軍莫府，[2]國家政謀，鳳常與欽慮之。[3]數稱達名士王駿、韋安世、王延等，[4]救解馮野王、王尊、胡常之罪過，[5]及繼功臣絶世，[6]填撫四夷，[7]當世善政，多出於欽者。見鳳專政泰重，戒之曰："昔周公身有至聖之德，屬有叔父之親，而成王有獨見之明，無信讒之聽，然管蔡流言而周公懼。穰侯，昭王之舅也，[8]權重於秦，威震鄰敵，有旦莫偃伏之愛，[9]心不介然有間，然范雎起徒步，[10]由異國，無雅信，[11]開一朝之説，而穰侯就封。[12]及近者武安侯之見退，[13]三事之跡，相去各數百歲，若合符節，甚不可不察。願將軍由周公之謙懼，[14]損穰侯之威，放武安之欲，毋使范雎之徒得間其説。"[15]

[1]【今注】以前事病：謂因前事爲累。前事，指上文司馬君

力與杜欽兄子私通事。

　　[2]【今注】莫：通“幕”。

　　[3]【顏注】師古曰：慮，計也。

　　[4]【顏注】師古曰：王駿，王陽子也。韋安世，韋賢之孫，方山之子也。王延即成帝時塞河堤者也（王延，白鷺洲本、大德本、殿本作“王延世”。堤，大德本、殿本同，白鷺洲本作“隄”）。【今注】案，成帝時塞決河事，見本書卷一〇《成紀》。《漢書考正》宋祁曰：“予據《成紀》校尉王延世塞決河，是歲改河平元年。此本是。”王延，白鷺洲本、大德本、殿本作“王延世”。

　　[5]【今注】馮野王：馮奉世之子。傳見本書卷七九。　王尊：傳見本書卷七六。何焯《義門讀書記》卷一八説，馮野王以京兆尹王尊薦以代王鳳，王鳳諷御史中丞劾之，杜欽之救解，亦爲王氏補過。　胡常：事迹見本書卷八四《翟方進傳》、卷八八《儒林傳》。

　　[6]【今注】繼功臣絶世：《漢書考證》齊召南説，《功臣表》“杜業納説”云云，於是成帝復紹蕭何。是建議繼功臣絶世乃欽兄子業之事，非欽事也。表、傳互異如此。

　　[7]【顏注】師古曰：填音竹刃反。【今注】填：即“鎮”。

　　[8]【顏注】文穎曰：穰侯，魏冉也。【今注】穰侯：即魏冉。戰國時秦國大臣，秦昭王母宣太后異父弟，封爲穰侯。

　　[9]【顏注】師古曰：言昭王幼少，旦夕偃伏戲弄於舅之旁側也（白鷺洲本無“側也”二字，與諸本異）。【今注】莫：通“暮”。

　　[10]【今注】范雎：戰國魏人，入秦後游説秦昭王，取代魏冉，封爲應侯。

　　[11]【顏注】師古曰：雅信，謂素相任信。

　　[12]【顏注】文穎曰：范雎爲丞相，穰侯就國。

　　[13]【顏注】師古曰：武安侯謂田蚡也。退謂請考工地益

宅，上怒乃退之也。

[14]【顏注】師古曰：由，從也，用也。

[15]【顏注】師古曰：間音居莧反。

頃之，復日蝕，京兆尹王章上封事求見，果言鳳專權蔽主之過，宜廢勿用，以應天變。於是天子感寤，召見章，與議，欲退鳳。鳳甚憂懼，欽令鳳上疏謝罪，乞骸骨，文指甚哀，大后涕泣爲不食。[1]上少而親倚鳳，亦不忍廢，[2]復起鳳就位。鳳心慙，稱病篤，欲遂退。欽復説之曰："將軍深悼輔政十年，變異不已，故乞骸骨，歸咎於身，刻己自責，至誠動衆，愚知莫不感傷。雖然，是無屬之臣，執進退之分，絜其去就之節者耳，[3]非主上所以待將軍，非將軍所以報主上也。昔周公雖老，猶在京師，明不離成周，[4]示不忘王室也。仲山父異姓之臣，無親於宣，就封于齊，[5]猶嘆息永懷，宿夜徘徊，不忍遠去，況將軍之於主上，主上之與將軍哉！[6]夫欲天下治安變異之意，莫有將軍，[7]主上照然知之，[8]故攀援不遣，[9]《書》稱'公毋困我！'[10]唯將軍不爲四國流言自疑於成王，以固至忠。"鳳復起視事。上令尚書劾奏京兆尹章，章死詔獄。語在《元后傳》。

[1]【今注】案，大后，白鷺洲本、大德本、殿本作"太后"。

[2]【顏注】師古曰：倚音於綺反。

[3]【顏注】師古曰：無屬，無親屬於上也。分音扶問反，字或作介。介，隔也，其義兩通。【今注】案，王先謙《漢書補

注》曰：“分，別也。介亦別也。合則進，不則退，辨之畫然，守而不移，故曰‘執進退之分’。‘分’‘介’隸形相亂，經典字多互用，陸氏《釋文》中不可枚舉。”

［4］【今注】成周：當作“宗周”。成王都於鎬宗，未曾東遷。這裏既説“周公雖老，猶在京師”，則當爲不離“宗周”。參見吳恂《漢書注商》。

［5］【顏注】鄧展曰：《詩》言仲山甫徂齊者，言銜命往治齊城郭也，而《韓詩》以爲封於齊（於，殿本作“于”，與諸本異），此誤耳（此誤耳，殿本作“愩耳”，與諸本異）。晉灼曰：《韓詩》誤而欽引之（誤，殿本作“愩”，與諸本異），阿附權貴求容媚也。師古曰：《韓詩》既有明文，而欽引以爲喻，則是其義非繆（繆，殿本作“謬”，與諸本異），而與今説《詩》者不同。鄧、晉諸人雖曰涉學，未得專非杜氏，追咎《韓詩》也。【今注】案，此説有誤。周宣王時，齊太公之祀未絕，不當有封仲山甫於齊事。《詩·大雅·烝民》“仲山甫徂齊，式遄其歸”云云，不足爲據。錢大昭《漢書辨疑》曰：“《漢孟碑》云：‘天生仲山甫，翼佐中興，宣平功遂，受封於齊。’其言與欽同。”

［6］【今注】案，忍，大德本、殿本同，白鷺洲本作“能”。

［7］【顏注】師古曰：言衆人之意皆不如也。【今注】意：疑作“息”。案，《漢書考正》宋祁曰：“南本、浙本‘意’並作‘息’。”王先謙《漢書補注》曰：“顏讀‘欲天下治安變異之意’爲句，但‘治安變異’四字不辭，疑作‘息’是也。” 有：當作“若”，形近致誤。參見楊樹達《漢書補注補正》（上海商務印書館1925年版）。

［8］【今注】案，照，白鷺洲本、大德本、殿本作“昭”。

［9］【顏注】師古曰：援，引也，音爰。

［10］【顏注】師古曰：此《周書》洛誥成王告周公詞也。言公必須留此，毋得遂去，而令我困。蓋成帝與鳳詔書引此言之。

【今注】案，王先謙《漢書補注》説，《元后傳》鳳乞骸骨，上報曰："《書》云'公毋困我'。"僞古文作"公無困哉"，非也。《逸周書·祭公解》亦云"公毋困我哉"。

　　章既死，衆庶冤之，以譏朝廷。欽欲救其過，復説鳳曰："京兆尹章所坐事密，吏民見章素好言事，以爲不坐官職，疑其以日蝕見對有所言也。假令章内有所犯，雖陷正法，事不暴揚，自京師不曉，況於遠方。恐天下不知章實有罪，而以爲坐言事也。如是，塞争引之原，損寬明之德。[1]欽愚以爲宜因章事舉直言極諫，並見郎從官展盡其意，加於往前，以明示四方，使天下咸知主上聖明，不以言罪下也。若此，則流言消釋，疑惑著明。"鳳白行其策。欽之補過將美，皆此類也。[2]

　　[1]【顔注】師古曰：争引謂引事類以諫争也。一曰，下有諫争之言，上引而納之也。【今注】案，當時京兆尹王章不以劾王鳳見罪，而以奏薦馮野王、詆張美人爲罪，故杜欽欲王鳳張揚其罪。參見周壽昌《漢書注校補》。争，通"静"。
　　[2]【顔注】師古曰：將，助也。

　　優游不仕，以壽終。欽子及昆弟支屬至二千石者且十人。[1]欽兄緩前免大常，[2]以列侯奉朝請，成帝時乃薨，子業嗣。[3]

　　[1]【今注】案，支，大德本同，白鷺洲本、殿本作"友"。
　　[2]【今注】案，大常，白鷺洲本、大德本、殿本作"太常"。

[3]【今注】業：杜業，字君都。事見本書《百官公卿表》。

業有材能，以列侯選，復爲大常。[1]數言得失，不事權貴，與丞相翟方進、衛尉定陵侯淳于長不平。[2]後業坐法免官，[3]復爲函谷關都尉。會定陵侯長有罪，當就國，長舅紅陽侯立與業書曰：[4]"誠哀老姊垂白，隨無狀子出關，[5]願勿復用前事相侵。"定陵侯既出關，伏罪復發，[6]下雒陽獄。丞相史搜得紅陽侯書，奏業聽請，不敬，[7]坐免就國。

[1]【今注】案，大常，白鷺洲本、大德本、殿本作"太常"。

[2]【今注】翟方進：傳見本書卷八四。　淳于長：傳見本書卷九三。其母乃元后與王立之姊。

[3]【今注】業坐法免官：據本書《百官公卿表》，杜業當在永始三年（前14）免太常之職。

[4]【今注】紅陽侯：即紅陽侯王立。定陵在汝南郡，淳于長爲定陵侯，其就國，當出函谷關，故王立與關都尉杜業書。

[5]【顏注】師古曰：垂白者，言白髮下垂也。無狀猶言不肖。【今注】案，周壽昌《漢書注校補》說，長母王若，元后姊。

[6]【顏注】蘇林曰：長與許后書也。語在《外戚傳》。

[7]【顏注】服虔曰：受立屬請爲不敬。【今注】案，王先謙《漢書補注》說："立與業書，而丞相史於長所搜得者。蓋長出關時，業以此市恩。"

其春，[1]丞相方進薨，業上書言："方進本與長深結厚，更相稱薦，[2]長陷大惡，獨得不坐，苟欲鄣塞前過，不爲陛下廣持平例，[3]又無恐懼之心，反因時信其

邪辟，[4]報睚眦怨。[5]故事，大逆朋友坐免官，無歸故
郡者，今坐長者歸故郡，已深一等；紅陽侯立坐子受
長貨賂故就國耳，非大逆也，而方進復奏立黨友後將
軍朱博、鉅鹿太守孫宏、故少府陳咸，[6]皆免官，歸咸
故郡。刑罰無平，在方進之筆端，衆庶莫不疑惑，皆
言孫宏不與紅陽侯相愛。宏前爲中丞時，方進爲御史
大夫，舉掾隆可侍御史，[7]宏奏隆前奉使欺謾，[8]不宜
執法近侍，方進以此怨宏。又方進爲京兆尹時，陳咸
爲少府，在九卿高弟，陛下所自知也。方進素與司直
師丹相善，[9]臨御史大夫缺，使丹奏咸爲姦利，請案
驗，卒不能有所得，而方進果自得御史大夫。爲丞相，
即時詆欺，奏免咸，[10]復因紅陽侯事歸咸故郡。衆人
皆言國家假方進權大甚。[11]案師丹行能無異，及光禄
勳許商被病殘人，[12]皆但以附從方進，尚獲尊官。[13]
丹前親薦邑子丞相史能使巫下神，爲國求福，幾獲大
利。[14]幸賴陛下至明，遣使者毛莫如先考驗，[15]卒得
其姦，皆坐死。假令丹知而白之，此誣罔罪也；不知
而白之，是背經術惑左道也：[16]二者皆在大辟，重於
朱博、孫宏、陳咸所坐。方進終不舉白，專作威福，
阿黨所厚，排擠英俊，[17]託公報私，橫厲無所畏
忌，[18]欲以熏轑天下。[19]天下莫不望風而靡，[20]自尚書
近臣皆結舌杜口，[21]骨肉親屬莫不股栗。[22]威權泰盛
而不忠信，非所以安國家也。今聞方進卒病死，[23]不
以尉示天下，[24]反復賞賜厚葬，唯陛下深思往事，以
戒來今。”

［1］【今注】其春：綏和二年（前7）春。

［2］【顏注】師古曰：更音工衡反。

［3］【顏注】師古曰：俱與長厚善，而方進獨不坐，是不平也。【今注】案，郭，白鷺洲本、大德本同，殿本作“障”。

［4］【顏注】師古曰：信讀曰伸。辟讀曰僻。

［5］【顏注】師古曰：睢音厓。睢，舉眼也。眦即眥字，謂目匡也。言舉目相忤者，即報之也。一說睢音五懈反。眦音仕懈反。睢眦，瞋目貌也。兩義並通。他皆類此。

［6］【今注】朱博：傳見本書卷八三。　鉅鹿：郡名。治鉅鹿（今河北平鄉縣）。　孫宏：本書無傳，本書卷八四《翟方進傳》作“孫閎”，稱“皆京師世家，以材能少歷牧守列卿”。　陳咸：傳見本書卷六六。

［7］【顏注】師古曰：御史大夫之掾也，名隆。

［8］【顏注】師古曰：謾，誑也，音慢，又音莫連反。

［9］【今注】師丹：傳見本書卷八六。

［10］【顏注】師古曰：詆，誣也。

［11］【今注】案，大甚，白鷺洲本、大德本同，殿本作“太甚”。

［12］【顏注】服虔曰：殘，瘠也。

［13］【今注】案，尚，白鷺洲本作“嘗”，大德本、殿本作“常”。

［14］【顏注】師古曰：幾讀曰冀。

［15］【今注】毛莫如：太山人，官至光祿大夫，事見本書卷七五《眭兩夏侯京翼李傳》。本書卷八八《儒林傳·施讎》有“魯伯授太山毛莫如少路、琅邪邴丹曼容”句。有說“毛”字當作“屯”。參見錢大昭《漢書辨疑》。

［16］【顏注】師古曰：左道，不正之道也。

［17］【顏注】師古曰：擠，墜也，音子詣反。

［18］【顏注】師古曰：縱橫陵屬也。

［19］【顏注】師古曰：熏言熏灼之。轅讀曰燎。假借用字。

［20］【顏注】師古曰：靡猶弭。

［21］【顏注】師古曰：杜，塞也。【今注】案，杜口，大德本、殿本同，白鷺洲本作“杜塞”。

［22］【顏注】師古曰：言懼之甚，故股戰慄也。

［23］【顏注】師古曰：卒讀曰猝。【今注】病死：實際上是自殺。因成帝秘其事，故此云病死。

［24］【今注】尉：通“慰”。王先謙《漢書補注》引郭嵩燾曰：“《車千秋傳》‘尉安黎庶’。‘尉’‘慰’字通。《百官表》應劭曰：‘自上安下曰尉。’《張釋之傳》亦曰：‘廷尉，天下之平也。’是尉亦有平意。上云‘廣持平例’，此云‘尉示天下’，言持平以慰安天下之心也。”

會成帝崩，哀帝即位，業復上書言：“王氏世權日久，朝無骨鯁之臣，[1]宗室諸侯微弱，與繫囚無異，自佐史以上至於大吏皆權臣之黨。曲陽侯根前爲三公輔政，[2]知趙昭儀殺皇子，不輒白奏，反與趙氏比周，恣意妄行，[3]譖愬故許后，被加以非罪，[4]誅破諸許族，敗元帝外家。内嫉妒同産兄姊紅陽侯立及淳于氏，[5]皆老被放棄。新喋血京師，威權可畏。高陽侯薛宣有不養母之名，[6]安昌侯張禹姦人之雄，[7]惑亂朝廷，使先帝負謗於海内，尤不可不慎。陛下初即位，謙讓未皇，[8]孤獨特立，莫可據杖，權臣易世，意若探湯。[9]宜蚤以義割恩，安百姓心。竊見朱博忠信勇猛，材略不世出，[10]誠國家雄俊之寶臣也，宜徵博置左右以填天下。[11]此人在朝，則陛下可高枕而卧矣。昔諸吕欲

危劉氏，賴有高祖遺臣周勃、陳平尚存，不者，幾爲
姦臣笑。"[12]

[1]【顏注】師古曰：梗亦鯁字。

[2]【今注】曲陽侯根：王根。

[3]【顏注】師古曰：比，音頻寐反。

[4]【顏注】師古曰：被，音皮義反。

[5]【顏注】師古曰：兄，紅陽侯立也。姊，淳于長母也。

[6]【今注】薛宣：傳見本書卷八三。

[7]【今注】張禹：傳見本書卷八一。

[8]【顏注】師古曰：皇，暇也。

[9]【顏注】師古曰：言重難之，若以手探熱湯也。

[10]【顏注】師古曰：言其希有也。

[11]【顏注】師古曰：塡，音竹刃反。

[12]【顏注】師古曰：幾音鉅依反。

業又言宜爲恭王立廟京師，[1]以章孝道。時高昌侯
董宏亦言宜尊帝母定陶王丁后爲帝大后。[2]大司空師丹
等劾宏誤朝不道，坐免爲庶人，業復上書訟宏。前後
所言皆合指施行，朱博果見拔用。業由是徵，復爲大
常。[3]歲餘，[4]左遷上黨都尉。[5]會司隷奏業爲大常選
舉不實，[6]業坐免官，復就國。

[1]【今注】恭王：定陶恭王，哀帝生父。

[2]【今注】案，王，大德本、殿本同，白鷺洲本作"玉"。
大后，白鷺洲本、大德本、殿本作"太后"。

[3]【今注】案，大常，白鷺洲本、大德本、殿本作"太常"。

下同不注。

[4]【今注】歲餘：杜業於哀帝建平四年（前3）爲太常，三年貶，事見本書《百官公卿表》，此“歲餘”應誤。

[5]【今注】上黨：郡名。治長子（今山西長子縣西南）。

[6]【今注】司隸：司隸校尉，漢武帝置，掌糾察京師百官及所轄附近各郡，相當於州刺史。　選舉不實：王先謙《漢書補注》說，選舉屬官不以實也。

哀帝崩，王莽秉政，諸前議立廟尊號者皆免，徙合浦。[1]業以前罷黜，故見闊略，[2]憂恐，發病死。業成帝初尚帝妹潁邑公主，主無子，薨，業家上書求還京師與主合葬，不許，而賜諡曰荒侯，傳子至孫絕。[3]初，杜周武帝時徙茂陵，至延年徙杜陵云。[4]

[1]【今注】合浦：郡名。治合浦（今廣西合浦縣東北）。

[2]【顏注】師古曰：闊略，謂寬縱不問也。

[3]【今注】案，杜業之子名輔，輔之子名憲，見本書《景武昭宣元成功臣表》。

[4]【今注】杜陵：此指杜陵縣。西漢元康元年（前65）改杜縣置，治所在今陝西西安市雁塔區曲江街道辦事處三兆村西北。因在杜縣之東，並修有宣帝陵，故名。又，漢宣帝陵，位於今陝西西安市三兆村南，漢代舊名“鴻固原”。宣帝少時好游於原上，繼位後，遂在此築陵。參見中國社會科學院考古研究所《漢杜陵陵園遺址》（科學出版社1993年版）。

贊曰：張湯、杜周並起文墨小吏，致位三公，列於酷吏。而俱有良子，德器自過，[1]爵位尊顯，繼世立朝，相與提衡，[2]至于建武，[3]杜氏爵乃獨絕。[4]迹其福祚，元功儒林之後莫能及也。[5]自謂唐杜苗裔，豈其然乎？[6]及欽浮沈當世，好謀而成，以建始之初深陳女戒，終如其言，庶幾乎《關雎》之見微，[7]非夫浮華博習之徒所能規也。業因勢而抵陒，[8]稱朱博，毀師丹，愛憎之議可不畏哉！

[1]【顏注】師古曰：言其子德器各過二人之身。

[2]【顏注】如淳曰：提衡猶言相提攜也。臣瓚曰：衡，平也，言二人齊也。師古曰：瓚説是也。

[3]【今注】案，于，白鷺洲本、大德本同，殿本作"於"。建武：東漢光武帝年號（25—56）。

[4]【顏注】師古曰：建武之後，張氏尚有張純爲侯，故言杜氏獨絕也。【今注】案，王先謙《漢書補注》説，業孫憲，建武中先降梁王劉永，不得封。

[5]【顏注】師古曰：元功，蕭、曹、張、陳之屬也。儒林，貢、薛、韋、匡之輩。

[6]【顏注】師古曰：謂在周爲唐杜氏也。

[7]【顏注】師古曰：《關雎》，國風之始，言夫婦之際政化所由，故云見微。微謂微妙也（微妙，大德本同，白鷺洲本、殿本作"微細"）。【今注】見微：此指已經可見治化將衰。案，王念孫《讀書雜志·漢書第十一》曰："《關雎》見微，即指上文杜欽説王鳳語，言之用《魯詩》説也。覩佩玉晏鳴，而知治化之將衰，故曰'見微'。馮衍《顯志賦》亦云'美《關雎》之識微兮，愍王道之將崩'。顏説未碻。"

[8]【顏注】服虔曰：抵，音紙。陒，音義。謂罪敗而復抨彈之，蘇秦書有此法。師古曰：抵，擊也。陒，毀也。言因事形

勢而擊毀之也。陒音詭。一説陒讀與戲同，音許宜反。戲亦險也，言擊其危險之處（危，白鷺洲本作“陒”，與諸本異），鬼谷有抵戲篇也。【今注】因勢而抵陒（guǐ）：謂乘其衰敗而被排擠。上文載杜業劾翟方進，排擊王氏，均是其乘人之危之顯例。抵陒，乘人之危而抨擊之。案，王先謙《漢書補注》説，“陒”，“垝”之或體。《説文》：“垝，毀垣也。”《詩》“乘彼垝垣”，傳：“垝，毀也。”《管子·霸形篇》注：“垝，敗牆也。”抵陒，謂因其毀而擊之，如劾方進於已死，及哀帝立而排擊王氏，皆所謂抵其陒也。師古謂擊毀之，非是。一説亦非。

漢書　卷六一

張騫李廣利傳第三十一

　　張騫，漢中人也，[1]建元中爲郎。[2]時匈奴降者言匈奴破月氏王，[3]以其頭爲飲器，[4]月氏遁而怨匈奴，無與共擊之。[5]漢方欲事滅胡，[6]聞此言，欲通使，道必更匈奴中，[7]迺募能使者。騫以郎應募，使月氏，與堂邑氏奴甘父[8]俱出隴西。[9]徑匈奴，[10]匈奴得之，傳詣單于。[11]單于曰：“月氏在吾北，漢何以得往使？吾欲使越，[12]漢肯聽我乎？”留騫十餘歲，予妻，有子，然騫持漢節不失。[13]

　　[1]【顏注】師古曰：陳壽《益部耆舊傳》云騫漢中成固人也。【今注】漢中：郡名。治西城（今陝西安康市西北）。

　　[2]【今注】建元：漢武帝年號（前140—前135）。　郎：官名。漢九卿之一郎中令（光禄勳）屬官。掌守衛殿門，備顧問。外出充皇帝車騎。有議郎、中郎、侍郎、郎中等。

　　[3]【顏注】師古曰：月氏，西域胡國也。“氏”音“支”。【今注】匈奴：古代北方部族，又稱“胡”。傳見本書卷九四。月支：古族名。原在今敦煌、祁連（今甘肅以西河西走廊一帶）。漢文帝時，因遭匈奴、烏孫攻擊，月氏大部分西遷至塞種地區（今新疆西部伊犂河流域及其以西一帶）。後遭烏孫攻擊，又西遷至大

夏（即今阿姆河上游），稱大月氏；一部分進入南山（今祁連山），與羌人雜居，稱小月氏（參見馮一下《大月氏歷史述略》，《史學月刊》1985 年第 6 期）。

[4]【顏注】韋昭曰：飲器，椑榼也。晉灼曰：飲器，虎子屬也，或曰飲酒之器也。師古曰：《匈奴傳》云“以所破月氏王頭共飲血盟”，然則飲酒之器是也。韋云椑榼，晉云獸子，皆非也。椑榼，即今之偏榼，所以盛酒耳，非用飲者也。獸子褻器，所以溲便者也。“椑”音“鞞”。【今注】飲器：陳直《漢書新證》按，飲器即側耳杯，其形狀如人面，故匈奴以月支王頭爲飲器，取其形似。

[5]【顏注】師古曰：無人援助也。

[6]【今注】案，漢與匈奴首次交戰，爲漢武帝元光二年（前133）馬邑之役。

[7]【顏注】師古曰：更，過也，音工衡反。

[8]【顏注】服虔曰：堂邑，姓也，漢人，其奴名甘父。師古曰：堂邑氏之奴，本胡人，名甘父。下云堂邑父者，蓋取主之姓以爲氏，而單稱其名曰父。【今注】案，《史記》卷一二三《大宛列傳》作“堂邑氏故胡奴甘父”。

[9]【今注】隴西：郡名。治狄道（今甘肅臨洮縣南）。

[10]【顏注】師古曰：道由匈奴過。【今注】案，王先謙《漢書補注》曰：據下文，張騫以軍臣單于死之歲還，爲元朔三年（前126），去十三歲，則出使在建元三年。

[11]【今注】單于：匈奴君主的稱號。全稱作“撐犁孤塗單于”。撐犁孤塗，即天之子。單于，廣大之貌。

[12]【今注】越：古族名。分布於今長江中下游以南。因部族衆多，又稱“百越”“百粵”。

[13]【今注】漢節：漢代使者所持的信物，以竹爲杆，柄長八尺，上綴飾旄牛尾。

居匈奴西，騫因與其屬亡鄉月氏，[1]西走數十日[2]至大宛。[3]聞漢之饒財，[4]欲通不得，見騫，喜，問欲何之。騫曰："爲漢使月氏而爲匈奴所閉道，今亡，[5]唯王使人道送我。[6]誠得至，反漢，漢之賂遺王財物不可勝言。"大宛以爲然，遣騫，爲發道譯，[7]抵康居。[8]康居傳致大月氏。大月氏王已爲胡所殺，立其夫人爲王。[9]既臣大夏而君之，[10]地肥饒，少寇，志安樂，又自以遠遠漢，殊無報胡之心。[11]騫從月氏至大夏，竟不能得月氏要領。[12]

[1]【顏注】師古曰：屬謂同使之官屬（屬，大德本、殿本同，白鷺洲本作"属"）。"鄉"讀曰"嚮"。

[2]【顏注】師古曰：走，趨也。不指知其道里多少（白鷺洲本、大德本同，殿本無"指"字），故以日數言之。"走"音"奏"。一曰走謂奔走也，讀如本字。

[3]【今注】大宛：西域古國名。在今烏茲別克斯坦費爾干納盆地。都城在貴山城（今烏茲別克斯坦塔什干市東南卡散賽）。（參考孫危《大宛考古學文化初探》，《考古與文物》2004 年第 4 期）

[4]【今注】案，白鷺洲本、大德本、殿本"聞"前有"大宛"二字。

[5]【今注】案，今亡，大德本同，白鷺洲本、殿本作"脫亡"。

[6]【顏注】師古曰："道"讀曰"導"。

[7]【今注】道譯：向導和翻譯。《史記》卷一二三《大宛列傳》作"爲發導繹，抵康居"，《索隱》云，指爲發道驛至康居。發道，即發驛站令人導引而至康居。"導"音"道"。道譯，白鷺

洲本同，大德本、殿本作“譯道”。

[8]【顏注】師古曰：抵，至也。“道”讀曰“導”。【今注】康居：西域古國名。在今哈薩克斯坦巴爾喀什湖和鹹海之間。都城在卑闐城（今烏兹別克塔什干或哈薩克斯坦奇姆肯特地）。（參見梁雲《康居文化芻論》，《文物》2018 年第 7 期）

[9]【今注】立其夫人爲王：《漢書考正》引宋祁説，古本“夫人”字下有“太子”二字。《漢書考證》齊召南認爲，《史記·大宛列傳》作“立其太子爲王”。但當時西域古國或有女王，據下文當以《史記》爲是。王先謙《漢書補注》則據《史記集解》引徐廣云：“一云‘夫人’爲‘王’。”

[10]【顏注】師古曰：以大夏爲臣，爲之作君也。【今注】案，郭嵩燾《史記札記》認爲，當依《史記》改“君”作“居”。據本書卷九六《西域傳》：“月氏爲匈奴所敗，益遠去，過宛，西擊大夏而臣之，都嬀水北，爲王城。”　大夏：中亞古國名。在今阿富汗北部。都藍市城（今阿富汗巴里黑）。

[11]【顏注】師古曰：下“遠”音于萬反。

[12]【顏注】李奇曰：要領，要契也。師古曰：李説非也。要，衣要也。領，衣領也。凡持衣者則執要與領。言騫不能得月氏意趣，無以持歸於漢，故以要領爲喻。要，音一遙反。【今注】要領：要害之處。有學者認爲，所謂“不得月氏要領”，指當時月氏已經安土重遷，采取休養生息，並受當地佛教的影響，不會再與匈奴爲敵（陶喻之：《張騫“不得月氏要領”新解》，《西域研究》1994 年第 4 期）。

留歲餘，還，並南山，欲從羌中歸，[1]復爲匈奴所得。留歲餘，單于死，[2]國内亂，騫與胡妻及堂邑父俱亡歸漢。拜騫太中大夫，[3]堂邑父爲奉使君。[4]

[1]【顏注】師古曰：並，音步浪反（並，白鷺洲本、大德本同，殿本作“竝”）。【今注】南山：指昆侖山、阿爾金山、祁連山。在今新疆、甘肅與青海間。　案，並，白鷺洲本、大德本同，殿本作“竝”。　羌中：羌人所居的地區。在今甘肅南部、青海東部、四川北部一帶。

[2]【今注】案，漢武帝元朔三年（前126），軍臣單于死。其弟左谷蠡王攻太子於單，自立爲單于。於單奔漢。

[3]【今注】太中大夫：官名。漢九卿之一郎中令屬官，掌議論。秩比千石。案，太，白鷺洲本、大德本同，殿本作“大”。

[4]【今注】君：爵位名。位在子、男以下。

騫爲人彊力，寬大信人，[1]蠻夷愛之。堂邑父胡人，[2]善射，窮急射禽獸給食。[3]初，騫行時百餘人，去十三歲，[4]唯二人得還。

[1]【顏注】師古曰：彊力（彊，大德本、殿本同，白鷺洲本作“强”），言堅忍於事。

[2]【今注】案，《漢書考正》引宋祁説，古本“胡”字上有“故”字。王先謙《漢書補注》認爲，《史記》亦有“故”字，指堂邑父已歸漢，不應再直稱其爲胡人。

[3]【顏注】師古曰：給，供也。

[4]【今注】去十三歲：張騫出使在漢武帝建元三年（前138），其回歸在元朔三年（前126）。

騫身所至者，大宛、大月氏、大夏、康居，而傳聞其旁大國五六，具爲天子言其地形、所有。[1]語皆在《西域傳》。[2]

[1]【顏注】師古曰：土地之形及所生之物也。

[2]【今注】案，即本書卷九六上。

騫曰："臣在大夏時，見邛竹杖、蜀布，[1]問安得此，大夏國人曰：'吾賈人往市之身毒國。[2]身毒國在大夏東南可數千里。其俗土著，[3]與大夏同，而卑溼暑熱。其民乘象以戰。[4]其國臨大水焉。'以騫度之，[5]大夏去漢萬二千里，居西南。[6]今身毒又居大夏東南數千里，有蜀物，此其去蜀不遠矣。今使大夏，從羌中，險，羌人惡之；少北，則爲匈奴所得；從蜀，宜徑，又無寇。"[7]天子既聞大宛及大夏、安息之屬皆大國，[8]多奇物，土著，頗與中國同俗，而兵弱，貴漢財物；其北則大月氏、康居之屬，兵彊，可以賂遺設利朝也。[9]誠得而以義屬之，[10]則廣地萬里，重九譯，[11]致殊俗，威德徧於四海。[12]天子欣欣以騫言爲然。迺令因蜀犍爲發閒使，[13]四道並出：[14]出駹，出莋，出徙、邛，出僰，[15]皆各一二千里。[16]其北方閉氐、莋，[17]南方閉雟、昆明。[18]昆明之屬無君長，善寇盜，輒殺略漢使，[19]終莫得通。然聞其西可千餘里，有乘象國，名滇越，[20]而蜀賈閒出物者或至焉，[21]於是漢以求大夏道始通滇國。初，漢欲通西南夷，[22]費多，罷之。及騫言可以通大夏，迺復事西南夷。[23]

[1]【顏注】臣瓚曰：邛，山名。生此竹，高節，可作杖。服虔曰：布，細布也。師古曰：邛竹杖，人皆識之，無假多釋。而蘇林乃言節間合而體離（體，大德本、殿本同，白鷺洲本作

"体"），誤後學矣。【今注】邛竹杖：藤竹製作的手杖。邛，邛
都，在今四川盤江南（參見任乃强《蜀枸醬、蜀布、邛竹杖考
辨》，載賈大泉主編《四川歷史研究文集》，四川省社會科學院
1987 年版）。有學者認爲，邛竹杖即靈壽木（蕭兵：《張騫大夏所
見邛竹杖即靈壽之木考——中西交通史上的一個疑案》，《中國文
化》1995 年第 2 期）。有學者以爲，即邛人所出堅實竹杖（參見李
紹明《説邛與工竹杖》，《四川文物》2002 年第 1 期；［日］工藤元
男《也説蜀布與邛竹杖》，《中國四川西部人文歷史文化綜合研
究》，四川大學出版社 2003 年版）。 蜀布：蜀地所産的細布。任
乃强認爲是苧麻布。蜀，郡名。治成都（今四川成都市）。

[2]【顏注】鄧展曰："毒"音"篤"。李奇曰：一名天篤，
則浮屠胡是也。師古曰：即敬佛道者。【今注】身毒：印度河流域
古國名。

[3]【顏注】師古曰：土著者，謂有城郭常居，不隨畜牧移
徙也。著，音直略反。其下亦同。

[4]【顏注】師古曰：象，大獸，垂鼻長牙。

[5]【顏注】師古曰：度，計也。

[6]【今注】案，《史記》卷一二三《大宛列傳》作"居漢西
南"。

[7]【顏注】師古曰：徑，直也。"宜"猶"當"也。從蜀向
大夏，其道當直。

[8]【今注】安息：中東地區古國名。即帕提亞帝國，都城爲
番兜城（今伊朗達姆甘）。其疆域最盛時東至印度，南到波斯灣，
西至兩河流域，北至裏海。

[9]【顏注】師古曰：設，施也。施之以利，誘令入朝。

[10]【顏注】師古曰：謂不以兵革。

[11]【今注】重九譯：經過多次翻譯。

[12]【今注】四海：古人以中國四周有海環繞，故以"四海"

泛指"海疆",代指天下。

[13]【今注】案,令,白鷺洲本、大德本同,殿本作"今"。 犍爲:郡名。治僰道(今四川宜賓市西南),後移至武陽縣(今四川眉山市彭山區東)。

[14]【顏注】師古曰:間使者,求間隙而行。【今注】案,四,大德本同,白鷺洲本、殿本作"數"。 並,白鷺洲本、大德本同,殿本作"竝"。

[15]【顏注】師古曰:皆夷名(皆夷名,白鷺洲本、大德本、殿本作"皆夷種名")。"駹"音"尨"。莋材各反(白鷺洲本、大德本、殿本"材"前有"音"字)。"徙"音"斯"。僰蒲北反。【今注】駹(máng):古族名。即冉駹。在今四川茂縣、汶川縣一帶。 莋:古族名。即莋都。在今四川漢源縣一帶。 徙:古族名。在今四川天全縣以東一帶。 邛:古族名。即邛都。在今四川西昌市一帶。 僰(bó):古族名。即僰人。在僰道(今四川宜賓市)一帶(參見祁慶富《〈史記〉中"僰中""西僰"考辨》,《重慶師範學院學報》1982年第3期)。

[16]【今注】案,白鷺洲本、大德本、殿本"各"後有"行"字。

[17]【顏注】服虔曰:漢使見閉於夷也。師古曰:氐與莋二種也。【今注】氐:古族名。在今陝西、甘肅、四川一帶。

[18]【顏注】師古曰:嶲、昆明,亦皆夷種名也(夷,大德本、殿本同,白鷺洲本作"東")。嶲,音先蘂反。【今注】嶲:古族名。在今雲南保山市一帶。有學者認爲,嶲爲南遷的蜀人(參見石碩《漢代西南夷中"嶲"之族群內涵——兼論蜀人南遷以及與西南夷的融合》,《民族研究》2009年第6期)。陳直《漢書新證》據《鹽鐵論·備胡》認爲,"嶲"當作"嶲唐",縣名,治所在今雲南雲龍縣西南。 昆明:古族名。在今雲南保山市東北至大理市洱海一帶。

[19]【今注】案，輒，大德本、殿本同，白鷺洲本作“輙”。

[20]【顏注】服虔曰：“滇”音“顛”。滇馬出其國（案，殿本此注在“而蜀賈閒出物者或至焉”一句之後）。【今注】滇越：古國名。在今雲南騰冲市一帶。

[21]【顏注】師古曰：閒出物，謂私往市者。【今注】案，閒，白鷺洲本、大德本作“閒”，殿本作“間”。

[22]【今注】西南夷：秦漢時對分布在今甘肅南部、四川西部和南部、貴州西部和北部、雲南以及西藏昌都地區的少數民族的統稱。

[23]【顏注】師古曰：事謂經略通之，專以爲事也。

騫以校尉從大將軍擊匈奴，[1]知水草處，軍得以不乏，迺封騫爲博望侯。[2]是歲元朔六年也。[3]後二年，[4]騫爲衛尉，[5]與李廣俱出右北平擊匈奴。[6]匈奴圍李將軍，軍失亡多，而騫後期當斬，贖爲庶人。是歲驃騎將軍破匈奴西邊，[7]殺數萬人，至祁連山。[8]其秋，渾邪王率衆降漢，[9]而金城、河西並南山至鹽澤，空無匈奴。[10]匈奴時有候者到，而希矣。後二年，[11]漢擊走單于於幕北。[12]

[1]【今注】校尉：武官名。職位次於將軍。　大將軍：武官名。漢代將軍的最高稱號。掌統兵作戰。此處指衛青。

[2]【顏注】師古曰：取其能廣博瞻望。【今注】博望：縣名。治所在今河南南陽市東北。

[3]【今注】元朔六年：公元前 123 年。元朔，漢武帝年號（前 128—前 123）。

[4]【今注】後二年：漢武帝元狩二年。公元前 121 年。

[5]【今注】衛尉：官名。漢九卿之一。掌管宮門警衛，統率宮中警衛部隊。秩中二千石。衛尉通常是指未央宮衛尉。長樂、建章諸宮的衛尉時設時廢。

[6]【今注】右北平：郡名。漢初治無終（今天津市薊州區），後徙治平剛（今內蒙古寧城縣西）。

[7]【今注】驃騎將軍：武官名。漢代將軍名號。此指霍去病。

[8]【今注】祁連山：在今甘肅酒泉市、張掖市以南。

[9]【今注】渾邪王率衆降漢：漢武帝元狩二年，渾邪王爲霍去病所敗，降漢。次年封漯陰侯。事見本書卷九四上《匈奴傳上》。渾邪王，西漢諸侯。原爲匈奴諸王。亦作“昆邪王”“混邪王”。

[10]【顏注】師古曰：並，音步浪反（並，白鷺洲本、大德本同，殿本作“竝”）。【今注】金城：郡名。治允吾（今甘肅永靖縣西北）。　河西：地區名。今甘肅、青海兩省黃河以西地區，包括河西走廊與湟水流域。　案，並，白鷺洲本、大德本同，殿本作“竝”。　鹽澤：今新疆羅布泊。又名昌蒲海。

[11]【今注】後二年：漢武帝元狩四年，公元前119年。

[12]【今注】幕北：同“漠北”。今蒙古高原大沙漠以北廣大地區。

天子數問騫大夏之屬。騫既失侯，因曰：“臣居匈奴中，聞烏孫王號昆莫。[1]昆莫父難兜靡本與大月氏俱在祁連、焞煌閒，小國也。[2]大月氏攻殺難兜靡，奪其地，人民亡走匈奴。子昆莫新生，傅父布就翎侯抱亡置草中，[3]爲求食，還，見狼乳之，[4]又烏銜肉翔其旁，以爲神，遂持歸匈奴，單于愛養之。及壯，以其父民衆與昆莫，使將兵，數有功。時，月氏已爲匈奴所破，西擊塞王。[5]塞王南走遠徙，月氏居其地。昆莫既健，自請單于報父怨，遂西攻破大月氏。大月氏復西走，徙大夏地。昆莫略其衆，因留居，兵稍彊，會單于死，不肯復朝事匈奴。匈奴遣兵擊之，不勝，益以爲神而遠之。[6]今單于新困於漢，[7]而昆莫地空。[8]蠻夷戀故地，又貪漢物，誠以此時厚賂烏孫，招以東居故地，[9]漢遣公主爲夫人，[10]結昆弟，其勢宜聽，[11]則是斷匈奴右臂也。[12]既連烏孫，自其西大夏之屬皆可招來而爲外臣。”天子以爲然，拜騫爲中郎將，[13]將三百人，馬各二匹，牛羊以萬數，齎金幣帛直數千鉅萬，多持節副使，[14]道可便遣之旁國。[15]騫既至烏孫，致賜諭指，[16]未能得其決。語在《西域傳》。騫即分遣副使使大宛、康居、月氏、大夏。烏孫發道譯送騫，[17]與烏孫使數十人，馬數十匹，報謝，[18]因令窺漢，知其廣大。

[1]【今注】烏孫：西域古國名。都赤谷城（今新疆阿克蘇河上游、中亞伊什提克一帶）。其民分布在今新疆伊犁河到天山一帶。

[2]【顏注】師古曰：祁連山以東，焞煌以西（焞，白鷺洲本、大德本、殿本作“敦”）。【今注】焞煌：郡名。治敦煌（今甘肅敦煌市七里鎮白馬塔村）。焞煌，白鷺洲本、大德本、殿本作“敦煌”。案，《漢書考證》齊召南認爲，此處“祁連”指酒泉、張掖、金城附近的南山，在敦煌以東。注當云“祁連以西，敦煌以東”。

[3]【顏注】服虔曰：傅父，如傅母也。李奇曰：布就，字也。翎侯，烏孫官名也。爲昆莫作傅父也。師古曰：翎侯，烏孫

大臣官號，其數非一，亦猶漢之將軍耳。而布就者，又翎侯之中別號，猶右將軍、左將軍耳，非其人之字。"翎"與"翁"同。【今注】傅父：負責教養烏孫王子的官員。 布就翎侯：烏孫官名。如同漢朝的左、右將軍。

［4］【顏注】師古曰：以乳飲之。

［5］【顏注】師古曰：塞，音先得反，西域國名，即佛經所謂釋種者。"塞""釋"聲相近，本一姓耳。【今注】塞：古族名。初居今新疆伊犁河流域。後因大月氏西遷，南移至今阿富汗喀布爾河下游和克什米爾一帶，建立罽賓國。

［6］【顏注】師古曰：遠，離也，音于萬反。

［7］【今注】單于：指伊穉斜單于。

［8］【今注】昆莫地空：《史記》卷一二三《大宛列傳》作"渾邪地空無人"。案，烏孫本在祁連、敦煌之間，後其地被月氏所奪。匈奴擊敗月氏後，占據祁連、敦煌一帶。武帝元狩二年（前121），漢朝擊敗匈奴，匈奴渾邪王率衆降漢。漢朝在祁連、敦煌一帶置武威、酒泉郡。所以，此處昆莫故地實際上早已成爲渾邪王故地。

［9］【今注】案，招以東居故地，《史記·大宛列傳》作"招以益東，居故渾邪之地"。

［10］【今注】案，遺，白鷺洲、殿本同，大德本作"遣"。

［11］【顏注】師古曰：言事事聽從於漢。

［12］【今注】斷匈奴右臂：何焯《義門讀書記》卷一八，指招烏孫居祁連、敦煌間故地而言。

［13］【今注】中郎將：官名。漢九卿之一郎中令（光禄勳）屬官。掌統率皇帝侍衞（中郎）。秩比二千石。

［14］【顏注】師古曰：爲騫之副，而各令持節。【今注】持節：使者持節代表皇帝出使、指揮軍隊或處理政務。

［15］【今注】案，道可便遣之旁國，《史記·大宛列傳》作

"道可使，使遺之他旁國"。

[16]【顏注】師古曰：以天子意指曉告之。

[17]【顏注】師古曰："道"讀曰"導"。【今注】案，道譯，白鷺洲本、大德本、殿本作"譯道"。

[18]【顏注】師古曰：與騫相隨而來，報謝天子。

騫還，拜爲大行。[1]歲餘，騫卒。[2]後歲餘，其所遣副使通大夏之屬者皆頗與其人俱來，[3]於是西北國始通於漢矣。然騫鑿空，[4]諸後使往者皆稱博望侯，以爲質於外國，[5]外國由是信之。其後，烏孫竟與漢結婚。

[1]【今注】大行：官名。即大行令。掌接待賓客。漢九卿之一大鴻臚屬官。景帝中元六年（前144），改秦及漢初的典客爲大行令，簡稱大行。武帝太初元年（前104）又改大行令爲大鴻臚，將其屬官行人改稱大行令。秩六百石。

[2]【今注】卒：古代指士大夫死亡。

[3]【顏注】晉灼曰：其國人。

[4]【顏注】蘇林曰：鑿，開也。空，通也。騫始開通西域道也。師古曰：空，孔也。猶言始鑿其孔穴也。故此下言"當空道"，而《西域傳》謂"孔道"也。

[5]【顏注】李奇曰：質，信也。

初，天子發書易，[1]曰"神馬當從西北來"。得烏孫馬好，名曰"天馬"。及得宛汗血馬，益壯，更名烏孫馬曰"西極馬"，[2]宛馬曰"天馬"云。而漢始築令居以西，[3]初置酒泉郡，[4]以通西北國。因發使抵安息、奄蔡、犛軒、條支、身毒國。[5]而天子好宛馬，使者相望於道，一輩大者數百，[6]少者百餘人，所齎操，大放博望侯時。[7]其後益習而衰少焉。[8]漢率一歲中使者多者十餘，少者五六輩，遠者八九歲，近者數歲而反。[9]

[1]【顏注】鄧展曰：發易書以卜。【今注】發書易：用卜筮之書進行占卜。案，《漢書考正》引宋祁説，古本作“發易書”。陳直《漢書新證》認爲，書指卜筮之書，易指占卜。

[2]【今注】西極：西方極遠的地方。

[3]【顏注】臣瓚曰：令居，縣名也，屬金城。築塞西至酒泉也。師古曰：“令”音“零”。【今注】令居：縣名。治所在今甘肅永登縣西。築令居以西，指自令居以西補築長城，直至酒泉。令，白鷺洲本、大德本同，殿本作“今”。

[4]【今注】酒泉：郡名。治禄福（今甘肅酒泉市）。

[5]【顏注】李奇：“軒”音“劇”（李奇軒音劇，大德本作“李奇曰軒音劇”，白鷺洲本、殿本作“李奇曰軒音軒”）。服虔曰：犛軒（軒，白鷺洲本、大德本、殿本作“軒”。本注下同），張掖縣名也。師古曰：抵，至也。自安息以下五國皆西域胡也。犛軒即大秦國也。張掖驪軒縣蓋取此國爲名耳。“驪”“犛”聲相近。“軒”讀與“軒”同。李奇音是也，服説非也。【今注】案，因發，白鷺洲本、大德本、殿本作“因益發”。　奄蔡：古國名。在今中亞裏海和鹹海一帶。　犛軒：古國名。又名大秦，即古羅馬帝國。疆域在今歐洲南部、非洲北部、西亞幼發拉底河一帶。都城在今意大利。　條支：古國名。在今伊拉克境内。

[6]【今注】一輩：陳直《漢書新證》認爲，一輩指一批。案，數百，大德本同，白鷺洲本、殿本作“數百人”。

[7]【顏注】師古曰：操，持也。所齎持，謂節及幣也。放，依也，音甫往反。

[8]【顏注】師古曰：以其串習，故不多發人。

[9]【顏注】師古曰：道遠則還遲，近則來疾。

　　是時，漢既滅越，蜀所通西南夷皆震，請吏。置牂柯、越嶲、益州、沈黎、文山郡，[1]欲地接以前通大夏。[2]迺遣使歲十餘輩出此初郡，[3]復閉昆明，[4]為所殺，奪幣物。於是漢發兵擊昆明，斬首數萬。後復遣使，竟不得通。語在《西南夷傳》。[5]

　　[1]【今注】牂柯：郡名。治故且蘭（今貴州福泉市一帶）。越嶲：郡名。治邛都（今四川西昌市東南）。　益州：郡名。治滇池縣（今雲南昆明市晉寧區東）。　沈黎：郡名。治莋都（今四川漢源縣東北）。　文山：即汶山。郡名。治汶江縣（今四川茂縣北）。

　　[2]【顏注】李奇曰：欲地界相接至大夏也。

　　[3]【顏注】師古曰：文山以上初置者。【今注】初郡：王先謙《漢書補注》謂《史記》卷一二三《大宛列傳》“遣使”下有“柏始昌、呂越人等”，《索隱》：“謂之‘初郡’者，後皆叛而併廢之。”本書卷九五《西南夷傳》作“令王然于、柏始昌、呂越人等”。

　　[4]【顏注】如淳曰：為昆明所閉。【今注】案，復，大德本同，白鷺洲本、殿本作“皆復”。

　　[5]【今注】案，見本書卷九五。

　　自騫開外國道以尊貴，其吏士爭上書言外國奇怪利害，求使。天子為其絕遠，非人所樂，聽其言，[1]予節，募吏民無問所從來，[2]為具備人眾遣之，[3]以廣其道。來還不能無侵盜幣物，及使失指，[4]天子爲其習之，輒覆按致重罪，[5]以激怒令贖[6]復求使。使端無窮，而輕犯法。其吏卒亦輒復盛推外國所有，言大者予節，言小者爲副，[7]故妄言無行之徒皆爭相效。其使皆私縣官齎物，[8]欲賤市以私其利。[9]外國亦厭漢使人人有言輕重，[10]度漢兵遠，不能至，[11]而禁其食物，以苦漢使。[12]漢使乏絕，責怨，至相攻擊。樓蘭、姑師小國，[13]當空道，[14]攻劫漢使王恢等尤甚。[15]而匈奴奇兵又時時遮擊之。使者爭言外國利害，[16]皆有城邑，兵弱易擊。於是天子遣從票侯破奴[17]將屬國騎及郡兵數萬以擊胡，[18]胡皆去。明年，[19]擊破姑師，虜樓蘭王。酒泉列亭鄣至玉門矣。[20]

[1]【顏注】師古曰：凡人皆不樂去，故有自請爲使者，即聽而遣之。

[2]【顏注】師古曰：不爲限禁遠近，雖家人私隸並許應募（並，白鷺洲本、大德本同，殿本作“竝”。殿本此注位於“以廣其道”後）。

[3]【今注】案，殿本作“爲備衆遣之”。

[4]【顏注】師古曰：乖天子指意。

[5]【顏注】師古曰：言其串習，不以爲難，必當更求充使也。

[6]【顏注】師古曰：令立功以贖罪。【今注】以激怒令贖：楊樹達《漢書窺管》認爲，這些使者熟悉外國事，因其有過失，置於重罪。使者爲獲得重金贖罪，再次請求出使。

[7]【今注】言大者予節言小者爲副：指使者報告外國情形，能誇大的授予正使，不能的授副職。

[8]【顏注】師古曰：言所齎官物，竊自用之，同於私有。【今注】私縣官齎物：侵吞漢朝給西域諸國的財物。縣官，指朝廷。

[9]【顏注】師古曰：所市之物，得利多者，不盡入官也。【今注】欲賤市以私其利：王先謙《漢書補注》認爲，指西域諸國交易漢朝使者所携帶的物品，使者以低於實際價格向朝廷報告，從中謀取私利。

[10]【顏注】服虔曰：漢使言於外國，人人輕重不實。

[11]【顏注】師古曰：度，計也。

[12]【顏注】師古曰：令其困苦也。

[13]【今注】樓蘭：西域古國名。都扜泥城（今新疆若羌縣東北羅布泊西岸樓蘭古城遺址）。 姑師：西域古國名。都交河城（今新疆吐魯番市西北雅爾湖西）。後改名車師。

[14]【顏注】師古曰：空即孔也。【今注】空道：漢朝通往西域的交通要道有兩條，南經樓蘭，北經姑師。

[15]【今注】王恢：漢武帝元封三年（前108）與趙破奴破樓蘭，擒車師王，封浩侯。

[16]【顏注】師古曰：言服之則利，不討則爲害。

[17]【顏注】師古曰：趙破奴。【今注】案，周壽昌《漢書注校補》認爲，此時從票侯趙破奴已失侯，因此役更封浞野侯。此處應稱"故從票侯"。

[18]【今注】屬國：歸附漢朝的周邊少數民族。因存其國號而屬漢朝，故稱屬國。

[19]【今注】明年：王先謙《漢書補注》認爲，據本書《百官公卿表》，破奴於漢武帝元封三年封浞野侯。所謂明年，即元封三年。

[20]【顏注】韋昭曰：玉門關在龍勒界。【今注】玉門：玉門關。在今甘肅敦煌市西北小方盤城。

　　而大宛諸國發使隨漢使來，觀漢廣大，以大鳥卵及黎軒眩人獻於漢，[1]天子大説。[2]而漢使窮河源，[3]其山多玉石，采來，[4]天子案古圖書，名河所出山曰昆侖云。[5]

　　[1]【顔注】應劭曰：卵大如一二石䍃也。眩，相詐惑也。鄧太后時，西夷檀國来朝賀，詔令爲之。而諫大夫陳禪以爲夷狄偽道不可施行。後數日，尚書陳忠案漢舊書，乃知世宗時黎軒獻見幻人（軒，白鷺洲本、大德本、殿本作“鞬”），天子大悦，與俱巡狩，乃知古有此事。師古曰：鳥卵如汲水之䍃耳，無一二石也。應説失之。“眩”讀與“幻”同，即今吞刀吐火、植瓜種樹、屠人截馬之術皆是也，本從西域来。“䍃”音“瓮”。【今注】大鳥：駝鳥。　案，軒，白鷺洲本、大德本、殿本作“鞬”。　眩人：古代稱表演魔術的人爲眩人。又作“幻人”。

　　[2]【顔注】師古曰：“説”讀曰“悦”。

　　[3]【今注】河源：黄河源頭。在今青海中部。河，古代對黄河的專稱。

　　[4]【顔注】臣瓚曰：漢使采取持来至漢。

　　[5]【今注】昆侖：山名。西起帕米爾高原，橫貫今新疆、西藏交界，向東進入青海。王先謙《漢書補注》引王闓運以爲，《爾雅》謂“西方之美者，有昆侖虛之球琳、琅玕”，故以玉石名黄河所出山爲昆侖。

　　是時，上方數巡狩海上，[1]廼悉從外國客，大都多人則過之，[2]散財帛賞賜，厚具饒給之，以覽視漢富厚焉。[3]大角氐，[4]出奇戲諸怪物，多聚觀者，[5]行賞賜，酒池肉林，令外國客徧觀名倉庫府臧之積，欲以見漢廣大，傾駭之。[6]及加其眩者之工，而角氐奇戲歲增變，[7]其益興，自此始。而外國使更來更去。[8]大宛以西皆自恃遠，尚驕恣，未可詘以禮羈縻而使也。

　　[1]【今注】巡狩：天子巡視諸侯或地方官員所治的疆土。根據方向不同，一般稱向西爲行，向東爲幸，向北爲狩，向南爲巡。

　海上：海濱地區。此處指元封元年（前110），漢武帝東巡山東沿海地區。

　　[2]【今注】案，則過之，白鷺洲本、大德本、殿本作“過之則”。

　　[3]【顏注】師古曰：“視”讀曰“示”。言示之令其觀覽。

　　[4]【顏注】師古曰：氐，丁禮反。解在《武紀》。

　　[5]【顏注】師古曰：聚都邑人，令觀看，以誇示之。觀，音工喚反。

　　[6]【顏注】師古曰：見，顯示。

　　[7]【今注】角氐：古代兩人相抵，較量力量的一種運動。類似現代摔跤。氐，大德本作“氐”。

　　[8]【顏注】師古曰：遞互來去，前後不絕。更，工衡反。

　　漢使往既多，其少從率進孰於天子，[1]言大宛有善馬在貳師城，[2]匿不肯示漢使。天子既好宛馬，聞之甘心，[3]使壯士車令等持千金及金馬以請宛王貳師城善馬。[4]宛國饒漢物，[5]相與謀曰：“漢去我遠，而鹽水中數有敗，[6]出其北有胡寇，出其南乏水草，又且往往而絕邑，[7]乏食者多。漢使數百人爲輩來，常乏食，死者過半，是安能致大軍乎？且貳師馬，宛寶馬也。”遂不肯予漢使。漢使怒，妄言，椎金馬而去。[8]宛中貴人怒曰：[9]"漢使至輕我！"遣漢使去，令其東邊郁成王遮攻，殺漢使，取其財物。天子大怒。諸嘗使宛姚定漢等言："宛兵弱，誠以兵不過三千人，[10]強弩射之，[11]即破宛矣。"天子以嘗使浞野侯攻樓蘭，以七百騎先至，虜其王，以定漢等言爲然，而欲侯寵姬李氏，[12]迺以李廣利爲將軍，伐宛。

[1]【顏注】孟康曰：少從，不如計也。或曰，少者，少年從行之微者也。進孰，美語如成孰也。晉灼曰：多進虛美之言必成之計於天子，而卒不果也。師古曰：漢時謂隨使而出外國者爲少從，總言其少年而從使也。從音材用反。事見班固弟仲升書（班固弟，白鷺洲本、大德本、殿本作"班固與弟"）。進孰者，但空進成孰之言。【今注】進孰：指使者多次朝見天子，比較熟悉，無所不言。其中有人向武帝談及大宛馬。

[2]【今注】貳師城：大宛城名。在今吉爾吉斯斯坦西南馬爾哈馬特。

[3]【顏注】師古曰：志懷美悦，專事求之。

[4]【今注】金馬：以金鑄成，如馬狀。泛指珍貴的寶物。

[5]【顏注】師古曰：素有漢地財物，故不貪金馬之幣。

[6]【顏注】服虔曰：水名，道從水中行。師古曰：沙磧之中不生草木，水又鹹苦，即今焞煌西北惡磧者也。數有敗，言每自死亡也。【今注】鹽水：鹽澤。今新疆若羌縣東北羅布泊周邊地區，多鹽碱沼澤和沙漠。

[7]【顏注】師古曰：言近道之處無城郭之居也（言近道之處，殿本作"近道處"）。

[8]【顏注】如淳曰：罵詈也。師古曰：椎破金馬也。椎音直追反，其字從木。

　　[9]【顏注】師古曰：中貴人，中臣之貴者。【今注】宛中貴
人：大宛宮廷中地位尊貴的官。

　　[10]【今注】案，以兵，白鷺洲本、大德本、殿本作“以漢
兵”。

　　[11]【今注】案，強，大德本同，白鷺洲本、殿本作“彊”。

　　[12]【顏注】師古曰：欲封其兄弟。【今注】侯寵姬李氏：
封漢武帝寵姬李氏的兄弟爲侯。李氏，即李廣利之妹，爲武帝
寵姬。

　　騫孫猛，字子游，有俊才，元帝時爲光禄大夫，[1]
使匈奴，給事中，[2]爲石顯所譖，[3]自殺。

　　[1]【今注】元帝：劉奭。公元前48年至前33年在位。紀見
本書卷九。　光禄大夫：官名。漢九卿之一光禄勳屬官。掌顧問應
對。秩比二千石。

　　[2]【今注】給事中：加官名。可侍從皇帝，出入禁中。

　　[3]【今注】石顯：漢元帝時宦官。傳見本書卷九三。

　　李廣利，女弟李夫人有寵於上，産昌邑哀王。[1]大
初元年，[2]以廣利爲貳師將軍，發屬國六千騎及郡國惡
少年數萬人以往，[3]期至貳師城取善馬，故號“貳師
將軍”。故浩侯王恢使道軍。[4]既西過鹽水，當道小國
各堅城守，不肯給食，攻之不能下。下者得食，不下
者數日則去。比至郁成，[5]士財有數千，[6]皆飢罷[7]攻
郁成城，郁成距之，所殺傷甚衆。貳師將軍與左右計：
“至郁成尚不能舉，況至其王都乎？”[8]引而還。往來
二歲，至燉煌，[9]士不過什一二。[10]使使上書言：“道

遠，多乏食，且士卒不患戰而患飢。人少，不足以拔宛。願且罷兵，益發而復往。"[11]天子聞之，大怒，使使遮玉門關，曰："軍有敢入，斬之。"貳師恐，因留屯燉煌。

[1]【今注】昌邑哀王：劉髆。傳見本書卷六三。

[2]【今注】大初元年：即漢武帝太初元年，公元前 104 年。大，白鷺洲本、大德本、殿本作"太"。下同不注。

[3]【顏注】師古曰：惡少年謂無行義者。

[4]【今注】案，《史記》卷一二三《大宛列傳》"故浩侯王恢使道軍"一句上有"趙始成爲軍正"六字，此下有"而李哆爲校尉，制軍事"九字。

[5]【今注】郁成：中亞古國名。在今吉爾吉斯斯坦奧什東北。

[6]【顏注】師古曰：比，音必寐反。"財"與"才"同（案，殿本此注作"師古曰：比音必寐反"，位於"比至郁成"後；"財與才同"位於注"罷讀曰疲"前）。

[7]【顏注】師古曰："罷"讀曰"疲"。

[8]【今注】王都：大宛都城貴山城（今烏茲別克斯坦塔什干東南卡散賽）。

[9]【今注】案，燉，白鷺洲本、大德本、殿本作"敦"。下同不注。

[10]【顏注】師古曰：十人之中，一二人得還。

[11]【顏注】師古曰：益，多也。

其夏，漢亡浞野之兵二萬餘於匈奴，[1]公卿議者皆願罷宛軍，[2]專力攻胡。[3]天子業出兵誅宛，宛小國而不能下，則大夏之屬漸輕漢，而宛善馬絕不來，烏孫、輪臺易苦漢使，[4]爲外國笑。迺案言伐宛尤不便者鄧光等。[5]赦囚徒扞寇盜，[6]發惡少年及邊騎，歲餘而出燉煌六萬人，[7]負私從者不與。[8]牛十萬，馬三萬匹，驢、橐駝以萬數齎糧，兵弩甚設。[9]天下騷動，轉相奉伐宛，五十餘校尉。宛城中無井，[10]汲城外流水，於是遣水工徙其城下水空以穴其城。[11]益發戍甲卒十八萬酒泉、張掖北，[12]置居延、休屠以衛酒泉。[13]而發天下七科適，[14]及載糒給貳師，[15]轉車人徒相連屬至燉煌。[16]而拜習馬者二人爲執驅馬校尉，[17]備破宛擇取其善馬云。

[1]【顏注】師古曰：趙破奴後封浞野侯。浞，音士角反。【今注】案，王先謙《漢書補注》曰：據本書卷六《武紀》，太初二年（前103）秋，遣浞野擊匈奴，不還。"其夏"當作"其秋"。

[2]【今注】公卿：泛指朝中高級官員。

[3]【今注】案，攻，殿本作"致"。

[4]【顏注】晉灼曰：易，輕也。師古曰：輪臺亦國名。【今注】輪臺：西域古國名。在今新疆輪臺縣南一帶。

[5]【顏注】師古曰：案其罪而行罰。

[6]【顏注】如淳曰：放囚徒使其扞御寇盜。師古曰：使從軍爲斥候（斥，白鷺洲本、大德本、殿本作"斥"）。【今注】扞寇盜：郭嵩燾《史記札記》認爲，漢代七科謫中包括有罪的寇盜等。指將刑徒有罪者隸之兵籍，由校尉率領，以兵法約束他們。

[7]【顏注】師古曰：興發部署，歲餘乃得行。

[8]【顏注】師古曰：負私糧食及私從者，不在六萬人數中。"與"讀曰"豫"。【今注】負私從者不與：携帶私人物品和糧食跟

隨的，不在這六萬人之中。

[9]【顏注】師古曰：施張甚具也。

[10]【今注】案，吳恂《漢書注商》認爲，"宛城中無井"當移至下文"平行至宛城，兵到者三萬"之下。

[11]【顏注】師古曰：空，孔也。徒其城下水者，令從他道流，不迫其城也。空以穴其城者，圍而攻之，令作孔使穿穴也。下云"決其水原移之"，又云"圍其城攻之"，皆再敘其事也。一曰，既徒其水，不令於城下流，而因其舊引水入城之孔，攻而穴之。【今注】案，沈欽韓《漢書疏證》認爲，此謂利用城外原有的水道，瀉水使乾涸，因其水道爲穴而攻城。王先謙《漢書補注》則云，此敘遣水工的原因，尚未至宛。

[12]【今注】張掖：郡名。治䜵得（今甘肅武威市西北）。

[13]【顏注】如淳曰：立二縣以衛邊也。或曰置二部都尉。【今注】居延：縣名。治所在今内蒙古額濟納旗北境。 休屠：縣名。治所在今甘肅武威市北。

[14]【顏注】師古曰："適"讀曰"讁"。七科，解在《武紀》。【今注】七科適：本書《武紀》引張晏曰："吏有罪一，亡命二，贅婿三，賈人四，故有市籍五，父母有市籍六，大父母有市籍七，凡七科也。"

[15]【顏注】師古曰：糒，乾飯，音"備"。

[16]【顏注】師古曰：屬，音之欲反。

[17]【顏注】師古曰：習猶便也。一人爲執馬校尉，一人爲驅馬校尉。

於是貳師後復行，兵多，所至小國莫不迎，出食給軍。[1]至輪臺，輪臺不下，攻數日，屠之。自此而西，平行至宛城，[2]兵到者三萬。宛兵迎擊漢兵，漢兵射敗之，宛兵走入保其城。貳師欲攻郁成城，恐留行而令宛益生詐，[3]迺先至宛，決其水原，移之，則宛固已憂困。圍其城，攻之四十餘日。宛貴人謀曰："王母寡匿善馬，殺漢使。[4]今殺王而出善馬，漢兵宜解；即不，迺力戰而死，未晚也。"宛貴人皆以爲然，共殺王。其外城壞，虜宛貴人勇將煎靡。[5]宛大恐走入中城，相與謀曰："漢所爲攻宛，以王母寡。"[6]持其頭，遣人使貳師，約曰："漢無攻我，我盡出善馬，恣所取，而給漢軍食。即不聽我，我盡殺善馬，康居之救又且至。至，我居內，康居居外，與漢軍戰。孰計之，何從？"[7]是時，康居候視漢兵尚盛，不敢進。貳師聞宛城中新得漢人知穿井，[8]而其內食尚多。計以爲來誅首惡者母寡，母寡頭已至，如此不許，則堅守，而康居候漢兵罷來救宛，破漢軍必矣。[9]軍吏皆以爲然，許宛之約。宛迺出其馬，令漢自擇之，而多出食食漢軍。[10]漢軍取其善馬數十匹，中馬以下牝牡三千餘匹，而立宛貴人之故時遇漢善者名昧蔡爲宛王，[11]與盟而罷兵。終不得入中城，罷而引歸。

[1]【今注】案，沈欽韓《漢書疏證》據《太平御覽》卷三四五引《漢書》曰："李廣利征大宛，軍中無水，拔佩刀刺山，飛泉涌出。"

[2]【顏注】師古曰：平行，言無寇難。

[3]【顏注】師古曰：留行謂留止軍廢其行。【今注】案，令，白鷺洲本、大德本同，殿本作"今"。

[4]【顏注】師古曰：母寡，宛王名。

[5]【顏注】師古曰：宛之貴人爲將而勇者名煎靡也。煎，

音子延反。【今注】貴人：地位高貴的人。

[6]【今注】案，王念孫《讀書雜志·漢書第十一》認爲，"其外城壞"至"以王毋寡"，此句當移至"攻之四十餘日"之下。

[7]【顏注】師古曰：令貳師孰計之，而欲攻戰乎？欲不攻而取馬乎？

[8]【今注】案，漢人，《史記》卷一二三《大宛列傳》作"秦人"。

[9]【顏注】師古曰："罷"讀曰"疲"。

[10]【顏注】師古曰：下"食"讀曰"飤"。

[11]【顏注】服虔曰：蔡，音楚言蔡。師古曰：昧，音本末之末。蔡，音千曷反。【今注】案，故時遇漢善者，《史記·大宛列傳》作"故待遇漢使善者"。

初，貳師起焞煌西，爲人多，道上國不能食，[1]分爲數軍，從南北道。[2]校尉王申生、故鴻臚壺充國等千餘人別至郁成，[3]城守不肯給食。[4]申生去大軍二百里，負而輕之，[5]攻郁成急。郁成窺知申生軍少，晨用三千人攻殺申生等，數人脫亡，走貳師。[6]貳師令搜粟都尉上官桀往攻破郁成，[7]郁成降。其王亡走康居，桀追至康居。康居聞漢已破宛，出郁成王與桀。桀令四騎士縛守詣大將軍。[8]四人相謂："郁成，漢所毒，[9]今生將，[10]卒失大事。"[11]欲殺，莫適先擊。[12]上邽騎士趙弟拔劍擊斬郁成王。[13]桀等遂追及大將軍。

[1]【顏注】師古曰：起，發也。道上國，近道諸國也。"食"讀曰"飤"。

[2]【今注】南北道：從玉門關和陽關（今甘肅敦煌市西）以

西，通往西域的兩條通道。經今新疆南部阿爾金山、昆侖山北麓通道西行，在莎車（今新疆莎車縣）以西越過葱嶺，通往大月氏（今中亞阿姆河中上游一帶）和安息（今伊朗一帶）等地，爲南道。自玉門關和陽關以西，經今新疆中部天山南麓和塔里木河之間的通道西行，在疏勒（今新疆喀什市）以西越過葱嶺，通往今中亞各地，爲北道。詳參本書卷九六上《西域傳上》。

[3]【今注】鴻臚壺充國：王先謙《漢書補注》據本書《百官公卿表》謂，壺充國，太初元年（前104）爲鴻臚，二年免。鴻臚，官名。即大鴻臚，漢九卿之一，掌少數民族事務。秩中二千石。景帝中元六年（前144）更名大行令。武帝太初元年始名大鴻臚。

[4]【今注】案，王先謙《漢書補注》引王闓運説，"郁成"下當重"郁成"二字，與"城守"爲一句。《史記》卷一二三《大宛列傳》正作"別到郁成，郁成城守"。

[5]【顏注】師古曰：負，恃也，恃大軍之威而輕敵人。【今注】負而輕之：王先謙《漢書補注》曰：《史記》"負"作"偵"。疑本書誤脱"偵"字之半，後人見"貞"字無義，遂改爲"負"。

[6]【顏注】師古曰："走"音"奏"。

[7]【今注】案，《漢書考證》齊召南曰：本書卷九七《外戚傳》不載左將軍上官桀從貳師伐宛，此處的搜粟都尉後爲少府的當是另外一个名上官桀的人。本書《百官公卿表》載"太初元年，搜粟都尉上官桀爲少府，年老免"。與霍光共同輔政的上官桀在此人之後。搜粟都尉，官名。掌農耕及屯田。爲大司農屬官。

[8]【顏注】如淳曰：時多別將，故謂貳師爲大將軍。

[9]【顏注】師古曰：言毒恨。

[10]【今注】生將：將郁成王活着送到漢軍處。《史記》卷一二三《大宛列傳》作"生將去"。

[11]【顏注】師古曰："卒"讀曰"猝"。

[12]【顏注】師古曰：適，主也。無有主意先擊者也。音丁歷反。

[13]【今注】上邽：縣名。治所在今甘肅天水市麥積區。騎士：秦漢地方兵種。即騎兵。多在西北邊郡產馬地區。

初，貳師後行，[1]天子使使告烏孫大發兵擊宛。烏孫發二千騎往，持兩端，不肯前。貳師將軍之東，[2]諸所過小國聞宛破，皆使其子弟從入貢獻，見天子，因爲質焉。軍還，入馬千餘匹。[3]後行，非乏食，戰死不甚多，而將吏貪，不愛卒，侵牟之，以此物故者衆。[4]天子爲萬里而伐，[5]不録其過，迺下詔曰：“匈奴爲害久矣，今雖徙幕北，與旁國謀共要絕大月氏使，遮殺中郎將江、故鴈門守攘。[6]危須以西及大宛皆合約殺期門車令、[7]中郎將朝及身毒國使，隔東西道。貳師將軍廣利征討厥罪，伐勝大宛。賴天之靈，從泝河山，[8]涉流沙，[9]通西海，[10]山雪不積，[11]士大夫徑度，[12]獲王首虜，珍怪之物畢陳於闕。[13]其封廣利爲海西侯，[14]食邑八千户。”又封斬郁成王者趙弟爲新時侯；[15]軍正趙始成功最多，爲光禄大夫；[16]上官桀敢深入，爲少府；[17]李哆有計謀，爲上黨太守。[18]軍官吏爲九卿者三人，[19]諸侯相、郡守、二千石百餘人，[20]千石以下千餘人。奮行者官過其望，[21]以適過行皆黜其勞。[22]士卒賜直四萬錢。[23]伐宛再反，[24]凡四歲而得罷焉。

[1]【今注】後行：跟隨在前鋒軍隊之後。

[2]【顏注】師古曰：東，旋軍東出。

[3]【今注】案，入馬千餘匹，白鷺洲本、大德本、殿本作"入玉門者萬餘人，馬千餘匹"。

[4]【顏注】師古曰：侵牟，言如牟賊之食苗也。物故，謂死也。解具在《景紀》及《蘇武傳》。

[5]【今注】萬里而伐：楊樹達《漢書窺管》認爲，據本書卷七〇《陳湯傳》或當作"萬里征伐"。

[6]【今注】鴈門：郡名。治善無縣（今山西右玉縣南）。

[7]【顏注】服虔曰：危須，國名也。文穎曰：漢使期門郎也，車令，姓名也。【今注】危須：西域古國名。治危須城（今新疆和碩縣一帶）。 期門：漢代禁衛軍名。漢武帝建元三年（前138）置。漢九卿之一郎中令（光禄勳）屬官。掌執戟護衛皇帝。

[8]【今注】從泝河山：上溯至黃河源頭，至昆侖山。

[9]【今注】流沙：今新疆白龍堆沙漠一帶，爲中西交通路綫必經之地。

[10]【今注】西海：今青海省青海湖。

[11]【顏注】張晏曰：是歲雪少，故得往還，喜得天人之應也。師古曰：從，由也。泝，逆流而上也。言路由山險，又泝河也。"泝"音"素"。

[12]【顏注】師古曰：言無屯難也。

[13]【今注】畢陳於闕：全部陳列於皇宮中。闕，宮門前的高臺狀建築，此代指皇宮。

[14]【今注】海西：縣名。治所在今江蘇灌南縣東南。

[15]【今注】新畤：侯國名。今地不詳。

[16]【今注】光禄大夫：官名。掌顧問應對。秩比二千石。

[17]【今注】少府：官名。漢九卿之一。掌山海池澤税收和皇室衣食起居等。秩中二千石。

[18]【顏注】師古曰：哆，音昌野反。【今注】上黨：郡名。治長子（今山西長子縣西南）。

[19]【今注】九卿：泛指漢代中央高級官吏。九卿，白鷺洲本、殿本同，大德本作"公卿"。

[20]【今注】相：官名。漢代朝廷派往諸侯國的最高行政長官。原稱丞相或相國，掌統率衆官。景帝中元五年（前145）改稱相。秩二千石。　郡守：官名。秦漢郡的最高行政長官。掌一郡政務。秩二千石。原作郡守，景帝時改稱太守。　二千石：漢代自九卿、郎將，外至郡守、尉，皆爲二千石，又分中二千石、真二千石、二千石、比二千石。泛指郎將、郡守等官。

[21]【顏注】孟康曰：奮，迅也。自樂而行者。

[22]【顏注】師古曰："適"讀曰"讁"。言以罪讁而行者，免其所犯，不叙功勞。　【今注】案，白鷺洲本、大德本、殿本"行"後有"者"字，當據補。　黜其勞：案，王先謙《漢書補注》據郭嵩燾說，漢法，七科讁中有一類爲吏有罪。指對吏有罪者祇允許其立功贖罪，而不授官職，故稱"黜其勞"。

[23]【顏注】師古曰：或以他財物充之，故云直。【今注】四萬錢：《史記》卷一二三《大宛列傳》作"四萬金"。漢代以金一斤爲一金，一金值萬錢。四萬金值四萬萬錢。故《史記》總說賜錢數，而《漢書》則指明一卒所得錢數。

[24]【顏注】師古曰：再反猶今言兩迴。

　　後十一歲，征和三年，[1]貳師復將七萬騎出五原，[2]擊匈奴，度郅居水。[3]兵敗，降匈奴，爲單于所殺。語在《匈奴傳》。[4]

[1]【今注】征和三年：公元前90年。征和，漢武帝年號（前92—前89）。

[2]【今注】五原：郡名。治九原（今内蒙古包頭市西北）。案，據本書卷九四上《匈奴傳》，與李廣利一起出兵的還有御史大

夫商丘成將三萬餘人出西河、重合侯莽通將四萬騎出酒泉千餘里。

[3]【顏注】師古曰："郅"音"質"。【今注】郅居水：今蒙古國北部的色楞格河。

[4]【今注】案，指本書卷九四上《匈奴傳上》。

贊曰：《禹本紀》言河出昆侖，[1]昆侖高二千五百里餘，日月所相避隱爲光明也。自張騫使大夏之後，窮河原，惡睹所謂昆侖者乎？[2]故言九州山川，[3]《尚書》近之矣。[4]至《禹本紀》《山經》所有，[5]放哉！[6]

[1]【今注】案，《史記》卷二《夏本紀》載，"道河積石"，《索隱》引《爾雅》云："河出昆侖墟，其色白。"又引《漢書》卷九四《西域傳》云："河有兩原，一出蔥嶺山，一出于闐。于闐在南山下，其河北流，與蔥嶺河合，東注蒲昌海。蒲昌海，一名鹽澤者也……其水亭居，冬夏不增減，皆以爲潛行地中，南出於積石，爲中國河云。"因此説河源發昆侖，禹導河自積石。

[2]【顏注】鄧展曰：漢以窮河原，於何見昆侖乎？《尚書》曰"道河積石"，是謂河原出於積石。積石在金城河關，不言出昆侖也。師古曰："惡"音"烏"。

[3]【今注】九州：冀、兗、青、徐、荊、豫、梁、雍。傳説禹劃九州。見《尚書·禹貢》。

[4]【今注】尚書：書名。原名《書》，漢代改爲《尚書》。尚，同"上"。指上古之書。記載上古及商、周兩代史事。體裁有典、謨、訓、誥、誓、命六種。漢武帝立五經博士，該書成爲儒家經典之一。

[5]【今注】山經：《山海經》。共十八篇，分《山經》五篇和《海經》十三篇。原有圖，已佚。

[6]【顏注】如淳曰：放蕩迂闊，不可信也。師古曰：如説

是也。苟悦誤以"放"爲"效"字（誤，大德本、殿本同，白鷺洲本作"悮"），因解爲不效，苟失之矣（苟，白鷺洲本、大德本、殿本作"蓋"）。【今注】案，王先謙《漢書補注》謂，此段全用《史記》卷一二三《大宛列傳》贊，不敢直斥武帝志窮荒遠的過失，以昆侖之非爲例，實際上內含諷寓。

漢書　卷六二

司馬遷傳第三十二

　　昔在顓頊，[1]命南正重司天，火正黎司地。[2]唐虞之際，[3]紹重黎之後，使復典之，至于夏商，[4]故重黎氏世序天地。其在周，[5]程伯休甫其後也。[6]當宣王時，[7]官失其守而爲司馬氏。[8]司馬氏世典周史。[9]惠襄之間，司馬氏適晉。[10]晉中軍隨會奔魏，[11]而司馬氏入少梁。[12]

　　[1]【今注】顓頊：五帝之一。黃帝之孫，昌意之子。輔佐少昊，治九黎。號高陽。後立爲帝，居帝丘（今河南濮陽市）。

　　[2]【顏注】張晏曰：南方，陽也。火，水配也。水爲陰，故命南正重主天（主，大德本同，殿本、白鷺洲本作“司”），火正黎兼地職也。臣瓚曰：重、黎，司天地之官也。唐虞謂之義和，則司地者宜曰北正（宜，大德本、殿本同，白鷺洲本作“直”）。古文作北正。師古曰：瓚說非也。據班氏《幽通賦》云“黎淳燿於高辛”，則此爲火正是也。【今注】案，南正重、火正黎均爲上古神官。一說重黎爲二人。少昊之子爲重，顓頊之子爲黎。重爲木正，黎爲火正。《國語·楚語下》載：“顓頊受之，乃命南正重司天以屬神，命火正黎司地以屬民。”王先謙《漢書補注》據《尚書》孔疏引《左傳》稱，“重爲句芒，黎爲祝融”。祝融爲火

官，可得稱爲火正。句芒爲木官，不得號爲南正。且木不主天，火不主地。而《外傳》稱"顓頊命南正司天，火正司地"，使木官兼掌天，火官兼掌地。南爲陽地，故掌天，謂之南正。黎稱火官，故掌地，猶爲火正。一説重黎爲一人。《史記》卷四〇《楚世家》説，高陽生稱，稱生卷章，卷章生重黎。黎之後以地官兼天官，故號重黎氏。《國語·楚語下》注，重黎爲顓頊掌天地之臣。《尚書·吕刑》："乃命重黎，絶地天通，罔有降格。"（參見清代嚴傑《經義叢鈔·重黎解》引陶定山説）

[3]【今注】唐虞：陶唐氏和有虞氏。上古部落名。陶唐氏居平陽（今山西臨汾市西南），其首領爲堯。有虞氏居蒲阪（今山西永濟市西），其首領爲舜。

[4]【今注】夏：朝代名。相傳爲夏禹之子啓所建。先後建都陽城、斟鄩（今河南偃師市夏都二里頭）、安邑（今山西夏縣西北）。　商：朝代名。都亳（今河南商丘市北），後盤庚遷殷（今河南安陽市小屯村）。

[5]【今注】周：朝代名。都鎬（今陝西西安市西灃水東岸）。公元前771年，平王遷都洛邑（今河南洛陽市）。

[6]【顏注】應劭曰：封爲程國伯。休甫，字也。【今注】程伯休甫：西周宣王時人，甫又作"父"，官司馬，又奉命率六師出征徐國。見《詩·大雅·常武》。又《國語·楚語下》："其在周，程伯休父其後也，當宣王時，失其官守，而爲司馬氏。"（參見過常寶《世系和統系的構建及其意義——〈史記·太史公自序〉相關內容解讀》，《中國人民大學學報》2019年第2期）

[7]【今注】宣王：周宣王姬靜。任用召穆公等賢臣，四處征討，在千畝之戰大敗於姜戎，派仲山甫料民於太原。

[8]【顏注】師古曰：失其所守之職也。【今注】案，何焯《義門讀書記》卷一八認爲，《詩·常武》"王謂尹氏，命程伯休父"，《毛傳》："尹氏掌命卿士，程伯休父始命爲大司馬。"正當周

宣王之時，已失典司天地之守，故僅以周宣王所命之官，命名爲司
馬氏。

[9]【今注】案，"司馬氏世典周史"之説或不可信。司馬氏
祖先程伯休甫爲司馬，掌軍事，後以官爲氏，不可能兼典史職。又
據《國語·周語上》諸書，西周宣王、幽王時的太史爲伯陽父，周
室當無兩個太史之職。太史職重，世代相襲，故不可能"去周適
晉"。此或是司馬談、司馬遷父子爲太史令後，溢美祖先之説。

[10]【顔注】張晏曰：周惠王、襄王有子頹、叔帶之難，故
司馬氏奔晉也。【今注】惠：東周惠王姬閬。　襄：東周襄王姬鄭。
　晉：周初諸侯國。都唐（今山西翼城縣西）。公元前 376 年，分
爲韓、趙、魏三家。

[11]【顔注】如淳曰：《左氏傳》晉僞使魏壽餘誘士會於秦
噪而還時也（噪，大德本、殿本、白鷺洲本作"譟"）。師古曰：
犇，古奔字也。據《春秋》，隨會奔秦，其後自秦入魏而還晉。今
此言隨會奔魏，司馬氏因入少梁，則似謂自晉出奔魏耳。但魏國
在獻公時已滅爲邑，封畢萬矣。既非別國，不得言奔。未詳遷之
所説。【今注】中軍：晉文公四年（前 633）置中、上、下三軍。
中軍爲三軍主帥，即正卿。這裏指中軍統帥。　隨會：晉國大夫。
名士會，又稱隨武子。　奔魏：《漢書考證》齊召南認爲，《史記》
作"奔秦"，《漢書》誤作"魏"，當以《史記》爲是。王先謙
《漢書補注》據司馬貞《索隱》："會自晉奔秦，後乃奔魏，自魏還
晉，故《漢書》云會奔魏也。"魏，原爲西周姬姓諸侯，後爲晉獻
公所滅，以魏封畢萬。後名魏氏，爲晉六卿之一。與韓、趙分晉，
公元前 403 年爲諸侯，都安邑（今山西夏縣西北）。魏惠王時遷大
梁（今河南開封市西北）。案，奔，大德本同，殿本、白鷺洲本作
"犇"。

[12]【顔注】師古曰：少梁，本梁國也，爲秦所滅，號爲少
梁。【今注】少梁：古邑名。治所在今陝西韓城市南。秦惠文王十

一年（前 327）改名夏陽。

　　自司馬氏去周適晉，分散，或在衞，[1]或在趙，[2]或在秦。[3]其在衞者，相中山。[4]在趙者，以傳劍論顯，[5]蒯聵其後也。[6]在秦者錯，與張儀爭論，[7]於是惠王使錯將兵伐蜀，遂拔，因而守之。[8]錯孫蘄，[9]事武安君白起。[10]而少梁更名夏陽。[11]蘄與武安君阬趙長平軍，[12]還而與之俱賜死杜郵，[13]葬於華池。[14]蘄孫昌，爲秦王鐵官。[15]當始皇之時，[16]蒯聵玄孫卬爲武信君將而徇朝歌。[17]諸侯之相王，[18]王卬於殷。[19]漢之伐楚，[20]卬歸漢，[21]以其地爲河內郡。[22]昌生母懌，[23]母懌爲漢市長。[24]母懌生喜，喜爲五大夫，[25]卒，皆葬高門。[26]喜生談，談爲太史公。[27]

　　[1]【今注】衞：周初諸侯國。武王封少弟康叔。戰國末年都帝丘（今河南濮陽市西南）。

　　[2]【今注】趙：原爲晉六卿之一。與韓、魏分晉，公元前 403 年爲諸侯。戰國末年都邯鄲（今河北邯鄲市）。

　　[3]【今注】秦：周平王時所封，嬴姓。戰國時都咸陽（今陝西咸陽市東北）。

　　[4]【顏注】張晏曰：司馬喜爲中山相。【今注】相中山：中山國的相，即司馬喜。中山，春秋時諸侯國。白狄的一支鮮虞所建。戰國初都顧（今河北定州市），後遷都於靈壽（今河北靈壽縣西北）。

　　[5]【顏注】服虔曰：世善劍也。師古曰：劍論，劍術之論也。論，來頓反（大德本、殿本、白鷺洲本“來”前有“音”字）。【今注】案，《史記》卷一三〇《太史公自序》司馬貞《索

隱》據何法盛《晉書》及《司馬氏系本》，名凱。

[6]【顏注】如淳曰：《刺客傳》之蒯瞶也。師古曰：蒯，苦怪反。瞶，五怪反。【今注】案，《史記》卷八六《刺客列傳》中無"蒯瞶"。沈欽韓《漢書疏證》引《淮南子·主術訓》："握術劍鋒，以離北宮，司馬蒯瞶不使應敵。"張文虎説，《刺客列傳》無蒯瞶。惟荊軻嘗游過榆次，與蓋聶論劍，疑"蓋聶"即"蒯瞶"之誤。

[7]【顏注】應劭曰：秦惠王欲伐蜀，張儀曰不如伐韓，司馬錯以當先伐蜀。惠王從之，起兵伐蜀取之。師古曰：錯音千各反。【今注】案，事在秦惠文王後九年（前316）。蜀，古國名。在今四川，都成都（今四川成都市）。錯，司馬錯。張儀，原爲魏國貴族庶子。入秦，任秦相。助秦惠文稱王，以連橫游説各國，取楚漢中。封武信君。

[8]【顏注】蘇林曰：爲郡守。

[9]【顏注】師古曰：音祈。

[10]【今注】白起：戰國時秦將。攻占楚都郢，封武安君。長平之戰，坑殺趙降卒四十萬。傳見《史記》卷七○。

[11]【今注】少梁更名夏陽：事在秦惠文王十一年（前327），王先謙《漢書補注》認爲，此事在秦惠文王更元九年司馬錯伐蜀之前，此文爲補述。

[12]【顏注】文穎曰：趙孝成王時，趙括爲將。【今注】案，此事在秦昭王四十七年（前260）。長平，在今山西高平縣西北。

[13]【顏注】李奇曰：地名，在咸陽西十里。師古曰：郵音尤。【今注】案，白起在長平坑趙卒後，想乘勢攻邯鄲，但爲秦相范雎所阻。第二年（前259），秦昭王又命白起攻邯鄲，白起不從命，范雎又從中挑撥，白起被秦昭王發配，後賜死於杜郵（今陝西咸陽市東北）。

[14]【顏注】晉灼曰：縣名也（縣，大德本、殿本、白鷺洲

本作“池”），在鄠縣。師古曰：晉説非也。華池在左馮翊界，近夏陽，非鄠縣。【今注】華池：地名。在今陝西韓城市西南。

　　[15]【今注】鐵官：秦漢時主管鐵業的官署。武帝時在各郡國置鐵官四十餘處（參見［日］潮見浩《漢代鐵官郡、鐵器銘文與冶鐵遺址》，趙志文譯，《中原文物》1996年第2期）。

　　[16]【今注】始皇：秦始皇。名嬴政，又作“趙正”。在位時滅六國，建立中國歷史上第一個統一的中央集權國家，自爲始皇帝。

　　[17]【顔注】師古曰：武信君即武臣也，未爲趙王之前號武信君。《項籍傳》曰“趙將司馬卬”，是知爲武臣之將也。【今注】武信君：秦末起義軍將領武臣，爲陳勝將軍，自號武信君。王先謙《漢書補注》認爲，本書卷三一《項籍傳》：“趙將司馬卬定河内，數有功。立卬爲殷王。”《史記·秦楚之際月表》：“卬爲殷王，都朝歌。卬降漢，地爲河内郡。”　案，徇，大德本、白鷺洲本同，殿本作“狗”。　朝歌：商朝及衞國都城，治所在今河南淇縣。

　　[18]【今注】諸侯之相王：漢元年（前206）一月至三月，項羽分封其部將與各路諸侯爲王。

　　[19]【顔注】師古曰：項羽封卬爲殷王。【今注】王卬於殷：司馬卬引兵定河内郡，又隨項羽入關。項羽封司馬卬爲殷王，都朝歌。

　　[20]【今注】漢之伐楚：事在漢二年三月。《史記》卷八《高祖本紀》載，三月“下河内，虜殷王，置河内郡”。

　　[21]【今注】案，此處所謂“卬歸漢”，屬隱諱的説法。

　　[22]【今注】河内：郡名。治懷縣（今河南武陟縣西南）。

　　[23]【顔注】師古曰：懌，弋赤反（赤，大德本同，殿本、白鷺洲本作“亦”）。【今注】案，王先謙《漢書補注》曰：母懌，《史記》作“無澤”，司馬貞《索隱》云“《漢書》作‘毋擇’”，是小司馬所見《漢書》本不作“懌”也。繻王本《史記索

《隱》“擇”仍作“懌”。

[24]【今注】市長：官名。漢代掌市場管理的官員。據本書《百官公卿表》，長安四市有四長。

[25]【今注】五大夫：秦漢二十等爵的第九等。

[26]【顏注】蘇林曰：長安北門也。師古曰：蘇説非也。高門，地名，在夏陽西北，而東去華池三里。【今注】高門：地名。在今陝西韓城市西南。

[27]【顏注】如淳曰：《漢儀注》：太史公，武帝置，位在丞相上。天下計書先上太史公，副上丞相，序事如古春秋。遷死後，宣帝以其官爲令，行太史公文書而已。晉灼曰：《百官表》無太史公在丞相上。又衛宏所説多不實，未可以爲正。師古曰：談爲太史令耳，遷尊其父，故謂之爲公。如説非也。【今注】太史公：李慈銘《越縵堂讀史札記·漢書六》認爲，太史公自是當時官府的通稱，固非官名，也非尊稱。漢代太常屬官有太史令，秩六百石。

太史公學天官於唐都，[1]受《易》於楊何，[2]習道論於黃子。[3]太史公仕於建元、元封之閒，[4]愍學者不達其意而師誖，[5]乃論六家之要指曰：

[1]【顏注】師古曰：即《律歷志》所云方士唐都者。【今注】天官：天文學。《史記·天官書》司馬貞《索隱》：“天文有五官。官者，星官也。星座有尊卑，若人之官曹列位，故曰天官。”

[2]【顏注】師古曰：何字叔元，菑川人，見《儒林傳》。【今注】易：書名。古代卜筮之書。又稱《周易》《易經》，分經、傳兩部分。傳説文王作《繫辭》，孔子作《十翼》。

[3]【顏注】師古曰：景帝時人也，《儒林傳》謂之黃生，與轅固爭論於上前，謂湯武非受命，乃殺也。

[4]【今注】建元元封之閒：公元前140年至前105年之間，

共三十六年。

[5]【顏注】師古曰：誄，惑也。各習師法，惑於所見。誄布內反（大德本、殿本、白鷺洲本"布"前有"音"字）。

《易大傳》："天下一致而百慮，同歸而殊塗。"[1]夫陰陽、儒、墨、名、法、道德，[2]此務爲治者也，直所從言之異路，有省不省耳。[3]嘗竊觀陰陽之術，大詳而衆忌諱，[4]使人拘而多畏，[5]然其叙四時之大順，不可失也。儒者博而寡要，勞而少功，是以其事難盡從，然其叙君臣父子之禮，列夫婦長幼之別，不可易也。[6]墨者儉而難遵，是以其事不可徧循，[7]然其彊本節用，不可廢也。法家嚴而少恩，然其正君臣上下之分，不可改也。[8]名家使人儉而善失真，[9]然其正名實，不可不察也。道家使人精神專一，動合無形，澹足萬物，[10]其爲術也，因陰陽之大順，采儒墨之善，撮名法之要，[11]與時遷徙，應物變化，立俗施事，無所不宜，指約而易操，事少而功多。[12]儒者則不然，以爲人主天下之儀表也，君唱臣和，主先臣隨。如此，則主勞而臣佚。[13]至於大道之要，去健羡，[14]黜聰明，[15]釋此而任術。夫神大用則竭，形大勞則敝；神形蚤衰，[16]欲與天地長久，非所聞也。

[1]【顏注】張晏曰：《大傳》謂《易・繫辭》。【今注】易大傳：相傳爲孔子所作解釋《周易》的著作。引文見《易・繫辭

下》，今本作"天下同歸而殊途，一致而百慮"。

[2]【今注】陰陽：戰國時學説，認爲事物由陰陽五行構成。以鄒衍爲代表，創五德終始説。　儒：以孔子、孟子爲代表的學派，戰國時分爲八家。漢武帝時，表彰六經，獨尊儒術，儒家成爲國家正統思想。　墨：戰國時墨翟創立的學派。主張兼愛、非攻、尚同、尚賢等。　名：戰國時以惠施、公孫龍爲代表的學説流派，辨"名"與"實"的關係。　法：戰國時以李悝、商鞅、申不害、慎到、韓非爲代表的學派，主張法治。　道德：道家。以先秦老子、莊子爲代表的學派，主張無爲而治。後與名、法結合，形成黃老之學。漢初比較盛行。太史公職掌天文曆法，故以陰陽列爲第一。

[3]【顔注】師古曰：言發迹雖殊，同歸於治，但學者不能省察，昧其端緒耳。直猶但也。【今注】案，"此務爲治"三句，指六家學派的目的都是爲了治理國家，但學説和做法不相同，因此有的容易理解，有的不容易理解。

[4]【今注】大詳而衆忌諱：過於繁瑣，有很多禁忌。李慈銘《越縵堂讀史札記·漢書六》曰：《史記》"詳"作"祥"。古"詳""祥"字通。即祥瑞災異。

[5]【顔注】李奇曰：陰陽之術，月令星官，是其枝葉也。師古曰：拘，曲礙也。

[6]【顔注】師古曰：易，變也。

[7]【顔注】師古曰：言難盡用。

[8]【今注】案，指法家重視尊卑和等級，不講教化，一切遵照法律。

[9]【顔注】師古曰：劉向《別録》云名家者流出於禮官。古者名位不同，禮亦異數。孔子曰"必也正名乎"。【今注】儉而善失真：受到名實的約束，失去了原本的真情實感。梁玉繩《史記志疑》卷三六以爲"儉"字當作"檢"，即受約束。

[10]【顏注】師古曰：澹，古瞻字。【今注】案，"動合無形，澹足萬物"二句，指道運行無形，而產生世間的萬物。

[11]【顏注】師古曰：撮，摠取也，音千活反。

[12]【顏注】師古曰：操，執持也，音千高反。【今注】案，少，大德本、殿本、白鷺洲本作"小"。

[13]【顏注】師古曰：佚，樂也，字與逸同。

[14]【顏注】服虔曰：門戶健壯也。如淳曰：知雄守雌，是去健也。不見可欲，使心不亂，是去羨也。晉灼曰：老子曰"善閉者無關楗"。嚴君平曰"折關破楗（折，大德本、白鷺洲本同，殿本作"拆"），使姦者自止"。服説是也。師古曰：二義並通。楗（楗，大德本同，殿本、白鷺洲本作"捷"），其偃反，然今書本字皆作"健"字也。【今注】去健羨：去掉剛强，舍棄貪欲。

[15]【顏注】如淳曰：不尚賢，絶聖棄知也。晉灼曰：嚴君平曰："黜聰棄明，倚依太素，反本歸真，則理得而海内鈞也。"師古曰：黜，廢也。【今注】黜聰明：抛棄聰明智巧。即"絶聖棄智"，少個人私欲，回歸自然淳樸。

[16]【顏注】師古曰：蚤，古早字。

　　夫陰陽，四時、八位、十二度、二十四節各有教令，[1]曰順之者昌，逆之者亡，未必然也，故曰"使人拘而多畏"。夫春生夏長，秋收冬藏，[2]此天道之大經也，[3]弗順則無以爲天下紀綱，故曰"四時之大順，不可失也"。[4]

[1]【顏注】張晏曰：八位，八卦位也。十二度，十二次也。二十四節，就中氣也。各有禁，謂月令者。【今注】十二度：十二次。古人將黄道分爲十二個部分，命名爲星紀、玄枵、娵訾、降婁、大梁、實沈、鶉首、鶉火、鶉尾、壽星、大火、析木，以測量

日、月、行星的位置和運動。　二十四節：二十四節氣。《淮南子・天文訓》中即載有“二十四時之變”。

[2]【今注】案，臧，大德本同，殿本、白鷺洲本作“藏”。本段下同。

[3]【顏注】師古曰：經，常法。

[4]【今注】案，韓兆琦《史記箋證》引李廷機説認爲，以“故曰”總結上文要點，接着再逐段闡釋，避免重複。

夫儒者，以六藝爲法，[1]六藝經傳以千萬數，[2]累世不能通其學，當年不能究其禮，[3]故曰“博而寡要，勞而少功”。若夫列君臣父子之禮，序夫婦長幼之別，雖百家弗能易也。

[1]【今注】六藝：《詩》《書》《禮》《樂》《易》《春秋》六種儒家經典。又稱“六經”。

[2]【今注】六藝經傳：後人注解六經的各種論著。

[3]【顏注】師古曰：究，盡也。【今注】當年：一生，一輩子。二句指窮盡一生不能通曉儒家的學問和禮儀。

墨者亦上堯舜，言其德行曰：“堂高三尺，土階三等，茅茨不翦，棌椽不斲；[1]飯土簋，歠土刑，[2]糗粱之食，[3]藜藿之羹；[4]夏日葛衣，冬日鹿裘。”[5]其送死，桐棺三寸，[6]舉音不盡其哀。教喪禮，必以此爲萬民率。故天下法若此，[7]則尊卑無別也。夫世異時移，事業不必同，故曰“儉而難遵”也。要曰彊本節用，則人給家足之道也。[8]此墨子之所長，[9]雖百家不能廢也。

[1]【顔注】師古曰：屋蓋曰茨。茅茨，以茅覆屋也。株，柞木也。茨，疾兹反（大德本、殿本、白鷺洲本"疾"前有"音"字）。株音采，又音菜。【今注】案，"堂高三尺"至"採椽不斲"：正殿的地基祇有三尺高，土臺階祇有三級，以茅草苫屋頂，不加修剪，用柞木爲椽，不加刮削。形容堯舜生活儉樸。

[2]【顔注】師古曰：簋所以盛飯也，刑以盛羹也。土謂燒土爲之，即瓦器也。飯，扶晚反（白鷺洲本同，大德本、殿本"扶"前有"音"字）。簋音軌。歠，尺悦反。【今注】飯土簋歠土刑：以陶簋盛飯，用陶杯盛水。簋，古代銅製或陶製的盛食物器具，圓口，雙耳。《史記》卷八七《李斯列傳》裴駰《集解》引徐廣云："簋，一作'溜'。"歠，《史記》卷一三〇《太史公自序》作"啜"。王先謙《漢書補注》云，"溜"當作"瑠"。

[3]【顔注】服虔曰：糲，粗米也。張晏曰：一斛粟七斗米爲糲，音賴（賴，大德本同，殿本、白鷺洲本作"梓"）。師古曰：食，飯也。【今注】糲粱之食：糲，粗米。沈欽韓《漢書疏證》以爲，張晏所説的"一斛粟七斗米爲糲"，並不屬實。按漢代算書，一斛粟止得糲米六斗。王念孫《讀書雜志·史記第六》認爲，"糲"爲粗米，"粱"爲精米，不應當合稱，"粱"當作"粢"，因形近而誤。

[4]【顔注】師古曰：藜，草似蓬也。藿，豆葉也。【今注】藜藿：泛指各種野菜。

[5]【今注】夏日葛衣冬日鹿裘：貧者夏日穿葛布做的衣服，冬天穿鹿皮做的袍子。均爲比較粗劣的衣服。

[6]【今注】案，王先謙《漢書補注》引張守節《史記正義》，以桐木爲棺，厚三寸。形容其棺木十分簡陋。

[7]【今注】案，法，大德本、殿本、白鷺洲本作"共"。

[8]【顔注】師古曰：給亦足也。人人家家皆得足也。

[9]【今注】墨子：墨翟。墨家代表人物。現存《墨子》五十

三篇。

　　法家不別親疏，不殊貴賤，壹斷於法，則親
親尊尊之恩絶矣，[1]可以行一時之計，而不可長用
也，故曰“嚴而少恩”。若尊主卑臣，明分職不得
相踰越，雖百家不能改也。[2]

　　[1]【今注】親親尊尊：親屬之間互相愛護，君臣之間講尊卑
秩序和等級。《史記》卷一三〇《太史公自序》司馬貞《索隱》
曰：“案：《禮》，親親父爲首，尊尊君爲首也。”

　　[2]【顏注】師古曰：分，扶問反（大德本、殿本、白鷺洲
本“扶”前有“音”字）。

　　名家苛察繳繞，[1]使人不得反其意，[2]剸決於
名，時失人情，[3]故曰“使人儉而善失真”。若夫
控名責實，參伍不失，[4]此不可不察也。

　　[1]【顏注】如淳曰：繳繞猶纏繞也。師古曰：繳，公鳥反
（大德本、殿本同，白鷺洲本“公”前有“音”字）。【今注】苛
察繳繞：糾纏於瑣碎的名實之辨，而不識大體。

　　[2]【今注】不得反其意：不能回歸事物的真實面貌。反，通
“返”。

　　[3]【顏注】師古曰：剸讀與專同，又音章免反。【今注】剸
決於名時失人情：諸事皆決於概念名詞而忽視人情常理。剸決，決
斷、專斷。

　　[4]【顏注】晉灼曰：引名責實，參錯交互，明知事情者（者，
大德本、殿本作“也”，白鷺洲本無）。【今注】控名責實參伍不失：

按其名而求其實，二者參照比較，以定是非。

　　道家無爲，又曰無不爲，[1]其實易行，其辭難知。[2]其術以虛無爲本，以因循爲用。[3]無成勢，無常形，[4]故能究萬物之情。不爲物先後，[5]故能爲萬物主。有法無法，因時爲業；有度無度，因物興舍。[6]故曰“聖人不巧，時變是守”。[7]虛者道之常也，因者君之綱也。[8]群臣並至，使各自明也。其實中其聲者謂之端，實不中其聲者謂之款。[9]款言不聽，姦迺不生，賢不肖自分，白黑迺形。[10]在所欲用耳，何事不成！迺合大道，混混冥冥。[11]光燿天下，復反無名。[12]凡人所生者神也，所託者形也。神大用則竭，形大勞則敝，形神離則死。死者不可復生，離者不可復合，故聖人重之。由此觀之，神者生之本，形者生之具。不先定其神形，[13]而曰“我有以治天下”，何由哉？[14]

　　[1]【顏注】師古曰：無爲者，守静一也。無不爲者，功利大也。【今注】道家無爲又曰無不爲：《道德經》今本作“道常無爲，而無不爲”，又“爲學日益，爲道日損，損之又損，以至于無爲，無爲而無不爲”。《史記》卷一三〇《太史公自序》張守節《正義》：“無爲者，守清净也。無不爲者，生育萬物也。”

　　[2]【顏注】師古曰：言指趣幽遠。

　　[3]【顏注】師古曰：任自然也。【今注】以虛無爲本以因循爲用：道家講究清静無爲，順應自然。

　　[4]【今注】無成勢無常形：事物的形態和發展並非一成不變的。案，勢，大德本、白鷺洲本同，殿本作"埶"。

　　[5]【今注】不爲物先後：王先謙《漢書補注》引《史記》作"不爲物先，不爲物後"，裴駰《集解》引韋昭曰："因物爲制。"即能够順應萬物，故能更好地把握萬物。

　　[6]【顏注】師古曰：興，起也。舍，廢也。【今注】案，"有法無法"至"因物興舍"：道家自有法度，並不拘泥於有形的法度，而是順應事物的自然規律，故能與事物興衰相合。王念孫《讀書雜志·史記第六》曰：《史記》作"因物與舍"，於義爲長。舍，存在。

　　[7]【顏注】師古曰：無機巧之心，但順時也。【今注】聖人不巧時變是守：《史記·太史公自序》作"聖人不朽，時變是守"。王念孫《讀書雜志·史記第六》認爲，當以"巧"爲是。"巧"古音讀"糗"，與"守"同韻。不巧，即清静無爲。

　　[8]【顏注】師古曰：言因百姓之心以爲教，但執其綱而已。

　　[9]【顏注】服虔曰：款，空也。李奇曰：聲則名也。師古曰：中，當也，充也，音竹仲反。【今注】案，"其實中其聲者"至"謂之款"：其實際行動與言語一致則爲正言，不一致則爲空言。"款"，《史記·太史公自序》作"窾"。

　　[10]【顏注】師古曰：形，見也。

　　[11]【顏注】師古曰：元氣之貌也。混，胡本反（大德本、殿本、白鷺洲本"胡"前有"音"字）。【今注】迺合大道混混冥冥：形容大道元氣渾然一體，充塞天地之間。

　　[12]【顏注】師古曰：反，還也。【今注】光燿天下復反無名：君王清静無爲，又獲得天下大治，然後回歸無知、無識的境界。

　　[13]【今注】定其神形：休養生息，控制私欲。

　　[14]【顏注】師古曰：凡此皆言道家之教爲長也。【今注】

案，王鳴盛《十七史商榷》卷六認爲，這裏是司馬遷叙述其父司馬談關於六家要旨的學説，五家各有所長，各有所短，而道家能兼有五家所長而去其所短。又將道家的無爲而治、事少功多與儒家博而寡要、勞而少功相比較，以表明儒不如道。而司馬遷本人則尊儒，父子的觀點並不一致。

太史公既掌天官，不治民。有子曰遷。[1]

[1]【今注】案，司馬遷的生年有諸説，以景帝中元五年（前145）説最爲普遍。

遷生龍門，[1]耕牧河山之陽。[2]年十歲則誦古文。[3]二十而南游江淮，[4]上會稽，探禹穴，窺九疑，[5]浮沅湘。[6]北涉汶泗，[7]講業齊魯之都，[8]觀夫子遺風，鄉射鄒嶧；[9]戹困蕃、薛、彭城，[10]過梁楚以歸。[11]於是遷仕爲郎中，[12]奉使西征巴蜀以南，[13]略邛、筰、昆明，[14]還報命。[15]

[1]【顔注】蘇林曰：禹所鑿龍門也。師古曰：龍門山，其東則在今泰州龍門縣北，其西則在今同州韓城縣北，而河從其中下流。【今注】龍門：山名。在今陝西韓城市東北、山西河津市西北的黄河峽谷中。又稱“禹門”。司馬遷出生地，一般認爲在今陝西韓城市芝川鎮高門村。

[2]【顔注】師古曰：河之北，山之南也。

[3]【今注】誦古文：周壽昌《漢書注校補》卷四一引司馬貞《史記索隱》云：“遷及事伏生，是學誦《古文尚書》。劉氏以爲《左傳》《國語》《系本》等書，是亦名之古文也。”但認爲從年齡

上判斷，司馬遷並不能師從伏生，當師從孔安國。古文，指秦統一之前東方六國所用文字抄寫的古書。

[4]【今注】江淮：長江和淮水。

[5]【顏注】張晏曰：禹巡狩至會稽而崩，因葬焉。上有孔穴，民間云禹入此穴。九疑，舜墓在焉。師古曰：會稽，山名，本茅山也，禹於此會諸侯之計，因名曰會稽。九疑山有峰（大德本、殿本、白鷺洲本"峰"前有"九"字），解在《司馬相如傳》。【今注】會稽：山名。在今浙江紹興市東南。　九疑：山名。在今湖南寧遠縣南。因其山有九座相似的山峰，故名。又名蒼梧山。傳説舜葬於此。

[6]【顏注】師古曰：沅水出牂柯，湘水出零陵，二水皆入江。【今注】沅：水名。發源於今貴州，自湖南西部注入洞庭湖。　湘：水名。發源於今廣西，自湖南南部注入洞庭湖。

[7]【顏注】師古曰：汶、泗兩水名在《地理志》。汶音問。【今注】汶：水名。經今山東萊蕪市北、泰安市南，至梁山縣南注入濟水。　泗：水名。經今山東泗水縣、曲阜市，在江蘇匯入淮河。

[8]【今注】齊魯之都：齊國都城臨淄（今山東淄博市臨淄區），魯國都城曲阜（今山東曲阜市）。

[9]【顏注】師古曰：鄒，縣名也。嶧，山名也，近曲阜地也。於此行鄉射之禮。嶧音懌。【今注】鄉射：古代州官（或鄉官）於春秋二季召集鄉民在州學（或鄉學）進行習射。　鄒：縣名。治所在今山東鄒城市東南。　嶧：山名。在今山東鄒城市東南。

[10]【顏注】師古曰：蕃，縣名也，音反。【今注】蕃：縣名。治所在今山東滕州市。　薛：縣名。治所在今山東滕州市張汪鎮皇殿崗故城。　彭城：縣名。治所在今江蘇徐州市。

[11]【今注】梁：戰國時魏國故地。在今河南開封市一帶。

楚：秦末項羽的西楚。都彭城。

[12]【今注】郎中：官名。漢九卿郎中令（光禄勳）屬官。掌車騎門户，出充皇帝侍衞。秩比三百石。

[13]【今注】巴：郡名。治江州（今重慶市北）。　蜀：郡名。治成都（今四川成都市）。

[14]【顏注】師古曰：筰，才各反。【今注】邛：古族名。即邛都。在今四川西昌市一帶。　筰：古族名。即筰都。在今四川漢源縣一帶。　昆明：古族名。在今雲南大理市洱海一帶。

[15]【今注】案，王先謙《漢書補注》據裴駰《史記集解》引徐廣説，武帝元鼎六年（前111），平西南夷，以爲五郡。其明年爲武帝元封元年（前110）。

是歲，天子始建漢家之封，[1]而太史公留滯周南，[2]不得與從事，[3]發憤且卒。而子遷適反，見父於河雒之閒。[4]太史公執遷手而泣曰：[5]“予先，周室之太史也。[6]自上世嘗顯功名虞夏，典天官事。後世中衰，絕於予乎？女復爲太史，則續吾祖矣。今天子接千歲之統，[7]封泰山，而予不得從行，是命也夫！命也夫！予死，爾必爲太史；爲太史，毋忘吾所欲論著矣。且夫孝，始於事親，中於事君，終於立身；揚名於後世，以顯父母，此孝之大也。[8]夫天下稱周公，[9]言其能論歌文武之德，宣周召之風，[10]達大王、王季思慮，[11]爰及公劉，[12]以尊后稷也。[13]幽厲之後，[14]王道缺，禮樂衰，孔子脩舊起廢，[15]論《詩》《書》，[16]作《春秋》，[17]則學者至今則之。自獲麟以來四百有餘歲，[18]諸侯相兼，[19]史記放絕。[20]今漢興，海内壹統，明主賢君，忠臣義士，予爲太史而不論載，廢天下之文，予甚懼焉，爾其念哉！”遷俯首流涕曰：“小子不敏，請悉論先人所次舊聞，不敢闕。”卒三歲，^[21]而遷爲太史令，^[22]紬史記石室金鐀之書。^[23]五年而當太初元年，^[24]十一月甲子朔旦冬至，^[25]天歷始改，^[26]建於明堂，^[27]諸神受記。^[28]

[1]【今注】始建漢家之封：漢武帝元封元年（前110）正月，武帝封禪於泰山、梁父。

[2]【顏注】如淳曰：周南，洛陽也。張晏曰：洛陽而謂周南者，自陝以東皆周南之地也。【今注】太史公：司馬談。 周南：洛陽。周成王時，周公與召公分陝（今河南三門峽市陝州區）而治，陝以西稱召南，以東稱周南。

[3]【顏注】師古曰：與讀曰豫。【今注】案，據《史記·封禪書》，漢武帝命儒生擬訂封禪禮儀，後又聽信公孫卿及方士之言，罷儒生而不用。司馬談應當參與了封禪禮儀的擬訂，但未能參與封禪，留在周南。

[4]【今注】河雒之間：黃河和洛水之間。即洛陽。

[5]【今注】案，太，大德本、白鷺洲本同，殿本作“大”。

[6]【今注】太史：周朝史官、曆官的長官。

[7]【今注】天子接千歲之統：據《史記·封禪書》，周成王曾封禪泰山，以武帝上繼周朝，約九百多年。

[8]【顏注】師古曰：此孔子説《孝經》之辭也。【今注】案，見《孝經·開宗明義章》。

[9]【今注】周公：名旦，武王之弟，輔佐武王滅商，又輔佐成王，天下大治。

[10]【顏注】師古曰：召讀曰邵。【今注】召：召公名奭，周公之弟。與周公共同輔佐成王。

[11]【今注】大王：古公亶父。文王的祖父。 王季：名季

歷。古公亶父之子，文王之父。

[12]【顏注】師古曰：爰，曰也，發語辭也。一曰，爰，於也。【今注】公劉：周族首領，率部族從邰遷至豳，重視發展農業。

[13]【今注】后稷：周族始祖，名棄。因發展農業生産被舜封爲后稷。

[14]【今注】幽：周幽王。名涅。任用榮夷公及衛國巫者，荒淫無道。後因國人暴動逃至彘（今山西霍州市）。　厲：周厲王。名胡。任用虢石父，暴虐無道，被申侯聯合犬戎等殺死。案，厲王在位時間在幽王之前。

[15]【今注】脩舊起廢：修復舊存的典籍，重建廢止的禮樂。

[16]【今注】論詩書：《詩經》和《尚書》。郭店楚簡有《孔子論詩》，上博楚竹書有《孔子詩論》。唐代劉知幾《史通》載，孔子曾觀書周室，得虞、夏、商、周四代之典，删取後定爲《尚書》百篇。武帝末，魯共王壞孔子宅，得《古文尚書》。

[17]【今注】作春秋：孟子及漢代公羊家認爲，《春秋》爲孔子所作。

[18]【今注】自獲麟以來四百有餘歲：王先謙《漢書補注》引裴駰《史記集解》：“《年表》魯哀公十四年獲麟，至漢元封元年，三百七十一年。”

[19]【今注】案，大德本、殿本、白鷺洲本“諸”前有“而”字。

[20]【今注】史記放絕：史書記載散失。

[21]【今注】卒三歲：漢武帝元封三年（前108）。周壽昌《漢書注校補》曰：談卒於漢武帝元封元年。

[22]【今注】太史令：錢大昕《廿二史考異·史記五》認爲，“令”當作“公”。梁玉繩《史記志疑》卷一亦認爲，“令”乃“公”之訛。又引《漢儀注》太史公爲武帝時置，位在丞相之上。宣帝以其官爲令。

[23]【顏注】如淳曰：紬微舊書故事而次述之。師古曰：此

説非也。紬謂綴集之，音胄。鐖與匱同。【今注】紬史記石室金鐖
之書：綴集、彙編石室、金鐖所藏的圖書典籍。紬，通“籀”。讀。
石室、金鐖，皆漢代國家藏書之處。

[24]【顔注】李奇曰：遷爲太史後五年適當武帝太初元年，
時述史記也。【今注】案，司馬談卒於漢武帝元封元年，三年後司
馬遷爲太史公，又經五年著《史記》，則著書之年當在武帝太初二
年（前103）。與《史記·太史公自序》不合。此處當指司馬談卒
後五年。太初，漢武帝年號（前104—前101）。

[25]【今注】十一月甲子朔旦冬至：漢太初元年十一月初一
冬至。案，據來新夏說，此十一月爲太初元年正月前的十一月。漢
在行《太初曆》以前，用秦曆，以十月爲歲首。元封六年十月，太
初年號尚未使用。本書卷六《武紀》載，太初元年，夏五月，正
曆，以正月爲歲首。故太初元年仍以十月爲歲首紀事，第二年纔以
正月爲歲首。（《〈太史公自序〉講義》，《中國典籍與文化論叢》第
15輯，鳳凰出版社2013年版）

[26]【今注】天歷：對當代曆法的尊稱。本書《武紀》載武
帝太初元年五月正曆。

[27]【今注】明堂：古代帝王宣明政教的地方。凡朝會、祭
祀、慶賞、選士、養老、教學等大典，都在此舉行。

[28]【顔注】張晏曰：以元新改，立明堂，朝諸侯及郡守受
正朔，各有山川之祀，故曰諸神受記。孟康曰：明堂班十二月之
政，歷紀四時，故云建於明堂。諸神受記，若句芒祝融之屬皆受
瑞記（句，大德本同，殿本、白鷺洲本作“勾”）。遷因此而作。
師古曰：張說是矣。

太史公曰：[1]“先人有言：[2]‘自周公卒五百歲而
有孔子，孔子至于今五百歲，[3]有能紹而明之，正
《易傳》，繼《春秋》，本《詩》《書》《禮》《樂》之

際。'[4]意在斯乎！小子何敢攘焉！"[5]

[1]【今注】太史公：司馬遷。

[2]【今注】先人：司馬談。

[3]【今注】孔子至于今五百歲：孔子卒於公元前 479 年，距司馬談三百餘年。司馬談用孟子"五百年必有王者興"的說法。這裏指司馬遷上可以祖述孔子。

[4]【今注】案，古代以《詩》《書》《禮》《樂》造士，又此四書定於孔子。太史公以繼孔子自居。

[5]【顏注】師古曰：攘，古讓字。言當己述成先人之業，何敢自謙，當五百歲而讓之也。

上大夫壺遂曰：[1]"昔孔子爲何作《春秋》哉？"太史公曰："余聞之董生：[2]'周道廢，孔子爲魯司寇，[3]諸侯害之，大夫壅之。孔子知時之不用，道之不行也，是非二百四十二年之中，[4]以爲天下儀表，貶諸侯，討大夫，以達王事而已矣。'[5]子曰：'我欲載之空言，不如見之於行事之深切著明也。'[6]《春秋》上明三王之道，下辨人事之經紀，別嫌疑，明是非，定猶與，[7]善善惡惡，賢賢賤不肖，存亡國，繼絕世，補敝起廢，王道之大者也。[8]《易》著天地陰陽四時五行，故長於變；[9]《禮》綱紀人倫，故長於行；《書》記先王之事，故長於政；《詩》記山川谿谷禽獸草木牝牡雌雄，故長於風；《樂》樂所以立，故長於和；《春秋》辯是非，故長於治人。是故《禮》以節人，《樂》以發和，《書》以道事，《詩》以達意，《易》以道化，

《春秋》以道義。[10]撥亂世反之正，莫近於《春秋》。《春秋》文成數萬，其指數千。[11]萬物之散聚皆在《春秋》。[12]春秋之中，弒君三十六，亡國五十二，諸侯奔走不得保社稷者不可勝數。[13]察其所以，皆失其本已。[14]故《易》曰'差以豪氂，謬以千里'。[15]故'臣弒君，子弒父，非一朝一夕之故，其漸久矣'。[16]有國者不可以不知春秋，前有讒而不見，後有賊而不知。為人臣者不可以不知春秋，守經事而不知其宜，遭變事而不知其權。[17]為人君父者而不通於春秋之義者，[18]必蒙首惡之名。[19]為人臣子不通於春秋之義者，必陷篡弒誅死之罪。其實皆以善為之，而不知其義，[20]被之空言不敢辭。[21]夫不通禮義之指，至於君不君，臣不臣，父不父，子不子。夫君不君則犯，[22]臣不臣則誅，父不父則無道，子不子則不孝。此四行者，天下之大過也。以天下大過予之，受而不敢辭。故《春秋》者，禮義之大宗也。夫禮禁未然之前，法施已然之後；法之所為用者易見，而禮之所為禁者難知。"[23]

[1]【今注】上大夫：《史記》卷一三〇《太史公自序》司馬貞《索隱》云，壺遂為詹事，秩二千石，故位上大夫。

[2]【顏注】服虔曰：仲舒也。【今注】董生：即董仲舒。傳見本書卷五六。生，先生。周壽昌《漢書注校補》卷四一曰：生亦先生也。遷自居後學，故稱先生。

[3]【今注】司寇：官名。掌緝盜治安。據《史記》卷四七《孔子世家》魯定公九年（前501），孔子為司寇。

[4]【顏注】師古曰：是非謂本其得失。【今注】二百四十二年之中：《春秋》所載歷史爲公元前722年至前481年。

[5]【顏注】師古曰：時諸侯僭侈，大夫擅權，故貶討之也。貶，退也。討，治也。

[6]【今注】案，此二句指與其以義理來褒貶是非，不如借助《春秋》中的史實，道理更爲明白直接。二句見《春秋緯》。

[7]【顏注】師古曰：與讀曰豫。

[8]【今注】案，"春秋上明三王之道"至"王道之大者也"數句，爲叙述孔子作《春秋》之意，在確立王道。

[9]【顏注】師古曰：以變化之道爲長也。長讀如本字。一曰長謂崇長之也，音竹兩反。下皆類此。

[10]【顏注】師古曰：道，言也。

[11]【顏注】張晏曰：《春秋》萬八千字，當言減，而云成，字誤也。師古曰：張説非也。一萬之外即以萬言之，故云數萬，何乃忽言減乎？學者又爲曲解，云公羊經傳凡四萬四千餘字，尤疏謬矣。史遷豈謂公羊之傳爲《春秋》乎？【今注】案，此處《春秋》指董仲舒所習的《春秋公羊傳》，在當時爲顯學。沈欽韓《漢書疏證》以爲，《公羊傳》文有數萬，其條例有三科、九旨、五始、七等、六輔、二類、七缺之目，故云"其指數千"。

[12]【今注】萬物之散聚：郭嵩燾説，萬物即萬事。萬物之散聚，指春秋時期諸侯國篡弑、會盟、征伐等事。

[13]【顏注】師古曰：解並在《劉向傳》。【今注】案，弑君三十六，亡國五十二，韓兆琦《史記箋證》引牛鴻恩説，這種説法首先見於《淮南子·主術訓》，其次是董仲舒，見於《春秋繁露》中《滅國》《盟會要》諸篇。司馬遷之後還有劉向、班固等人，亦有此説。這是將《春秋經》《左氏傳》合計的結果。《春秋繁露·王道》還有"弑者三十二，亡國五十二"的説法，這是《公羊》經傳合計的結果。（《"弑君三十六，亡國五十二"考實——兼駁

“孔子所作《春秋》非‘經’而是‘傳’説”》,《聊城大學學報》2003 年第 5 期)

[14]【顏注】師古曰：已，語終之辭。

[15]【顏注】師古曰：今之《易經》及《彖》《象》《繫辭》，並無此語。所稱《易緯》者，則有之焉。斯蓋《易》家之别記者也（記，大德本、殿本、白鷺洲本作“説”）。【今注】案，此句見於《易緯·通卦驗》《易緯·乾鑿度》。

[16]【顏注】師古曰：《易·坤卦》文言之辭。

[17]【顏注】師古曰：經，常也。

[18]【今注】案，《漢書考正》宋祁曰：浙本無“者”字。王先謙《漢書補注》認爲，此與“爲人臣子”對應，《史記》亦無“者”字。

[19]【顏注】師古曰：蒙猶被也。

[20]【顏注】師古曰：其心雖善，以不知義理之故，則陷於惡也。

[21]【顏注】蘇林曰：趙盾不知討賊，而不敢辭弑君之罪。

[22]【顏注】師古曰：爲臣下所干犯也。一曰違犯禮義也。

[23]【今注】案，此四句又見於賈誼《陳政事疏》。

　　壺遂曰：“孔子之時，上無明君，下不得任用，故作《春秋》，垂空文以斷禮義，[1]當一王之法。[2]今夫子上遇明天子，[3]下得守職，萬事既具，咸各序其宜，夫子所論，欲以何明？”太史公曰：“唯唯，否否，[4]不然。余聞之先人曰：‘虙戲至純厚，作《易》八卦。[5]堯舜之盛，《尚書》載之，禮樂作焉。[6]湯武之隆，詩人歌之。[7]《春秋》采善貶惡，推三代之德，褒周室，非獨刺譏而已也。’[8]漢興已來，至明天子，獲符瑞，[9] 封禪，[10] 改正朔，[11] 易服色，[12] 受命於穆清，[13] 澤流罔極，[14] 海外殊俗重譯款塞，[15] 請來獻見者，不可勝道。[16] 臣下百官力誦聖德，猶不能宣盡其意。[17] 且士賢能矣，而不用，有國者恥也；主明聖，[18] 德不布聞，有司之過也。且余掌其官，廢明聖盛德不載，滅功臣賢大夫之業不述，墮先人所言，[19] 罪莫大焉。余所謂述故事，整齊其傳，[20] 非所謂作也，而君比之《春秋》，謬矣。"[21]

[1]【顏注】師古曰：斷，決也，決之於禮義也。【今注】案，指孔子作《春秋》，表達其以禮儀治世的思想。

[2]【今注】當一王之法：公羊學家認爲，孔子雖然不是"王"，但其《春秋》可以成爲治國平天下的大法，故稱孔子爲"素王"。

[3]【今注】明天子：漢武帝。案，"今夫子上遇明天子"數句，當與上文孔子之時數句意思相同。來新夏認爲，司馬遷借壺遂之口，暗示自己在與孔子所處相同的境遇下撰寫《史記》，意在反諷（《〈太史公自序〉講義》，《中國典籍與文化論叢》第15輯，鳳凰出版社2013年版）。

[4]【顏注】晉灼曰：唯唯，謙應也。否否，不通也。師古曰：唯，弋癸反。

[5]【顏注】師古曰：虙讀與伏同。【今注】虙戲：古代傳説人物。又作"伏羲"，亦稱太昊。傳説作八卦。

[6]【今注】禮樂作焉：據《史記》卷一《五帝本紀》，舜以夔爲典樂，命伯夷主禮。

[7]【今注】詩人歌之：《詩·商頌》中歌頌商湯的有《長發》《殷武》，《詩·周頌》中歌頌武王的有《武》《酌》《桓》等。

［8］【今注】案，《春秋》稱頌夏商周，又尊王（周王）。

［9］【今注】獲符瑞：武帝時出現了很多祥瑞，如元光元年（前134）"白光"現，元狩元年（前122）獲"白麟"，元鼎元年（前116）獲"寶鼎"等。

［10］【今注】封禪：自元封元年（前110）開始，武帝多次去泰山封禪。在泰山上築壇祭天稱爲封，在泰山之南梁父山辟場祭地稱爲禪。

［11］【今注】正朔：正月朔日。指新頒布的曆法。漢初因秦法，以冬十月爲正。武帝太初元年（前104）用夏曆，以正月爲歲首。

［12］【今注】服色：旗幟、車馬、祭牲、服飾等的顏色。漢初尚赤，武帝時改爲尚黃。

［13］【顏注】師古曰：於，歎辭也。穆，美也。言天子有美德而政化清也。於讀曰烏。【今注】受命於穆清：受命於天。王先謙《漢書補注》引劉攽説，"穆清，天也"。

［14］【顏注】師古曰：罔，無也。極，止也。

［15］【顏注】師古曰：款，叩也。【今注】殊俗重譯：指漢朝周邊的國家和少數民族。

［16］【顏注】師古曰：道，言也。

［17］【顏注】師古曰：力，勤也。

［18］【今注】案，主明聖，大德本、殿本、白鷺洲本作"主上明聖"。

［19］【顏注】師古曰：墮，毀也，謂不修之也。音火規反。

［20］【今注】案，整齊其傳，大德本、殿本、白鷺洲本作"整齊其世傳"。

［21］【今注】案，此指司馬遷作《史記》，衹是爲了叙述前代史事，根據前人的史料進行整理，並不能與孔子作《春秋》相比。

於是論次其文。十年而遭李陵之禍，幽於縲紲。[1]
迺喟然而歎曰：“是余之辠夫！[2]身虧不用矣。”退而深
惟曰：[3]“夫詩書隱約者，欲遂其志之思也。”[4]卒述
陶唐以來，[5]至于麟止，[6]自黃帝始。[7]五帝本紀第
一，[8]夏本紀第二，殷本紀第三，周本紀第四，秦本紀
第五，始皇本紀第六，項羽本紀第七，[9]高祖本紀第
八，[10]呂后本紀第九，[11]孝文本紀第十，[12]孝景本紀第
十一，[13]今上本紀第十二。[14]三代世表第一，[15]十二諸
侯年表第二，[16]六國年表第三，[17]秦楚之際月表第
四，[18]漢諸侯年表第五，[19]高祖功臣年表第六，[20]惠景
間功臣年表第七，[21]建元以來侯者年表第八，[22]王子
侯者年表第九，[23]漢興以來將相名臣年表第十。[24]禮
書第一，[25]樂書第二，[26]律書第三，[27]歷書第四，[28]天
官書第五，[29]封禪書第六，[30]河渠書第七，[31]平準書第
八。[32]吳太伯世家第一，[33]齊太公世家第二，[34]魯周公
世家第三，[35]燕召公世家第四，[36]管蔡世家第五，[37]陳
杞世家第六，[38]衞康叔世家第七，[39]宋微子世家第
八，[40]晉世家第九，楚世家第十，[41]越世家第十一，[42]
鄭世家第十二，[43]趙世家第十三，魏世家第十四，韓
世家第十五，[44]田完世家第十六，[45]孔子世家第十七，
陳涉世家第十八，[46]外戚世家第十九，[47]楚元王世家
第二十，[48]荊燕王世家第二十一，[49]齊悼惠王世家第
二十二，[50]蕭相國世家第二十三，[51]曹相國世家第二
十四，[52]留侯世家第二十五，[53]陳丞相世家第二十
六，[54]絳侯世家第二十七，[55]梁孝王世家第二十八，[56]

五宗世家第二十九，^[57]三王世家第三十。^[58]伯夷列傳第一，^[59]管晏列傳第二，^[60]老子韓非列傳第三，^[61]司馬穰苴列傳第四，^[62]孫子吳起列傳第五，^[63]伍子胥列傳第六，^[64]仲尼弟子列傳第七，^[65]商君列傳第八，^[66]蘇秦列傳第九，^[67]張儀列傳第十，^[68]樗里甘茂列傳第十一，^[69]穰侯列傳第十二，^[70]白起王翦列傳第十三，^[71]孟子荀卿列傳第十四，^[72]平原虞卿列傳第十五，^[73]孟嘗君列傳第十六，^[74]魏公子列傳第十七，^[75]春申君列傳第十八，^[76]范雎蔡澤列傳第十九，^[77]樂毅列傳第二十，^[78]廉頗藺相如列傳第二十一，^[79]田單列傳第二十二，^[80]魯仲連列傳第二十三，^[81]屈原賈生列傳第二十四，^[82]呂不韋列傳第二十五，^[83]刺客列傳第二十六，^[84]李斯列傳第二十七，^[85]蒙恬列傳第二十八，^[86]張耳陳餘列傳第二十九，^[87]魏豹彭越列傳第三十，^[88]黥布列傳第三十一，^[89]淮陰侯韓信列傳第三十二，^[90]韓信盧綰列傳第三十三，^[91]田儋列傳第三十四，^[92]樊酈滕灌列傳第三十五，^[93]張丞相倉列傳第三十六，^[94]酈生陸賈列傳第三十七，^[95]傅靳蒯成侯列傳第三十八，^[96]劉敬叔孫通列傳第三十九，^[97]季布欒布列傳第四十，^[98]爰盎朝錯列傳第四十一，^[99]張釋之馮唐列傳第四十二，^[100]萬石張叔列傳第四十三，^[101]田叔列傳第四十四，^[102]扁鵲倉公列傳第四十五，^[103]吳王濞列傳第四十六，^[104]魏其武安列傳第四十七，^[105]韓長孺列傳第四十八，^[106]李將軍列傳第四十九，^[107]衛將軍驃騎列傳第五十，^[108]平津主父列傳第五十一，^[109]匈奴列傳第五十二,^[110]南越列傳第五十三,^[111]閩越列傳第五十四,^[112]朝鮮列傳第五十五,^[113]西南夷列傳第五十六,^[114]司馬相如列傳第五十七,^[115]淮南衡山列傳第五十八,^[116]循吏列傳第五十九,^[117]汲鄭列傳第六十,^[118]儒林列傳第六十一,^[119]酷吏列傳第六十二,^[120]大宛列傳第六十三,^[121]游俠列傳第六十四,^[122]佞幸列傳第六十五,^[123]滑稽列傳第六十六,^[124]日者列傳第六十七,^[125]龜策列傳第六十八,^[126]貨殖列傳第六十九。^[127]

[1]【顏注】師古曰：纍，係也。絏，長繩也。纍力追反（白鷺洲本、大德本、殿本“力”前有“音”字）。絏先列反（大德本、殿本、白鷺洲本“先”前有“音”字）。【今注】案，何焯《義門讀書記》卷一八云，“十年”《史記》作“七年”。徐廣注：“天漢三年。”自武帝太初元年（前104）至天漢三年（前98），正合七年。事詳本書卷五四《李廣蘇建傳》。

[2]【顏注】師古曰：喟然，歎息皃也（皃，大德本同，殿本、白鷺洲本作“貌”）。音丘位反。

[3]【顏注】師古曰：惟，思也。

[4]【顏注】師古曰：隱，憂也。約，屈也。【今注】案，《史記》卷一三〇《太史公自序》此後有“昔西伯拘羑里”一段。

[5]【顏注】服虔曰：武帝得白麟，而鑄金作麟足形。作《史記》止於此也。張晏曰：武帝獲麟，遷以爲述事之端，上記黃帝，下至麟止，猶《春秋》止於獲麟也。師古曰：遷序事盡太初，故言至麟而止。張說是也。【今注】卒述陶唐以來：據《史記·太史公自序》司馬貞《索隱》《史記》叙事以黃帝爲首，而云“述陶唐”，按《史記》卷一《五帝本紀》，五帝雖然比較久遠，但自堯以來，“百家言黃帝，其文不雅馴”，故以黃帝爲本紀之首。又以

《尚書》最雅正，故稱起於陶唐。

[6]【今注】至于麟止：關於此點，諸説不一。來新夏概括説相關的解釋有五種説法（參見《〈太史公自序〉講義》）。來新夏認爲，麟止爲武帝時大事，將《史記》叙事至武帝而止，更爲合理。趙生群認爲，産生這種爭議的原因在於《史記》爲司馬談父子合著（參見趙生群《關於〈史記〉的兩個斷限》，《蘭州大學學報》1983 年第 2 期）。

[7]【顔注】師古曰：遷之書序衆篇各别有辭，班氏以其文多，故略而不載，但取最後一首，故此單目盡於六十九。至“惟漢繼五帝末流”之後，乃言第七十。讀者不詳其意，或於目中加云“叙傳第七十”，此大妄矣。【今注】黄帝：上古帝王。號軒轅氏、有熊氏。與蚩尤戰於涿鹿。因有土德之瑞，故號黄帝。後世很多發明和製作均以黄帝爲創始。

[8]【今注】五帝：一般指黄帝、顓頊、帝嚳、堯、舜。　本紀：按世系和紀年載帝王事迹。

[9]【今注】項羽：項籍。傳見本書卷三一。

[10]【今注】高祖：劉邦。紀見本書卷一。

[11]【今注】吕后：高祖的皇后吕雉。紀見本書卷三。

[12]【今注】孝文：文帝劉恒。紀見本書卷四。

[13]【今注】孝景：景帝劉啓。紀見本書卷五。

[14]【今注】今上：武帝劉徹。紀見本書卷六。

[15]【今注】三代：始於黄帝，止於共和元年（前 841）。世表：以世系紀事的表格。案，此表所載有五帝三代，但祇稱三代，在於五帝是禪讓制，非傳代，五帝時代世系不可考，三代世系可追溯至黄帝〔張大可、丁德科《史記論著集成》（第 2 卷），商務印書館 2015 年版，第 49 頁〕。

[16]【今注】十二諸侯：載魯、齊、晉、秦、楚、宋、衞、陳、蔡、曹、鄭、燕，記共和元年至周敬王四十三年（前 477）間

史實。其中有周，爲天子。吴至春秋後期纔爲諸侯，故衹稱十二諸侯。

［17］【今注】六國：戰國時期除秦以外的韓、趙、魏、楚、燕、齊。其中有周、秦。周爲天子，秦滅六國及周朝，故衹稱六國。

［18］【今注】秦楚之際月表：秦二世元年（前209）至高祖五年（前202）。其間衹有八年，但事件衆多，故以月記事。

［19］【今注】漢諸侯年表：載高祖元年至武帝太初四年（前101）諸侯史事。《史記》作“漢興以來諸侯王年表”。

［20］【今注】高祖功臣年表：共載高祖功臣封侯者一百三十七人，加外戚及王子，共一百四十三人。《史記》作“高祖功臣侯者年表”。

［21］【今注】惠景間功臣年表：載惠帝、吕后、文帝、景帝間功臣、外戚封侯者九十三人。個別紀事至武帝時期。《史記》作“惠景間侯者年表”。

［22］【今注】建元以來侯者年表：載武帝建元以後所封諸侯七十二人。褚少孫補寫武帝時所封四人，昭帝時十二人、宣帝時二十九人，以及元帝時一人，共一百一十七人。建元，漢武帝年號（前140—前135）。

［23］【今注】王子侯者年表：載武帝元光五年（前130）至太初年間諸侯一百六十一人。《史記》作“建元以來王子侯者年表”。

［24］【今注】漢興以來將相名臣年表：載高祖元年至成帝鴻嘉元年（前20）將相、御史大夫等二百餘人。此表爲後人所續，倒書升欄。

［25］【今注】禮書：《史記》十篇有録無書。此篇據説爲褚少孫取荀子《禮論》補。

［26］【今注】樂書：載禮、樂關係及其功能。已佚。後人據《禮記·樂記》所補。

［27］【今注】律書：古代軍隊出師皆聽律聲，故律書即兵書。

還涉及樂律、星象、氣象等。

　　［28］【今注】歷書：原與律書合爲一篇。今本已殘，祇存序，其餘内容采自《大戴禮》《左傳》《國語》等。司馬貞《索隱》説，《史記》原有《兵書》，已佚。後人分《律歷書》爲《律書》《樂書》補闕。

　　［29］【今注】天官書：載天文，也涉及占星、望氣、候歲等（參見趙繼寧《“史記・天官書”研究》，甘肅人民出版社 2015 年版）。

　　［30］【今注】封禪書：載舜至武帝時歷代封禪制度及史實。

　　［31］【今注】河渠書：載大禹治水至武帝元封二年（前 109）期間有關黄河變遷及治理的重大事件。

　　［32］【今注】平準書：載漢初至漢武帝時經濟發展、財政狀況、經濟政策和貨幣制度變革等，因武帝時以平準、均輸爲代表的重要經濟政策，故名。

　　［33］【今注】吴太伯：太伯又作“泰伯”。周太王古公亶父長子。太王傳位於季歷及其子姬昌，太伯與仲雍遷江東，建吴。　世家：載世襲諸侯封國事迹。又如孔子、陳勝等著名人物也列入世家。

　　［34］【今注】齊太公：姜尚。又稱太公望。武王滅商後，封於齊。

　　［35］【今注】魯周公：周公姬旦，封於魯。

　　［36］【顔注】師古曰：召讀曰邵。【今注】燕召公：召公姬奭。封於燕，因采邑在召，故稱召公。

　　［37］【今注】管蔡：文王之子、武王之弟管叔度、蔡叔鮮。

　　［38］【今注】陳杞：武王滅商，封舜之後嬀滿於陳，封禹之後東樓公於杞。

　　［39］【今注】衛康叔：武王弟姬封，初封於康（今河南禹州市西北），後爲管理商遺民，改封於衛。

　　［40］【今注】宋微子：紂王庶兄，名啓，封於微。降周，周

公滅紂王之子武庚，改封微子於宋，以作爲商朝後裔。

[41]【今注】楚：古國名。芈姓。楚莊王時爲春秋五霸之一。戰國時爲七雄之一。初都丹陽（今湖北秭歸縣東南），戰國末都壽春（今安徽壽縣）。公元前223年爲秦所滅。

[42]【今注】越世家：載越王句踐事迹。《史記》作"越王句踐世家"。

[43]【今注】鄭：周宣王二十二年（前806）封其庶弟姬友於鄭（今陝西渭南市華州區）。鄭武公時，都新鄭（今河南新鄭市）。公元前375年，爲韓國所滅。

[44]【今注】韓：原爲晉六卿之一。與趙、魏分晉。公元前403年爲諸侯。初都平陽（今山西臨汾市西南），公元前375年滅鄭，都新鄭（今河北新鄭市）。公元前221年爲秦所滅。

[45]【今注】田完世家：田完，即陳完。自陳國奔齊，爲齊國田氏始祖。其後人田常奪姜齊之權。公元前386年，爲齊侯。戰國七雄之一。公元前221年爲秦所滅。《史記》作"田敬仲完世家"。

[46]【今注】陳涉：陳勝。傳見本書卷三一。

[47]【今注】外戚世家：載高祖至武帝時后妃及親族事迹。

[48]【今注】楚元王：高祖之弟劉交。傳見本書卷三六。

[49]【今注】荆燕王：荆王劉賈、燕王劉澤。傳見本書卷三五。

[50]【今注】齊悼惠王：高祖庶長子劉肥。傳見本書卷三八。

[51]【今注】蕭相國：蕭何。傳見本書卷三九。

[52]【今注】曹相國：曹參。傳見本書卷三九。

[53]【今注】留侯：張良。傳見本書卷四〇。

[54]【今注】陳丞相：陳平。傳見本書卷四〇。

[55]【今注】絳侯：周勃。傳見本書卷四〇。

[56]【今注】梁孝王：文帝次子劉武。傳見本書卷四七。

[57]【顏注】師古曰：景帝子凡十三人爲王，而母五人所

生，遷謂同母者爲一宗，故云五宗也。【今注】五宗：傳見本書卷五三。

[58]【今注】三王：武帝子齊懷王劉閎、燕剌王劉旦、廣陵厲王劉胥。傳見本書卷六三。

[59]【今注】伯夷：和叔齊是孤竹國國君的兩個兒子。孤竹國國君讓叔齊繼位。但叔齊却要讓位於伯夷。伯夷並不接受，二人逃至周。後武王滅商，二人逃至首陽山，不食周粟而死。　列傳：記載重要人物事迹的傳記，使傳於後世。有的列傳載周邊少數民族及國家。

[60]【今注】管：管仲。被齊桓公任命爲相，稱"仲父"，輔助齊桓公成就霸業。　晏：晏嬰，字平仲。春秋時齊國大夫。

[61]【今注】老子：李耳，字伯陽。春秋時期道家代表人物。著有《老子》。　韓非：戰國法家代表人物。與李斯均是荀子的弟子。多次向韓王進言，不被采用。後入秦，爲秦王所贊賞。因李斯陷害自殺。

[62]【顏注】師古曰：苴音子閭反。【今注】司馬穰苴：原名田穰苴。齊景公時任司馬，故名。其兵法收録於《司馬穰苴兵法》中。

[63]【今注】孫子：孫武。春秋末年齊國人。著有《孫子兵法》。　吳起：戰國時期衛國人。先爲魯將。後至魏，任將軍，爲西河守。後奔楚，楚悼王任爲相，變法圖强。後被宗室大臣所殺。

[64]【今注】伍子胥：伍員。春秋時期楚國人。因楚平王殺其父兄，奔吳。後與孫武率吳軍伐楚。

[65]【今注】仲尼弟子：載孔子弟子七十七人。

[66]【今注】商君：公孫鞅。春秋時期衛國人。初爲魏相公叔痤中庶子。後入秦，輔佐秦孝公變法，秦國强盛。封大良造。封於商，號商君。

[67]【今注】蘇秦：戰國時期東周洛陽（今河南洛陽市）人。

至秦，秦惠王不用。後游説燕、趙、韓、魏、齊等合縱攻秦，爲合縱約長，六國相。

[68]【今注】張儀：戰國時期魏國人。入秦爲客卿。公元前328 年，任秦相。提出“連橫”，欲鼓動魏韓與秦聯合，以攻齊楚。

[69]【今注】樗里：樗里子嬴疾。秦惠王異母弟。因居處在樗里，故稱樗里子。號嚴君。秦武王時，與甘茂爲左右丞相。　甘茂：戰國時期楚國下蔡（今安徽鳳臺縣）人。學百家之術。秦惠王時爲將。秦武王時爲左丞相。後奔齊，爲上卿。

[70]【今注】穰侯：魏冉。原爲楚國人，秦昭王母宣太后的異父弟。秦武王死後無子，魏冉擁立昭王。封於穰（今河南鄧州市），號曰穰侯。

[71]【今注】王翦：戰國末秦將。滅趙、燕、魏，敗楚。封武成侯。

[72]【今注】孟子：戰國時期鄒（今山東鄒城市）人。名軻。號“亞聖”。作《孟子》七篇。　荀卿：荀況。趙國人。著《荀子》。

[73]【今注】平原：平原君趙勝。戰國時趙惠文王弟，爲趙相，封於東武城（今山東武城縣西北）。養賓客數千人。趙孝成王七年（前 259），秦圍邯鄲，招死士三千人，又得楚、魏救兵，擊退秦軍。　虞卿：趙孝成王時爲上卿。著《虞氏春秋》八篇。

[74]【今注】孟嘗君：田文。其父田嬰爲齊宣王庶弟，封於薛（今山東滕州市南）。有食客數千人。入秦爲相。後爲齊湣王相。率領齊、韓、魏三國之兵攻秦。齊湣王七年（前 294）因田甲叛亂，爲湣王所疑，奔至魏，任相國。曾西合秦、趙與燕共伐破齊。案，今本《史記》，《孟嘗君列傳》在列傳第十五，《平原君虞卿列傳》在列傳第十六。

[75]【今注】魏公子：魏無忌。戰國時魏安僖王異母弟，有食客三千人，封信陵君。魏安釐王二十年（前 257），奪晉鄙軍救趙。

[76]【今注】春申君：黄歇。戰國時期楚國人。曾入質於秦。楚考烈王時爲相，封爲春申君。

[77]【今注】范雎：戰國末期魏國人。入秦爲相，封於應（今河南寶豐縣），號應侯。 蔡澤：戰國末期燕國人。秦昭王時爲相，號綱成君。

[78]【今注】樂毅：中山國靈壽（今河北平山縣東北）人。燕昭王拜爲亞卿，後爲上將軍、相國，封於昌國，號昌國君。率軍伐齊，下七十餘城。後被田單所敗，降趙。趙封樂毅於觀津，號曰望諸君。

[79]【今注】廉頗：戰國時趙將。趙惠文王時拜爲上卿。封信平君。 藺相如：趙國大臣。趙惠文王時，持和氏璧入秦，完璧歸趙，封爲上卿。

[80]【今注】田單：戰國時齊將。燕將樂毅伐齊，退守即墨（今山東平度市東南），後以反間計、火牛陣敗燕。封安平君。

[81]【今注】魯仲連：戰國時齊國人。秦趙長平之戰後，趙王欲尊秦昭王爲帝，被魯仲連勸止。又助田單收復聊城。《史記》作“魯仲連鄒陽列傳”。

[82]【今注】屈原：戰國末期楚國人。名平，字原。楚懷王時任左徒、三閭大夫。後遭放逐。作《離騷》。後投汨羅江而死。

　賈生：賈誼。傳見本書卷四八。

[83]【今注】吕不韋：戰國末陽翟（今河南禹州市）人。大商人。立秦公子子楚爲莊襄王。爲秦相，封文信侯。命門客編《吕氏春秋》。

[84]【今注】刺客列傳：載曹沫、專諸、豫讓、聶政、荆軻五人事迹。

[85]【今注】李斯：戰國末期楚國上蔡（今河南上蔡縣西南）人。爲荀卿弟子。入秦，上《諫逐客疏》。秦統一後任丞相。

[86]【今注】蒙恬：祖先爲齊人。自祖父蒙驁時，世爲秦將。秦王政二十六年（前221）率軍三十萬北逐匈奴，築長城。

［87］【今注】張耳陳餘：傳見本書卷三二。

［88］【今注】魏豹：傳見本書卷三三。　彭越：傳見本書卷三四。

［89］【今注】黥布：傳見本書卷三四。

［90］【今注】淮陰侯韓信：傳見本書卷三四。淮陰，侯國名。在今江蘇淮安市西南城南鄉韓城村。

［91］【今注】韓信：傳見本書卷三三。　盧綰：傳見本書卷三四。

［92］【今注】田儋：狄（今山東高青縣東南）人，戰國齊國田氏後人。傳見本書卷三三。

［93］【今注】樊酈滕灌：載樊噲、酈商、滕公夏侯嬰、灌嬰。傳見本書卷四一。

［94］【今注】張丞相倉：即張蒼。傳見本書卷四二。

［95］【今注】酈生陸賈：載酈食其、陸賈二人。傳見本書卷四三。

［96］【顏注】師古曰：鄒成侯，周緤也。鄒音普肯反，又音陪。【今注】傅靳鄒成侯：載傅寬、靳歙、鄒成侯周緤。傳見本書卷四一。

［97］【今注】劉敬叔孫通：傳見本書卷四三。

［98］【今注】季布欒布：傳見本書卷三七。

［99］【今注】爰盎朝錯：傳見本書卷四九。

［100］【今注】張釋之馮唐：傳見本書卷五〇。

［101］【今注】萬石張叔：載萬石君石奮、張歐。傳見本書卷四六。

［102］【今注】田叔：傳見本書卷三七。

［103］【今注】扁鵲：秦越人。東周醫學家。醫術高明，善於診脈。被秦太醫令李醯刺殺。　倉公：淳于意。漢初醫學家。因犯法當刑，其女緹縈向文帝上書以入爲官婢贖罪。文帝因此廢肉刑。

善於診脈，用湯劑、針石治病。

[104]【今注】吳王濞：劉濞。傳見本書卷三五。

[105]【今注】魏其武安：載魏其侯竇嬰、武安侯田蚡。傳見本書卷五二。

[106]【今注】韓長孺：韓安國。傳見本書卷五二。

[107]【今注】李將軍：李廣。傳見本書卷五四。

[108]【今注】衛將軍驃騎：衛將軍衛青、驃騎將軍霍去病。傳見本書卷五五。

[109]【今注】平津：平津侯公孫弘。傳見本書卷五八。　主父偃：傳見本書卷六四上。

[110]【今注】匈奴：傳見本書卷九四。案，今本《史記》，《匈奴列傳》在第五十，《衛將軍驃騎列傳》在第五十一，《平津侯主父列傳》在第五十二。

[111]【今注】南越：傳見本書卷九五。

[112]【今注】閩越：傳見本書卷九五。

[113]【今注】朝鮮：傳見本書卷九五。

[114]【今注】西南夷：傳見本書卷九五。

[115]【今注】司馬相如：傳見本書卷五七。

[116]【今注】淮南衡山：載淮南王劉長、衡山王劉賜。傳見本書卷四四。

[117]【今注】循吏：奉職循理的官吏。載孫叔敖、子產、公儀休、石奢、李離。

[118]【今注】汲鄭：汲黯、鄭當時。傳見本書卷五〇。

[119]【今注】儒林：載武帝以前儒者事迹。

[120]【今注】酷吏：執法嚴酷的官吏。

[121]【今注】大宛：西域古國名。在今烏茲別克斯坦費爾干納盆地。都城在貴山城（今塔什干東南卡散賽）。

[122]【今注】游俠：古代指好交游、重承諾、輕生死、能赴人急難的人。載朱家、田仲、王公、劇孟、郭解等。

[123]【今注】佞幸：皇帝身邊因善於諂媚得寵幸的人。載鄧通、趙同、北宮伯子、周文仁、李延年等。

[124]【今注】滑稽：能言善辯、善用反語，借事諷刺。載淳于髡、優孟、優旃、郭舍人、東方朔、西門豹等。

[125]【今注】日者：古代以占候卜筮爲業的人。此篇有録無書，爲褚少孫所補。載司馬季主。

[126]【今注】龜策：古代以龜甲、蓍草進行卜筮的人。此篇亦爲褚少孫所補。

[127]【今注】貨殖：通過經營、貿易致富的人。載范蠡、子贛、白圭、猗頓、烏氏、巴寡婦清、蜀卓氏、程鄭、宛孔氏等人，又載各地物産風俗。

惟漢繼五帝末流，接三代絶業。周道既廢，秦撥去古文，[1]焚滅詩書，[2]故明堂石室金匱玉版圖籍散亂。[3]漢興，蕭何次律令，[4]韓信申軍法，張倉爲章程，[5]叔孫通定禮儀，則文學彬彬稍進，詩書往往閒出。[6]自曹參薦蓋公言黃老，[7]而賈誼、朝錯明申韓，[8]公孫弘以儒顯，百年之間，天下遺文古事靡不畢集。太史公仍父子繼纂其職，[9]曰：“於戲！[10]余維先人嘗掌斯事，顯於唐虞。至于周，復典之。故司馬氏世主天官，至于余乎，欽念哉！”[11]罔羅天下放失舊聞，王迹所興，原始察終，見盛觀衰，論考之行事，略三代，録秦漢，上記軒轅，下至于兹，著十二本紀，既科條之矣。[12]並時異世，年差不明，作十表。[13]禮樂損益，律歷改易，兵權山川鬼神，天人之際，承敝通變，作八書。[14]二十八宿環北辰，[15]三十輻共一轂，[16]運行無窮，[17]輔弼股肱之臣配焉，忠信行道以奉主上，作三十世家。扶義俶儻，不令己失時，[18]立功名於天下，作七十列傳。凡百三十篇，五十二萬六千五百字，爲《太史公書》。[19]序略，以拾遺補闕藝，[20]成一家言，協六經異傳，[21]齊百家雜語，藏之名山，副在京師，[22]以竢後聖君子。第七十，[23]遷之自叙云爾。[24]而十篇缺，有録無書。[25]

[1]【今注】撥去古文：廢除六國文字，統一爲秦國小篆。古文指秦統一之前東方六國所用文字。

[2]【今注】焚滅詩書：據《史記》卷六《秦始皇本紀》，天下敢有藏詩、書、百家語者，悉詣守尉雜燒之。

[3]【顏注】如淳曰：玉版，刻玉版畫爲文字也。

[4]【今注】案，本書《刑法志》載“於是相國蕭何攈摭秦法，取其宜於時者，作律九章”。

[5]【今注】章程：王先謙《漢書補注》據裴駰《史記集解》引如淳説，章指曆數之章術。程指權衡丈尺斛斗之平法。

[6]【顏注】師古曰：彬彬，文章兒（兒，大德本同，殿本、白鷺洲本作“貌”）。彬音邠。閒音居莧反。【今注】文學：漢代察舉科目名。常與“賢良”合稱“賢良文學”。後又稱作“文學高第”。

[7]【今注】蓋公：漢初膠西郡（今山東高密市西南）人，善治黃老之術，治民崇尚清静。曹參采用其法爲齊國相，齊國大治。

[8]【今注】申韓：《史記》卷一三〇《太史公自序》作“申商”。申，申不害。戰國時期鄭國京（今河南滎陽市東南）人。任韓昭侯相十五年，内修政教，外應諸侯，使韓國國治兵强。

[9]【顏注】師古曰：纂讀與撰同。

[10]【顏注】師古曰：於戲，歎聲也。於讀曰烏，戲讀曰呼。古字或作烏虖（烏，大德本、白鷺洲本同，殿本作“嗚”。

本注下同），今字或作烏呼，音義皆同耳。而俗之讀者，隨字而別，又曲爲解釋云有吉凶美惡之殊，是不通其大指也。義例具在《詩》及《尚書》，不可一二徧舉之。

［11］【顏注】師古曰：欽，敬也。

［12］【今注】科條之：王先謙《漢書補注》認爲，指《史記》將人物和事件劃分爲本紀、列傳、書、表等，已經有大綱。但因同時期的諸侯國衆多，世代相傳久遠，故又以表作爲提綱。

［13］【顏注】師古曰：並時則年曆差殊，異代則難以明辨，故作表也。

［14］【今注】案，王先謙《漢書補注》據司馬貞《史記索隱》說，兵權即《兵書》，山川即《河渠書》，鬼神即《封禪書》。王先謙案，天人之際謂《天官書》，承敝通變謂《平準書》。

［15］【今注】二十八宿：古人參考月球在天空的位置，來推定太陽的位置而將星空劃分爲二十八個區域，共分爲四組。　北辰：北極星。

［16］【今注】三十輻共一轂：衆多車輻集中於車轂上。此二句形容群臣擁載輔佐皇帝，如同衆星環繞北辰，輻條集中於車轂一樣。

［17］【顏注】孟康曰：象黄帝以下三十家也。老子言車三十輻運行無窮，以象王者如此也。師古曰：此說非也。言衆星共繞北辰，諸輻咸歸車轂，若文武之臣尊輔天子也。

［18］【顏注】師古曰：俶儻，大節也。俶，吐歷反。【今注】案，王先謙《漢書補注》引司馬貞《史記索隱》認爲，此指扶義俶儻之士能立功名於當代，不落後於時代。

［19］【今注】太史公書：錢大昕《廿二史考異・史記五》曰：司馬遷以其官稱命名其書爲《太史公書》。據桓譚說，其書由東方朔題寫書名。《漢志》載《太史公》百三十篇。馮商所續《太史公》七篇。入春秋家。《後漢書》卷三六《范升傳》、卷四八《楊

終傳》俱稱“《太史公》”，無稱“《史記》”的。據學者考證，東漢中期始以《史記》命名。

[20]【顏注】孟康曰：藪音祿。謂裳下壞祿（壞，大德本同，殿本、白鷺洲本作“懷”）。李奇曰：藪，六藪也。師古曰：李說是也。藪，古藝字。【今注】拾遺補闕藪：王先謙《漢書補注》引《漢書考正》宋祁說：越本“補”字下有“闕”字。《史記》亦作“補藪”。司馬貞《索隱》：“《漢書》作‘補闕’，此作‘藪’，謂補六藪之闕也。”或此處原作“補藝闕”。

[21]【今注】協六經異傳：調和異同，折衷取裁各種解釋經義的著作。

[22]【顏注】師古曰：藏於山者。備亡失也。其副貳本乃留京師也。

[23]【顏注】師古曰：埃，古俟字。

[24]【顏注】師古曰：自此以前，皆自叙之辭也（大德本、殿本、白鷺洲本“皆”後有“其”字）。自此以後，乃班氏作傳語耳。

[25]【顏注】張晏曰：遷没之後，亡《景紀》《武紀》《禮書》《樂書》《兵書》《漢興已來將相年表》《日者列傳》《三王世家》《龜策列傳》《傅靳列傳》（已，白鷺洲本同，大德本、殿本作“以”）。元成之間褚先生補缺，作《武帝紀》《三王世家》《龜策》《日者傳》，言辭鄙陋，非遷本意也。師古曰：序目本無兵書，張云亡失，此說非也。【今注】案，《史記》十篇有録無書，褚少孫續補。其中無《兵書》，以《律書》代替（參見易平《褚少孫補〈史〉新考》，《臺大歷史學報》2000 年第 25 期；呂世浩《〈漢書〉與褚少孫〈續補〉關係探析》，《漢學研究》2015 年第 1 期；張昊蘇《“有録無書”與〈史記〉亡篇新考》，《史原》2018 年第 9 期復刊）。

遷既被刑之後，爲中書令，[1]尊寵任職。故人益州刺史任安[2]予遷書，責以古賢臣之義。遷報之曰：

[1]【今注】中書令：官名。即中書謁者令。漢九卿之一少府屬官。武帝時以宦者典尚書，掌管傳達詔書。司馬遷爲中書令在武帝太始元年（前96）。

[2]【顏注】師古曰：故人者，言其舊交也。【今注】益州：十三刺史部之一。漢武帝元封五年（前106）改梁州置，掌監察武都、漢中、廣漢、犍爲、牂柯等郡國吏治及豪强。　任安：字少卿。滎陽（今河南滎陽市東北）人。初爲大將軍衛青門下舍人。經衛青舉薦，任郎中，遷益州刺史。後又任太子太傅、北軍使者護軍。征和二年（前91），巫蠱之禍時，因未發兵助衛太子劉據，被武帝猜疑，下獄腰斬。

少卿足下：[1]曩者辱賜書，教以慎於接物，推賢進士爲務，意氣勤勤懇懇，[2]若望僕不相師用，[3]而流俗人之言。[4]僕非敢如是也。雖罷駑，亦側聞長者遺風矣。[5]顧自以爲身殘處穢，動而見尤，[6]欲益反損，是以抑鬱而無誰語。[7]諺曰："誰爲爲之？孰令聽之？"[8]蓋鍾子期死，伯牙終身不復鼓琴。[9]何則？士爲知己用，女爲説己容。[10]若僕大質已虧缺，雖材懷隨和，行若由夷，[11]終不可以爲榮，適足以發笑而自點耳。[12]

[1]【顏注】如淳曰：少卿，任安字。【今注】足下：古代對同輩、朋友的敬稱，古時也用於對上。

[2]【顏注】師古曰：懇懇，至誠也。音墾。

〔3〕【顏注】師古曰：望，怨也。【今注】僕：古代對自己的謙稱。

〔4〕【顏注】師古曰：謂隨俗人之言，而流移其志。【今注】若望僕不相師用而流俗人之言：王念孫《讀書雜志·漢書第十一》云，指如果抱怨我沒有遵從你的指教，是將你的話視作如同流俗人一樣，所以並不遵從。而，訓爲“如”。

〔5〕【顏注】師古曰：罷讀曰疲。【今注】案，大德本、殿本、白鷺洲本“亦”後有“嘗”字。

〔6〕【顏注】師古曰：顧，思念也。尤，過也。

〔7〕【顏注】師古曰：無誰語者，言無相知心之人，誰可告語？

〔8〕【顏注】師古曰：言無知己者，設欲修名節，立言立行，誰可爲作之，又令誰聽之？上爲音于僞反。

〔9〕【顏注】師古曰：伯牙、鍾子期皆楚人也。伯牙鼓琴，子期聽之。方鼓琴而志在泰山，子期曰：“巍巍乎若泰山。”既而志在流水，子期又曰：“湯湯乎若流水。”及子期死，伯牙破琴絶弦，終身不復鼓琴，以時人無足復爲鼓琴耳。【今注】案，司馬遷因爲李陵辯解而被刑，所以通過伯牙、鍾子期來表達自己不遇明主，忠言致禍，沒有知己，更應當謹慎言行。

〔10〕【顏注】師古曰：説讀曰悦。

〔11〕【顏注】應劭曰：由、夷，許由、伯夷也。師古曰：隨，隨侯珠也。和，和氏璧（白鷺洲本同，大德本、殿本句末有“也”字）。【今注】材懷隨和行若由夷：比喻雖然品行高潔，很有才華，但因遇不到賞識的人，故被埋沒。

〔12〕【顏注】師古曰：點，汙也。

書辭宜荅，〔1〕會東從上來，〔2〕又迫賤事，〔3〕相見日淺，卒卒無須臾之間得竭指意。〔4〕今少卿抱不測之罪，〔5〕涉旬月，迫季冬，〔6〕僕又薄從上上雍，[7]恐卒然不可諱。[8]是僕終已不得舒憤懣以曉左右，[9]則長逝者魂魄私恨無窮。[10]請略陳固陋。闕然不報，幸勿過。[11]

　　[1]【顏注】師古曰：宜早荅。【今注】書辭宜荅：此前任安給司馬遷的書信，應當回覆，但因有事沒有回信。

　　[2]【顏注】服虔曰：從武帝還也。【今注】會東從上來：學者一般以此事爲武帝太始四年（前93）春三月，行幸泰山。四月，幸不其山。夏五月，還建章宮。（參見袁傳璋《郭沫若之司馬遷“卒於太始四年說”質疑——兼論〈報任安書〉的作年》，《袁傳璋史記研究論叢》，安徽師範大學出版社2015年版，第112—133頁）案，東從，大德本、白鷺洲本同，殿本作“從東”。

　　[3]【顏注】孟康曰：卑賤之事，苦煩務也。晉灼曰：賤事，家之私事賤小者也。師古曰：謂所供職也。孟説是也。

　　[4]【顏注】文穎曰：卒言倉卒（倉卒，殿本、大德本同，白鷺洲本作“急也”）。師古曰：卒卒，促遽之意也。間，隙也。卒音千忽反。【今注】案，此數句指司馬遷從武帝東游回來之後，又有各種瑣碎雜事需要處理，與任安有過短暫見面，但倉促之間並沒有時間給任安回信。

　　[5]【顏注】如淳曰：平居時，遷不肯報其書。今有罪在獄，故報往日書，欲使其恕以度己也。師古曰：不測謂深也。

　　[6]【今注】涉旬月迫季冬：漢制，每年季冬（冬季第三個月）行刑。周壽昌《漢書注校補》認爲，蕭統《六臣注文選》作“涉旬”，無“月”字。巫蠱之禍發生在武帝征和二年（前91）七月，司馬遷答復任安的時間當在征和二年十月。

　　[7]【顏注】李奇曰：薄，迫也。迫當從行也。如淳曰：遷時從上在鹵簿中也。師古曰：李説是也。【今注】雍：縣名。治所在今陝西鳳翔縣南。漢代在此設壇祭祀五帝。本書卷六《武紀》

載，征和三年春正月，武帝行幸雍。

[8]【顏注】師古曰：卒讀曰猝。不可譁謂安死也。

[9]【顏注】師古曰：懣，煩悶也。曉，告喻也。懣音滿。

[10]【顏注】師古曰：謂任安恨不見報。

[11]【顏注】師古曰：謂中間久不報也。

　　僕聞之，修身者智之府也，[1]愛施者仁之端也，取予者義之符也，[2]恥辱者勇之決也，立名者行之極也。士有此五者，然後可以託於世，列於君子之林矣。故禍莫憯於欲利，[3]悲莫痛於傷心，行莫醜於辱先，而詬莫大於宮刑。[4]刑餘之人，無所比數，非一也，[5]所從來遠矣。昔衞靈公與雍渠載，孔子適陳；[6]商鞅因景監見，趙良寒心；[7]同子參乘，爰絲變色：[8]自古而恥之。夫中材之人，事關於宦豎，莫不傷氣。況忼慨之士乎！[9]如今朝雖乏人，奈何令刀鋸之餘薦天下豪儁哉！僕賴先人緒業，得待罪輦轂下，二十餘年矣。[10]所以自惟：[11]上之，不能納忠效信，[12]有奇策材力之譽，自結明主；次之，又不能拾遺補闕，招賢進能，顯巖穴之士；外之，不能備行伍，攻城，野戰，有斬將搴旗之功；[13]下之，不能累日積勞，[14]取尊官厚祿，以爲宗族交遊光寵。四者無一遂，苟合取容，無所短長之效，可見於此矣。鄉者，僕亦嘗廁下大夫之列，[15]陪外廷末議。[16]不以此時引維綱，盡思慮，今已虧形爲埽除之隸，[17]在闒茸之中，[18]迺欲卬首信眉，論列是非，[19]不亦輕朝廷，羞當世之士邪！[20] 嗟乎！嗟乎！如僕，尚何言哉！

[1]【顏注】師古曰：府者，所聚之處也。

[2]【顏注】師古曰：符，信也。

[3]【顏注】師古曰：憯亦痛也。音千敢反。【今注】案，沈欽韓《漢書疏證》引《韓非子·解老》：“苦痛雜於腸胃之間，則傷人也憯。憯則退而自咎，退而自咎也生於欲利。故曰，咎莫憯於欲利。”指人多欲而貪利，則禍必慘痛。

[4]【顏注】師古曰：詬，恥也，音垢。【今注】宮刑：以刀割男性外生殖器的刑罰。又稱腐刑。

[5]【今注】案，大德本、殿本、白鷺洲本作“一”後有“世”字。

[6]【顏注】應劭曰：雍渠，奄人也，靈公近之。【今注】案，《史記》卷四七《孔子世家》載，衛靈公與夫人同車，命宦者雍渠陪乘，而使孔子坐在後面的車上。孔子醜之，去衛，過曹。後至宋，適鄭，至陳。陳，商初封國名。都宛丘（今河南淮陽縣）。

[7]【顏注】應劭曰：景監，秦嬖人也。服虔曰：趙良，賢者。【今注】景監：秦孝公的寵臣。商鞅曾因景監求見孝公。　趙良：秦孝公時賢臣。曾勸商鞅歸隱。

[8]【顏注】蘇林曰：趙談也。與遷父同諱，故曰同子。【今注】同子：文帝時宦官趙談。司馬遷避其父司馬談諱，改爲趙同。子，古代對有道德學問之人的尊稱。　參乘：古代乘車時，尊者居左，御者居中，隨從之人居車之右。又作“車右”“陪乘”。也作“驂乘”。　爰絲：爰盎，字絲。

[9]【顏注】師古曰：忼音口朗反。

[10]【顏注】師古曰：言侍從天子之車輿。

[11]【顏注】師古曰：惟，思也。

［12］【顏注】師古曰：效，致也。

［13］【顏注】師古曰：搴，拔也，取敵人之旗也（大德本、殿本、白鷺洲本“取”前有“拔”字）。搴音蹇（蹇，大德本同，殿本、白鷺洲本作“騫”）。

［14］【今注】累日積勞：王先謙《漢書補注》認爲，指循年歷資格提拔官員。

［15］【顏注】韋昭曰：周官太史位下大夫也。臣瓚曰：漢太史令千石，故比下大夫。師古曰：鄉讀曰嚮。嚮，曩昔時也。【今注】下大夫：沈欽韓《漢書疏證》據《續漢書·百官志》：太史令六百石。

［16］【今注】外廷：外朝。武帝時，漢代朝中官員形成中朝、外朝。其中大司馬、侍中、散騎、諸吏爲中朝，丞相至六百石吏爲外朝（參見勞榦《論漢代的內朝與外朝》，載《勞榦學術論文集（甲編）》，藝文印書館1976年版）。

［17］【今注】虧形：王先謙《漢書補注》認爲，即身體因被割去生殖器官而殘缺不全。

［18］【顏注】師古曰：闒茸，猥賤也。闒，下也。茸，細毛也。言非豪楚也（楚，白鷺洲本同，大德本、殿本作“桀”）。闒，吐合反。茸，人勇反。

［19］【顏注】師古曰：卬讀曰仰。信讀曰伸。列，陳也。

［20］【顏注】師古曰：羞，辱也。

尚何言哉！且事本末未易明也。僕少負不羈之才，長無鄉曲之譽，[1]主上幸以先人之故，使得奉薄技，出入周衛之中。[2]僕以爲戴盆何以望天，[3]故絕賓客之知，忘室家之業，日夜思竭其不肖之材力，務壹心營職，以求親媚於主上。而事乃有大謬不然者。夫僕與李陵俱居門下，[4]素非相善也，趣舍異路，[5]未嘗銜盃酒接殷勤之歡。然僕觀其爲人自奇士，事親孝，與士信，臨財廉，取予義，分別有讓，恭儉下人，[6]常思奮不顧身以徇國家之急。[7]其素所畜積也，[8]僕以爲有國士之風。夫人臣出萬死不顧一生之計，赴公家之難，斯已奇矣。今舉事壹不當，而全軀保妻子之臣隨而媒孽其短，[9]僕誠私心痛之。且李陵提步卒不滿五千，[10]深踐戎馬之地，足歷王庭，[11]垂餌虎口，橫挑彊胡，[12]卬億萬之師，[13]與單于連戰十餘日，所殺過當。[14]虜救死扶傷不給，[15]旃裘之君長咸震怖，[16]迺悉徵左右賢王，[17]舉引弓之民，[18]一國共攻而圍之。轉鬭千里，矢盡道窮，救兵不至，士卒死傷如積。然李陵壹呼勞軍，[19]士無不起躬流涕，沬血飲泣，張空弮，冒白刃，北首爭死敵。[20]陵未没時，使有來報，漢公卿王侯奉觴上壽。[21]後數日，陵敗書聞，主上爲之食不甘味，聽朝不怡。大臣憂懼，不知所出。僕竊不自料其卑賤，[22]見主上慘悽怛悼，[23]誠欲效其款款之愚。[24]以爲李陵素與士大夫絶甘分少，[25]能得人之死力，雖古名將不過也。身雖陷敗，彼觀其意，且欲得其當而報漢。[26]事已無可奈何，其所摧敗，功亦足以暴於天下。[27]僕懷欲陳之，而未有路。適會召問，即以此指推言陵功，[28]欲以廣主上之意，塞睚眦之辭。未能盡明，[29]明主不深曉，以爲僕沮貳師，而爲李陵游説，[30]遂下於理。[31]拳拳之忠，終不能自列，[32]因爲誣上，卒從吏議。[33]家貧，財賂不足以自贖，交遊莫救，左右親近不爲壹言。身非木石，獨與法吏爲伍，深幽囹圄之中，誰可告愬者！此正少卿所親見，僕行事豈不然邪？李陵既生降，隤其家聲，[34]而僕又茸以蠶室，[35]重爲天下觀笑。[36]悲夫！悲夫！

[1]【顏注】師古曰：不羈，言其材質高遠，不可羈繫也。負者，亦言無此事也。【今注】負：仗恃，依靠。

[2]【顏注】服虔曰：薄技，薄材也。師古曰：周衞，言宿衞周密也。【今注】周衞：宿衞嚴密的宮禁。

[3]【顏注】如淳曰：頭戴盆則不得望天、望天則不得戴盆，事不可兼施。言己方有所造，不暇修人事也。師古曰：言營職務耳，未論造書也。如説失之。【今注】案，王先謙《漢書補注》引王啓原説，《易林》：“戴盆望天，下見星辰。”《後漢書》卷四一《第五倫傳》載第五倫云：“戴盆望天，事不兩施。”認爲漢代有此諺語，故史遷、焦贛、第五倫均引用。

[4]【今注】夫僕與李陵俱居門下：沈欽韓《漢書疏證》引《公羊》疏：“漢主謂司馬遷曰：‘李陵非汝同門之朋，同志之友乎？’”李陵曾侍中建章監，司馬遷以太史令侍中，故有此説。

[5]【顏注】師古曰：趣，所嚮也。舍，所廢也。

[6]【顏注】師古曰：下胡亞反（大德本、殿本、白鷺洲本“胡”前有“音”字）。

[7]【顏注】師古曰：徇，從也，營也。

[8]【顏注】師古曰：畜讀曰蓄（蓄，白鷺洲本同，殿本作“畜”）。

[9]【顏注】臣瓚曰：媒謂遘合會之，孽謂爲生其罪釁也。

師古曰：媒如媒娉之媒，嫠如鞠嫠之嫠。一曰齊人謂鞠餅爲媒也。【今注】媒嫠其短：將李陵的過錯構陷爲大罪。

[10]【今注】且李陵提步卒不滿五千：本書卷五四《李廣蘇建傳》作"陵於是將其步卒五千人出居延"。

[11]【今注】王庭：匈奴單于所居的地方。

[12]【顏注】李奇曰：挑音誂。師古曰：音徒了反。【今注】横挑彊胡：王先謙《漢書補注》曰："銚"，官本作"誂"。《文選》引李奇作"挑，身獨戰，不須衆。挑，荼弔切"，不云"挑，音銚"；又引"《説文》曰：'挑，相呼也。'臣瓚曰：'挑，挑敵求戰也。古謂之致師。'"

[13]【顏注】師古曰：卬讀曰仰。漢軍北向，匈奴南下，北方地高，故云然。【今注】卬億萬之師：《漢書考正》劉奉世説：匈奴乘高處進攻，故稱爲"卬"。李慈銘《越縵堂讀史札記·漢書六》則認爲，"卬"即"迎"之省。古"卬""迎"字通。王先謙《漢書補注》據本書卷三九《李陵傳》作"抑數萬之師"，指戰勝匈奴，抑之在下。

[14]【顏注】師古曰：率計戰士，殺敵數多，故云過當也。

[15]【顏注】師古曰：給猶供也。

[16]【今注】旃裘之君長：指匈奴單于。旃裘，指用獸毛等製成的衣服。

[17]【今注】左右賢王：匈奴官名。又稱左右屠耆王。其名稱來自匈奴語"屠耆"，漢譯爲"賢"。匈奴單于之下，左賢王最尊貴，其次是左谷蠡王，再其次是右賢王，再後是右谷蠡王。匈奴出兵，單于領中部，左賢王居東，右賢王居西。

[18]【顏注】師古曰：能引弓者皆發之。

[19]【顏注】師古曰：呼音火故反。

[20]【顏注】孟康曰：沫音頮。李奇曰：弮，弩弓也。師古曰：沫，古頮字。頮，洒面也。言流血在面如盥頮。冒，犯也。

首，嚮也。沫呼内反（大德本、殿本、白鷺洲本“呼”前有“音”字），字從午未之未。弮丘權反。又音眷。冒莫克反（大德本、殿本、白鷺洲本“莫”前有“音”字）。首式救反（白鷺洲本、大德本、殿本“式”前有“音”字）。或讀乃以拳擊之拳（或讀，大德本、殿本、白鷺洲本作“讀者”；拳，大德本、殿本作“權”），大謬矣。拳則屈指，不當言張。時矢盡（大德本、殿本、白鷺洲本“時”前有“陵”字），故張弩之空弓，非是手拳也。【今注】沫（huì）血：血流滿面。沫，兩手掬水而灑在臉上。　張空弮：沈欽韓《漢書疏證》曰：“弮”當爲“紾”，即弓弦。

［21］【今注】案，奉觴上壽，大德本、殿本、白鷺洲本“奉”前有“皆”字。

［22］【顏注】師古曰：料，量也，音聊。

［23］【今注】慘悽怛悼：形容極度悲傷。

［24］【今注】案，效，大德本、白鷺洲本同，殿本作“劾”。

［25］【顏注】師古曰：自絕旨甘，而與衆人分之，共同其少多也。【今注】絕甘分少：有甘美的東西自己不吃，而將這些分給部下。

［26］【顏注】師古曰：欲於匈奴立功而歸，以其當破敗之罪。【今注】欲得其當：王先謙《漢書補注》曰，指李陵欲趁機回報漢朝。當，指合適、恰當。

［27］【顏注】師古曰：謂摧破匈奴之兵也。

［28］【顏注】師古曰：指，意也。

［29］【顏注】師古曰：睚眦，舉目皆也，猶言顧瞻之頃也。睚音厓。眦才賜反。【今注】以廣主上之意塞睚眦之辭：司馬遷想通過爲李陵辯解來寬慰武帝，同時堵塞李陵仇家那些攻擊、誣陷的言論。

［30］【顏注】師古曰：沮，毀壞也。音才汝反。【今注】貳

師：貳師將軍李廣利。傳見本書卷六一。

[31]【今注】理：廷尉。周壽昌《漢書注校補》卷四一曰：景帝中六年（前144），改廷尉名大理。武帝時復爲廷尉。此處稱"理"，依景帝時舊名。

[32]【顏注】師古曰：拳拳，忠謹之皃（皃，大德本、白鷺洲本同，殿本作"貌"）。《劉向傳》作惓惓字，音義同耳。列，陳也。

[33]【顏注】師古曰：卒，終也。

[34]【顏注】孟康曰：家世爲將有名聲，陵降而隤之也。師古曰：隤，墜也，音頹。

[35]【顏注】蘇林曰：茸，次也，若人相俾次。師古曰：此說非也。茸音人勇反，推也。蠶室，初腐刑所居溫密之室也（初，大德本同，殿本、白鷺洲本作"乃"）。謂推致蠶室之中也。【今注】僕又茸以蠶室：指李陵降匈奴後，被族誅，家族的良好名聲也被毀壞。司馬遷因爲李陵辯解獲腐刑，其罪次於李陵。蠶室，古代被處以腐刑的人所居的囚室。犯人受腐刑後，爲避免傷風，置於密室之中，如同養蠶的溫室。

[36]【顏注】師古曰：觀視之而笑也。

　　事未易一二爲俗人言也。僕之先人非有剖符丹書之功，[1]文史星歷近乎卜祝之間，[2]固主上所戲弄，倡優畜之，流俗之所輕也。假令僕伏法受誅，若九牛亡一毛，與螻蟻何異？[3]而世又不與能死節者比，[4]特以爲智窮罪極，不能自免，卒就死耳。何也？素所自樹立使然。人固有一死，死有重於太山，或輕於鴻毛，用之所趨異也。[5]太上不辱先，其次不辱身，其次不辱理色，[6]其次不辱辭令，[7]其次詘體受辱，[8]其次易服受辱，[9]其次關木索被箠楚受辱，[10]其次鬄毛髮嬰金鐵受辱，[11]其次毀肌膚斷支體受辱，[12]最下腐刑，極矣。[13]《傳》曰"刑不上大夫"，[14]此言士節不可不厲也。猛虎處深山，百獸震恐，及其在穽檻之中，搖尾而求食，[15]積威約之漸也。[16]故士有畫地爲牢執不入，削木爲吏議不對，[17]定計於鮮也。[18]今交手足，[19]受木索，暴肌膚，受榜箠，[20]幽於圜牆之中，[21]當此之時，見獄吏則頭槍地，[22]視徒隸則心惕息。[23]何者？積威約之埶也。及已至此，言不辱者，所謂彊顏耳，曷足貴乎！[24]且西伯，伯也，拘牖里；[25]李斯，相也，具五刑；[26]淮陰，王也，受械於陳；[27]彭越、張敖南鄉稱孤，[28]繫獄具罪；[29]絳侯誅諸呂，權傾五伯，囚於請室；[30]魏其，大將也，衣赭關三木；[31]季布爲朱家鉗奴；[32]灌夫受辱居室。[33]此人皆身至王侯將相，聲聞鄰國，及罪至罔加，不能引決自財。[34]在塵埃之中，古今一體，安在其不辱也！由此言之，勇怯，埶也；彊弱，形也。審矣，曷足怪乎！且人不能蚤自財繩墨之外，[35]已稍陵夷至於鞭箠之間，[36]迺欲引節，[37]斯不亦遠乎！古人所重施刑於大夫者，[38]殆爲此也。夫人情莫不貪生惡死，念親戚，顧妻子，至激於義理者不然，[39]迺有不得已也。今僕不幸，蚤失二親，無兄弟之親，獨身孤立，少卿視僕於妻子何如哉？

且勇者不必死節，怯夫慕義，何處不免焉![40]僕雖怯奯欲苟活，[41]亦頗識去就之分矣，何至自湛溺累緤之辱哉![42]且夫臧獲婢妾猶能引決，[43]況若僕之不得已乎！所以隱忍苟活，函糞土之中而不辭者，[44]恨私心有所不盡，鄙沒世而文采不表於後也。

[1]【今注】剖符：古代帝王分封功臣與諸侯，將竹製符節剖分爲二，君臣各執一半。 丹書：以丹砂書寫在鐵券上。指封侯。本書卷一下《高紀下》載"又與功臣剖符作誓，丹書鐵契，金匱石室，藏之宗廟"。

[2]【今注】文史星歷近乎卜祝之間：這些都是漢代太史令的職權。

[3]【顏注】師古曰：螻，螻蛄也。螘，蚍蜉也。皆蟲之微小者。螻音樓。

[4]【顏注】師古曰：與，許也。不許其能死節。【今注】世又不與能死節者比：王念孫《讀書雜志・漢書第十一》曰："比"字後人所加。古者"與"與"謂"同義。指世人不謂我能死節，祇不過説我罪固當死，無可辯解。

[5]【顏注】師古曰：趨讀曰趣。趣，嚮也。【今注】案，王先謙《漢書補注》引王啓原説，《燕丹子》載荆軻曰："側聞烈士之節，死有重於太山，有輕於鴻毛者，但問用之所在耳。"司馬遷此句來源於荆軻。

[6]【今注】辱理色：當指黥等在皮膚上刻塗的刑罰。理色，肌膚的顏色。

[7]【今注】不辱辭令：不受到言語上的辱罵。

[8]【今注】詘體：屈身拜伏。詘，彎屈。

[9]【今注】易服：古代罪犯穿赭衣。

［10］【顏注】師古曰：箠，杖也，音止蘂反。【今注】木索：三木及繩索等刑具。三木，指桎（脚鐐）、梏（枷）、拲（手銬）等用木做成的刑具。 箠楚：鞭打産生的痛楚。箠又作"捶"。

［11］【顏注】師古曰：嬰，繞也。鬐吐計反（殿本、白鷺洲本"吐"前有"音"字，大德本"吐"作"音土"）。【今注】鬐毛髮嬰金鐵：剃去頭髮的髡刑和以鐵圈鎖住脖子的鉗刑。

［12］【今注】毀肌膚斷支體：剕刖等殘壞肢體的刑罰。

［13］【顏注】師古曰：腐刑，解在《景紀》。

［14］【今注】刑不上大夫：出《禮記·曲禮上》（參見管正平、趙生群《"禮不下庶人，刑不上大夫"探究》，《齊魯學刊》2016 年第 1 期）。

［15］【顏注】師古曰：穽，掘地以陷獸也，音才性反。

［16］【今注】積威約之漸：通過各種嚴酷的刑罰逐步對人施加威懾。

［17］【今注】案，"有畫地爲牢執不入"二句：（既使是）畫在地上的牢獄，也不願走進去；以木頭刻的獄吏，也不願與之對質。比喻人們對牢獄和獄吏是深惡痛絶的。

［18］【顏注】文穎曰：未遇刑自殺，爲鮮明也。【今注】定計於鮮：沈欽韓《漢書疏證》引《左傳》昭公五年"葬鮮者"，杜預云："不以壽終爲鮮。"指面對這些刑罰，士人寧可自裁也不受辱。鮮，古代指非正常死亡。

［19］【今注】交手足：手足被捆綁。

［20］【顏注】師古曰：榜音彭。

［21］【顏注】師古曰：圜牆，獄也，《周禮》謂之圜土。

［22］【顏注】師古曰：槍，千羊反（大德本、殿本、白鷺洲本"千"前有"音"字）。

［23］【顏注】師古曰：惕，懼也。息，喘息也。

［24］【顏注】師古曰：强其兩反。

[25]【今注】案，此句指周文王被商紂囚於羑里（今河南湯陰縣北）。

[26]【顏注】師古曰：說在《刑法志》。【今注】案，"李斯，相也，具五刑"，《史記》卷六《秦始皇本紀》載，"斯卒囚，就五刑"。卷八七《李斯列傳》載，"二世二年七月，具斯五刑，論腰斬咸陽市"。本書《刑法志》載，"當三族者，皆先黥，劓，斬左右止，笞殺之，梟其首，菹其骨肉於市。其誹謗詈詛者，又先斷舌"。故謂之具五刑。

[27]【顏注】師古曰：高祖僞遊雲夢，而信至陳上謁即見囚執。械謂桎梏之。【今注】受械於陳：事詳本書卷三四《韓信傳》。陳，在今河南淮陽縣。

[28]【今注】彭越張敖南鄉稱孤：彭越封梁王，張敖封趙王。

[29]【顏注】師古曰：或繫於獄，或至大罪也。鄉讀曰嚮。【今注】繫獄具罪：王念孫《讀書雜志·漢書第十一》認爲據顏注，正文本作"繫獄氏罪"。氏，同"至"。故注文稱"至大罪"。隸書"氏"字與"具"字相似，因訛。

[30]【顏注】師古曰：伯讀曰霸。【今注】案，"絳侯誅諸呂"三句，周勃誅諸呂有功，但因有人上書告其謀反，被下廷尉，逮捕治罪。

[31]【顏注】師古曰：三木，在頸及手足。

[32]【今注】季布爲朱家鉗奴：事詳本書卷三七《季布傳》。

[33]【今注】灌夫受辱居室：事詳本書卷五二《灌夫傳》。

[34]【顏注】師古曰：財與裁同，古通用字。

[35]【今注】人不能蚤自財繩墨之外：人若能早自殺，則朝廷不更繩以法律，所以能避免身體受到各種刑罰。

[36]【今注】已稍陵夷至於鞭箠之間：漸漸因爲受到刑罰而挫折。

[37]【今注】引節：守節自盡。

[38]【顔注】師古曰：重，難也。【今注】案，此句指古人對大夫等有爵禄的用刑是十分慎重的。重，謹慎。大德本、殿本、白鷺洲本"所"後有"以"字。

[39]【顔注】師古曰：言激於義理者，則不顧於念親戚妻子。

[40]【顔注】師古曰：勇敢之人闇於分理，未必能死名節。怯懦之夫心知慕義，則處處皆能勉勵也。

[41]【顔注】師古曰：耎，柔弱也，音人阮反。

[42]【顔注】師古曰：湛讀曰沈。累力追反（大德本、殿本、白鷺洲本"力"前有"音"字）。

[43]【顔注】應劭曰：楊雄《方言》云："海岱之間，罵奴曰臧，罵婢曰獲。燕之北郊，民而聓婢謂之臧，女而婦奴謂之獲。"晉灼曰：臧獲，敗敵所被虜獲爲奴隸者。師古曰：應説是也。

[44]【今注】函糞土之中而不辭者：王念孫《讀書雜志·漢書第十一》認爲，"函"當爲"臽"。通"陷"，義爲墜入。"臽"本作"𦥑"，形與"函"相似，因訛而爲"函"。

古者富貴而名摩滅，[1]不可勝記，唯俶儻非常之人稱焉。[2]蓋西伯拘而演《周易》；[3]仲尼厄而作《春秋》；[4]屈原放逐，乃賦《離騷》；[5]左丘失明，厥有《國語》；[6]孫子臏脚，兵法脩列；[7]不韋遷蜀，世傳《吕覽》；[8]韓非囚秦，《説難》《孤憤》。[9]《詩》三百篇，大氐賢聖發憤之所爲作也。[10]此人皆意有所鬱結，不得通其道，故述往事，思來者。[11]及如左丘無目，[12]孫子斷足，終不可用，退論書策以舒其憤，思垂空文以自見。[13]僕竊不遜，近自託於無能之辭，網羅天下放失舊聞，考之行事，稽其成敗[14]興壞之理，凡百三十篇，亦欲以究天人之際，通古今之變，成一家之言。草創未就，適會此禍，惜其不成，是以就極刑而無慍色。僕誠已著此書，臧之名山，傳之其人通邑大都，[15]則僕償前辱之責，雖萬被戮，豈有悔哉！然此可爲智者道，難爲俗人言也。

[1]【今注】摩滅：磨滅。

[2]【今注】俶儻：倜儻。卓異不凡。

[3]【今注】西伯拘而演周易：周文王被商紂囚禁在羑里，將八卦推演爲六十四卦。

[4]【今注】仲尼戹而作春秋：詳見《史記》卷四七《孔子世家》。

[5]【今注】屈原放逐乃賦離騷：屈原因大夫靳尚讒言而被楚平王疏遠，憂愁幽思而作《離騷》。詳見《史記》卷八四《屈原賈生列傳》。

[6]【今注】左丘失明厥有國語：陳槃認爲，左丘明或以瞽史爲世官，後被附會爲失明（陳槃《“左丘失明厥有國語”辨》，《中國書目季刊》1983年第1期）。　國語：共二十一篇，載周、魯、齊、晉、鄭、楚、吳、越史實。以記言爲主。叙事起自周穆王五十二年（前950）至周貞定王十六年（前453）。漢代又稱其爲《春秋外傳》。

[7]【顏注】文穎曰：孫子與龐涓學，而爲龐涓所斷足。師古曰：髕音頻忍反。

[8]【顏注】蘇林曰：《吕氏春秋》篇名《八覽》《六論》。【今注】不韋遷蜀世傳吕覽：《漢書考證》齊召南曰：《吕氏春秋》

完成於"不韋遷蜀"之前，且已懸榜咸陽，公示天下。《吕覽》爲
不韋相秦日著，故能懸之市門。即《韓非書》，亦在游秦之前。此
大意指二人身雖遭難，其所著作已傳於當世。

[9]【顏注】師古曰：《説難》《孤憤》，韓子之篇名。

[10]【顏注】師古曰：氏，歸也，音丁禮反。

[11]【顏注】師古曰：令將來之人，見己志也。

[12]【今注】案，及如左丘無目，大德本、殿本、白鷺洲本
作"及如左丘明無目"。

[13]【顏注】師古曰：見，胡電反。

[14]【顏注】師古曰：稽，計也。

[15]【顏注】師古曰：其人謂能行其書者。

　　且負下未易，居上流多謗議。[1]僕以口語遇遭
此禍，重爲鄉黨戮笑，[2]汙辱先人，亦何面目復上
父母之丘墓乎？雖累百世，垢彌甚耳！是以腸一
日而九回，居則忽忽若有所亡，出則不知所如
往。[3]每念斯恥，汗未嘗不發背霑衣也。身直爲閨
閤之臣，寧得自引深臧於巖穴邪！故且從俗浮湛，
與時俯仰，[4]通其狂惑。[5]今少卿迺教以推賢進士，
無迺與僕之私指謬乎。[6]今雖欲自彫瑑，[7]曼辭以
自解，[8]無益，於俗不信，祇取辱耳。[9]要之死日，
然後是非迺定。書不能盡意，故略陳固陋。

[1]【今注】負下未易居上流多謗議：背負着受腐刑罪罰的名
聲並不容易，處於尊高的地位常受到誹謗。有學者認爲此句標點當
作"負下未易，居下流多謗議"（潘玉坤：《〈報任安書〉"負下未
易居下流多謗議"的斷句和句義》，《中國文字研究》2017 年第 2

期）。案，負，殿本、白鷺洲本同，大德本作"貧"。上流，殿本、白鷺洲本同，大德本作"下流"。

〔2〕【今注】鄉黨：家鄉，鄉里。周朝以一萬二千五百家爲鄉，五百家爲黨。

〔3〕【顏注】師古曰：如亦往也。

〔4〕【顏注】師古曰：湛讀曰沉。

〔5〕【今注】案，大德本、殿本、白鷺洲本作"通"前有"以"字。　狂惑：據《文選》司馬子長《報任少卿書》注引《鬻子》，"吾聞之於政也，知善不行者謂之狂，惡不改者謂之惑。夫狂與惑者，聖人之戒也"。王先謙《漢書補注》云，指司馬遷以不能自裁免辱，又繼續任太史令爲狂惑。

〔6〕【顏注】師古曰：指，意也。

〔7〕【顏注】師古曰：瑑，刻也，音篆。【今注】彫瑑：雕刻。指刻意修飾文辭。

〔8〕【顏注】如淳曰：曼，美也。師古曰：曼音萬。【今注】曼辭：華麗的言辭。

〔9〕【顏注】師古曰：祇，適也。

遷既死後，其書稍出。[1]宣帝時，[2]遷外孫平通侯揚惲祖述其書，[3]遂宣布焉。[4]王莽時，[5]求封遷後，爲史通子。[6]

〔1〕【今注】案，司馬遷的卒年有多種説法，張大可認爲，約在昭帝始元元年（前86）〔參見張大可、丁德科主編《史記論著集成》（卷一），商務印書館2015年版〕。遷死後，其書稍出。

〔2〕【今注】宣帝：劉詢。公元前73年至前48年在位。紀見本書卷八。

〔3〕【今注】平通：侯國名。本書《景武昭宣元成功臣表》注

在博陽，析汝南郡博陽侯國（今河南商水縣東北）而置。　揚惲：
即"楊惲"。傳見本書卷六六。

[4]【今注】案，陳直《史記新證·自序》認爲，《史記》卷
一三〇《太史公自序》説，"藏之名山，副在京師"。可見《史記》
最初有正副二本。楊惲所傳或即正本，而漢代學者所讀皆副本。

[5]【今注】案，大德本、殿本同，白鷺洲本"王莽"前有
"至"字。

[6]【顏注】應劭曰：以遷世爲史官，通於古今也。李奇曰：
史通國子爵也。【今注】史通子：史通爲封號。子，爵位。吕世浩
認爲，王莽封司馬遷，原因在於漢代太史公並不治史，欲恢復三代
史官制度，同時又借助《史記》"厭漢"以及尊崇古文經（參見吕
世浩《從〈史記〉到〈漢書〉轉折過程與歷史意義》，臺大出版中
心 2009 年版，第 201—202 頁）。

　　贊曰：自古書契之作而有史官，其載籍博矣。至
孔氏籑之，[1]上繼唐堯，[2]下訖秦繆。[3]唐虞以前雖有
遺文，其語不經，[4]故言黄帝、顓頊之事未可明也。及
孔子因魯史記而作春秋，而左丘明論輯其本事是以爲
之傳[5]又籑異同爲《國語》。又有《世本》，録黄帝以
來至春秋時帝王公侯卿大夫祖世所出。春秋之後，七
國並争，[6]秦兼諸侯，有戰國策。漢興伐秦定天下，[7]
有楚漢春秋。故司馬遷據《左氏》《國語》，[8]采《世
本》《戰國策》，[9]述楚漢春秋，[10]接其後事，訖于大
漢。[11]其言秦漢，詳矣。至於采經摭傳，[12]分散數家
之事，甚多疏略，或有抵梧。[13]亦其涉獵者廣博，貫
穿經傳，馳騁古今，上下數千載間，斯以勤矣。又其
是非頗繆於聖人，[14]論大道則先黄老而後六經，序遊

俠則退處士而進姦雄，述貨殖則崇埶利而羞賤貧，此其所蔽也。然自劉向、楊雄博極群書，[15]皆稱遷有良史之材，服其善序事理，辨而不華，質而不俚，[16]其文直，其事核，[17]不虛美，不隱惡，[18]故謂之實錄。[19]烏呼！以遷之博物洽聞，而不能以知自全，既陷極刑，幽而發憤，書亦信矣。[20]迹其所以自傷悼，小雅巷伯之倫。[21]夫唯大雅“既明且哲，能保其身”，難矣哉！[22]

[1]【顏注】師古曰：籑與撰同。

[2]【今注】上繼唐堯：楊樹達《漢書窺管》據吳承仕説，“繼”字當作“斷”。本書《藝文志》云，斷自《堯典》，卷八八《儒林傳》云，上斷唐虞，皆與此同。

[3]【今注】秦繆：秦穆公，名任好。春秋五霸之一。

[4]【顏注】師古曰：非經典所説。

[5]【顏注】師古曰：輯與集同。【今注】案，大德本、殿本、白鷺洲本“以”前無“是”字。

[6]【顏注】服虔曰：關東六國，與秦七國。

[7]【今注】伐秦：王先謙《漢書補注》引瞿鴻機曰：乾道本“伐秦”作“代秦”。

[8]【今注】案，王念孫《讀書雜志·漢書第十一》曰：“左氏”下脱“春秋”二字，則文義不全。《漢紀·孝武紀》引此贊，正作“據《左氏春秋》《國語》”。

[9]【今注】世本：載黃帝至春秋時氏姓、世系、都邑、制作等。輯本彙集爲《世本八種》。　戰國策：又稱《國策》。載戰國時期縱橫家游説的言論和活動。原名《短長》，今名爲劉向整理後所定。1973年長沙馬王堆漢墓出土帛書，其中有一部被整理者命名

爲《戰國縱橫家書》，與此書類似。

[10]【今注】楚漢春秋：漢初陸賈撰。載楚漢時期事件和人物。今有清人輯本數種。

[11]【今注】大漢：楊樹達《漢書窺管》認爲，“大漢”當作“天漢”。天漢爲武帝年號。司馬貞《史記索隱序》云：“太史公紀事，上始軒轅，下訖天漢。”張守節《史記正義序》云：“上起軒轅，下既天漢。”裴駰《史記集解序》引此文亦作“天漢”，故當以天漢爲是。

[12]【顏注】師古曰：摭，拾也，音之亦反。

[13]【顏注】如淳曰：梧讀曰迕，相觸迕也。師古曰：抵，觸也。梧，相支柱不安也。梧音悟。

[14]【顏注】師古曰：頗，普我反。

[15]【今注】劉向：傳見本書卷三六。　楊雄：傳見本書卷八七。

[16]【顏注】劉德曰：俚，鄙也。如淳曰：言雖質，猶不如閭里之鄙言也。師古曰：劉說是也。俚音里。

[17]【顏注】師古曰：核，堅實也。

[18]【今注】案，惡，大德本、白鷺洲本同，殿本作“善”。

[19]【顏注】應劭曰：言其録事實。

[20]【顏注】師古曰：言其報任安書，自陳己志，信不謬。

[21]【顏注】師古曰：巷伯，奄官也，遇讒而作詩，列在《小雅》。其詩曰：“萋兮菲兮，成是貝錦”也（大德本、殿本、白鷺洲本“也”前有“是”字）。

[22]【顏注】師古曰：尹吉甫作《蒸民》之詩（蒸，殿本、白鷺洲本同，大德本作“烝”），美宣王而論仲山甫之德（大德本、殿本、白鷺洲本“美”前有“以”字），“既明且哲，以保其身”。其詩列於《大雅》，故贊云然。【今注】案，王先謙《漢書補注》云，大雅指有大雅之才者。指唯大雅纔能保身。

漢書　卷六三

武五子傳第三十三[1]

[1]【顔注】師古曰：諸帝子傳皆言王，而此獨云“子”者，以戾太子在其中也。

孝武皇帝六男。衞皇后生戾太子，[1]趙婕妤生孝昭帝，[2]王夫人生齊懷王閎，[3]李姬生燕剌王旦、廣陵厲王胥，[4]李夫人生昌邑哀王髆。[5]

[1]【今注】衞皇后：即衞子夫，本爲漢武帝姊平陽公主之歌女，受武帝寵幸而代陳皇后爲皇后，事見本書卷九七上《外戚傳上》。　戾太子：即漢武帝長子劉據，因巫蠱之禍被廢殺，宣帝即位後諡爲“戾”。傳見本書本卷。

[2]【今注】趙婕妤：即鉤弋夫人，事見本書《外戚傳上》。婕妤，又作“倢伃”。景帝之前，除皇后外，後宮高等姬妾多泛稱夫人，至武帝所寵李夫人，亦不聞倢伃之號。此號當始自武帝晚年，有尹倢伃、趙倢伃，地位高於普通夫人。西漢後期制度規定，皇后以下的嬪妃分十四等，倢伃爲第二等，官秩視上卿，爵位比列侯。

[3]【顔注】師古曰：閎，音宏。

[4]【顔注】師古曰：不知官袟（袟，白鷺洲本、大德本、

殿本作"秩"），故云李姬。《謚法》"暴戾無親曰剌"。剌，音来
葛反。【今注】廣陵：諸侯王國名。由故江都國部分地區演變而來，
治廣陵縣（今江蘇揚州市西北蜀岡上）。

[5]【顔注】師古曰：髆，音博。【今注】昌邑：諸侯王國
名。漢武帝以山陽郡置，治昌邑（今山東巨野縣南）。

　　戾太子據，元狩元年立爲皇太子，年十歲矣。[1]
初，上年二十九乃得太子，甚喜，爲立禖，[2]使東方
朔、枚皋作禖祝。[3]少壯，詔受《公羊春秋》，[4]又從
瑕丘江公受《穀梁》。[5]及冠就宮，上爲立博望苑，[6]
使通賓客，從其所好，故多以異端進者。元鼎四年，
納史良娣，[7]産子男進，號曰史皇孫。[8]

　　[1]【今注】案，十，白鷺洲本、大德本、殿本均作"七"。
今案，如後文所言，武帝年二十九生戾太子，而元狩元年（前
122）漢武帝年三十五，是年戾太子當爲七歲。"十歲"誤。

　　[2]【顔注】師古曰：禖，求子之神也，解在《枚皋傳》。

　　[3]【顔注】師古曰：祝，禖之祝辭。【今注】東方朔：辭賦
家，以詼諧機智名世。去世後在民間傳説中被傳奇化，逐漸成爲神
話人物。傳見本書卷六五。　枚皋：辭賦家，枚乘之子。傳見本書
卷五一。

　　[4]【顔注】師古曰：少壯者，言漸長大也。少，讀如本字。

　　[5]【今注】瑕丘：縣名。治所在今山東兗州市東北。　江
公：王先謙《漢書補注》指出，江公爲魯申公弟子。太子既通
《公羊》，復私問《穀梁》而善之。其事見本書卷八八《儒林傳》。

　　[6]【顔注】師古曰：取其廣博觀望也。【今注】博望苑：苑
名。在長安城杜門外，今陝西西安市西南。

　　[7]【顔注】韋昭曰：良娣，太子之内官也。太子有妃，有

良娣，有孺子，凡三等。師古曰：娣，音弟。

[8]【顏注】晉晏曰（晉，白鷺洲本、大德本、殿本作“張”，當以“張”爲是）：皆以舅氏姓爲氏，以相別也。師古曰：進者，皇孫名。

武帝末，衛后寵衰，江充用事。[1]充與太子及衛氏有隙，[2]恐上晏駕後爲太子所誅，[3]會巫蠱事起，[4]充因此爲姦。[5]是時，上春秋高，意多所惡，以爲左右皆爲蠱道祝詛，窮治其事。丞相公孫賀父子，陽石、諸邑公主，[6]及皇后弟子長平侯衛伉皆坐誅。[7]語在《公孫賀》《江充傳》。[8]

[1]【今注】江充：漢武帝末年酷吏。傳見本書卷四五。

[2]【顏注】師古曰：充爲直指使者，劾太子家車行馳道上，没入車馬，太子求充，充不聽也。【今注】案，王先謙《漢書補注》指出，顏師古所敘事見本書《江充傳》。

[3]【今注】晏駕：對帝王死亡的諱稱。

[4]【今注】巫蠱：古代迷信活動，用巫術製作木偶人並埋入地下，用以詛咒他人。

[5]【今注】案，古代傳統説法一般將巫蠱之禍歸因於衛氏寵衰與江充弄權。方詩銘《西漢武帝晚期的“巫蠱之禍”及其前後——兼論玉門漢簡〈漢武帝遺詔〉》（《上海博物館集刊》1987年）認爲，此背後有去世李夫人親戚李廣利、劉屈氂等人謀立昌邑王髆之陰謀。孫景壇《蘇文應是漢武帝晚年“巫蠱之禍”的元凶》（《南京社會科學》2008年第10期）則提出，以鈎弋趙夫人及劉弗陵爲中心的政治集團爲此案之主謀，激發此案的主角之一黃門蘇文是此事之推手。成祖明《漢帝國嗣君之争與春秋史的書寫》（《齊魯學刊》2017年第3期）則認爲，此事爲李氏集團及其背後的用

法之臣和趙氏集團及其背後的方士集團多方角力的結果。因，大德本作"曰"。

[6]【顏注】師古曰：兩公主。【今注】案，據本書卷六《武紀》顏注，二公主皆爲衛子夫之女。

[7]【顏注】師古曰：伉，音抗，又音剛。【今注】案，王先謙《漢書補注》指出，衛伉被誅事，本書卷六六《公孫賀》、卷四五《江充傳》皆不見。巫蠱獄在武帝征和二年（前91）。衛伉兩失侯，其傳云"坐法"，表云"元鼎元年坐撟制不害免"，之後又"太初元年嗣侯，五年，闌入宮，完爲城旦"。五年，爲武帝天漢元年（前100）也，距征和二年懸隔長達十載，此文"長平侯"，實爲追溯稱之。因衛伉失侯日久，故其坐誅不載於傳、表中。

[8]【今注】案，據本書《五行志上》，當時受巫蠱牽連致死的還有平陽侯曹宗。宗爲平陽侯曹壽與武帝姊平陽公主之孫。平陽公主後來復嫁與衛青，然則曹宗之父與衛伉當爲同母兄弟。

充典治巫蠱，既知上意，[1]白言宮中有蠱氣，入宮至省中，[2]壞御座掘地。上使按道侯韓説、御史章贛、黃門蘇文等助充。[3]充遂至太子宮掘蠱，得桐木人。時上疾，辟暑甘泉宮，[4]獨皇后、太子在。[5]太子召問少傅石德，[6]德懼爲師傅并誅，因謂太子曰："前丞相父子、兩公主及衛氏皆坐此，今巫與使者掘地得徵驗，不知巫置之邪，將實有也，無以自明，可矯以節收捕充等繫獄，[7]窮治其姦詐。且上疾在甘泉，皇后及家吏請問皆不報，[8]上存亡未可知，而姦臣如此，大子將不念秦扶蘇事邪？"[9]太子急，然德言。[10]

[1]【今注】既知上意：由於在戾太子起兵前陷入巫蠱之禍的

皆爲衞氏宗親，因而大部分學者認爲在江充掘蠱之前武帝已有廢戾太子之意。班固在此處實亦在暗示此意。

[2]【今注】省中：指皇帝居處的宫禁之地。

[3]【顏注】師古曰："説"讀曰"悦"。贛，音貢。【今注】韓説：韓王信後裔，弓高侯韓頹當孫，武帝寵臣韓嫣之弟。武帝元朔五年（前124）以都尉隨衞青擊匈奴右賢王部，獲封龍頟侯，後因酎金失侯。元鼎六年（前111）任横海將軍，與楊仆、王温舒共平東越，獲封按道侯。太初三年（前102）以游擊將軍與衞伉屯五原備匈奴，天漢四年（前97）出五原助李廣利出擊匈奴。還爲光禄勳。曾在兒寬獲罪時上書救寬。征和二年（前91）因巫蠱案爲戾太子所殺。　御史：此指侍御史。秦置，漢因之。西漢時爲御史大夫屬官，由御史中丞統領，入侍禁中蘭臺，給事殿中，故名。掌受公卿奏事，舉劾按章，監察文武官員，分令、印、供、尉馬、乘五曹，監領律令、刻印、齋祀、厩馬、護駕等事宜，或供臨時差遣，出監郡國，持節典護大臣喪事，收捕、審訊有罪官吏等。武帝時特置繡衣直指使者，亦稱繡衣御史，巡行郡國，逐捕盗賊，治理大獄，有權誅二千石以下官吏，不常置。其專掌皇帝璽印者，稱符璽御史。又有治書侍御史，選明習法律者充任，復核疑案，平決刑獄。員十五人，秩六百石。　黄門：官署名。隸屬於少府，掌宫中乘輿狗馬倡優鼓吹等事。長官爲黄門令，任職親近天子，多由宦者充任。

[4]【顏注】師古曰："辟"讀曰"避"。【今注】甘泉：左馮翊雲陽縣有甘泉山，山上有甘泉宫，在今陝西淳化縣西北。　案，沈欽韓《漢書疏證》指出，《太平御覽》卷三六七引《三輔故事》云，江充稱武帝不喜衞太子之鼻，太子以紙蔽鼻，充復欺武帝，稱太子不欲聞武帝膿臭。令武帝怒太子。今案，此故事與《戰國策·楚策四》鄭袖事雷同，當爲好事者附會。

[5]【顏注】師古曰：在京師。

[6]【顏注】師古曰：石慶子。【今注】少傅：此指太子少傅，與太子太傅並稱太子二傅。西漢時協助太子太傅監護、輔翼、教導太子。秩二千石。　石德：據本書《外戚恩澤侯表》記載，牧丘侯石慶子名德。然周壽昌《漢書注校補》指出，石慶子石德在武帝天漢元年（前100）即已獲罪免官失侯，且本書卷四六《萬石君傳》未載其家族誅事。他認爲此石德爲另一人，非石慶子。

[7]【顏注】師古曰：矯，託也，託詔命也。

[8]【顏注】蘇林曰：家吏，皇后吏也。臣瓚曰：太子稱家，家吏是太子吏也（吏，大德本作“史”）。師古曰：既言皇后及家吏，此爲皇后吏及太子吏耳。瓚説是也。【今注】家吏：沈欽韓《漢書疏證》指出，據劉歆《西京雜記》，皇太子官稱家臣。

[9]【顏注】韋昭曰：始皇死，趙高詐殺扶蘇而立胡亥也。【今注】案，大，白鷺洲本、大德本、殿本作“太”；邪，殿本作“耶”。

[10]【今注】案，田餘慶《論輪臺詔》（《歷史研究》1984年第2期）提出，此禍背後涉及漢廷統治政策轉向的問題，因武帝的“用法”派與輔佐太子的“守文”兩派鬥爭，而釀此禍。辛德勇《漢武帝晚年政治取向與司馬光的重構》（《清華大學學報》2014年第6期）則認爲，太子一派並不“守文”，“巫蠱之禍”不涉及政策轉向的鬥爭。

征和二年七月壬午，乃使客爲使者收捕充等。按道侯説疑使者有詐，不肯受詔，客格殺説。御史章贛被創突亡，自歸甘泉。太子使舍人無且[1]持節夜入未央宮殿長秋門，[2]因長御倚華，[3]具白皇后，發中厩車載射士，[4]出武庫兵，[5]發長樂宮衞，[6]告令百官曰江充反。迺斬充以徇，[7]炙胡巫上林中。[8]遂部賓客爲將率，與丞相劉屈氂等戰。[9]長安中擾亂，言太子反，[10]

以故衆不附。[11]太子兵敗，亡，不得。[12]

[1]【顏注】師古曰：且，音子閭反。【今注】舍人：此指太子舍人，官名。秦始置，兩漢因之。掌行令書、表啓，負責太子東宮的更直，輪流宿衛，如三署郎中。西漢太子太傅、少傅屬官均有太子舍人。秩二百石，無員額。

[2]【今注】未央宮：漢正宮。在秦章臺基礎上修建，位於漢長安城地勢最高的西南角龍首原上，因在長安城安門大街之西，又稱西宮。參見李毓芳《漢長安城未央宮的考古發掘與研究》（《文博》1995 年第 3 期）、陳蘇鎮《未央宮四殿考》（《歷史研究》2016 年第 5 期）。　長秋門：王先謙《漢書補注》引繆荃孫説，《三輔黃圖》有長秋殿，其門當即長秋殿門。

[3]【顏注】鄭氏曰：長，音長者。如淳曰：《漢儀注》女長御比侍中，皇后見婕娥以下，長御稱謝。倚華字也。師古曰：倚，音於綺反。

[4]【顏注】師古曰：中厩，皇后車馬所在也。【今注】中厩：《資治通鑑》卷二二《漢紀》孝武皇帝征和二年胡三省注據《史記》卷八七《李斯列傳》“中厩之寶馬，臣得賜之”一句，認爲中厩非專主皇后車馬。王先謙《漢書補注》指出，顏師古之説有據，出自《三輔黃圖》。胡三省所言爲秦制，與漢制不同。

[5]【今注】武庫：西漢貯存武器的倉庫。蕭何主持修建。在今陝西西安市西北漢長安故城未央宮與長樂宮之間。

[6]【今注】長樂宮：本秦興樂宮，“周回二十里”（《資治通鑑》卷一一胡三省注引程大昌《雍録》）。漢高祖時擴建，改名長樂宮，在此視朝。漢惠帝以後爲太后寢宮。遺址在今陝西西安市西北漢長安故城東南隅。

[7]【今注】案，徇，殿本作“狗”，誤。

[8]【顏注】服虔曰：作巫蠱之胡人也。炙，燒也。師古曰：

胡巫受充意指，妄作蠱狀，太子特忿，且欲得其情實，故以火炙之，令毒痛耳。【今注】胡巫：胡，指匈奴，此指歸降漢朝的匈奴巫師。武帝沉迷神仙之術，除了信用漢朝術士外，在其開拓邊境後，對少數民族巫師，如胡巫、越巫等亦頗信任。有學者據此記載認爲，巫蠱之風當從匈奴中傳來（參見呂思勉《秦漢史》第五章，上海古籍出版社 1983 年版；王子今《西漢長安的“胡巫”》，《民族研究》1997 年第 5 期）。亦有相反觀點指出，中原地區早有通過木偶詛咒之法，當與匈奴無關（參見胡新生《論漢代巫蠱術的歷史淵源》，《中國史研究》1997 年第 3 期）。蓋武帝晚年的巫蠱之案或爲兩方面的迷信思想混合所致。

[9]【今注】與丞相劉屈氂等戰：據本書卷六六《劉屈氂傳》，戾太子以長樂宮衛及長安囚徒起兵後，劉屈氂棄印綬而逃，直到得到武帝支持後，方奉命率三輔之兵與太子鬭於長安城。太子發北軍及宣曲、長水胡騎不成，乃驅長安四市數萬人與劉屈氂連戰五日，死者數萬人，最終戾太子敗逃。劉屈氂，武帝兄中山靖王劉勝之子，與貳師將軍李廣利爲親家。丞相公孫賀下獄後，劉屈氂以涿郡太守升任丞相。巫蠱之變時鎮壓戾太子，後獲罪被殺，罪名爲以巫蠱祝詛武帝，及與李廣利謀立昌邑王髆。傳見本書卷六六。

[10]【今注】言太子反：戾太子本以“清君側”爲名矯制發兵，然因武帝由甘泉宮迅速返回長安城邊的建章宮，使此號召流於無力。

[11]【今注】案，不附，大德本、殿本作“不肯附”。

[12]【顏注】師古曰：太子出亡，而吏追捕不得也。

　　上怒甚，群下憂懼，不知所出。[1]壺關三老茂上書曰：[2]“臣聞父者猶天，母者猶地，子猶萬物也。故天平地安，陰陽和調，物迺茂成；父慈母愛室家之中，子迺孝順。陰陽不和，則萬物夭傷，父子不和，則室家喪亡。故父不父，則子不子，君不君，則臣不臣，雖有粟，吾豈得而食諸！[3]昔者虞舜，孝之至也，而不中於瞽叟；[4]孝己被謗，伯奇放流，[5]骨肉至親，父子相疑。何者？積毀之所生也。由是觀之，子無不孝，而父有不察。今皇太子爲漢適嗣，[6]承萬世之業，體祖宗之重，親則皇帝之宗子也。江充，布衣之人，閭閻之隸臣耳，[7]陛下顯而用之，銜至尊之命，以迫蹙皇太子，[8]造飾姦詐，群邪錯謬，是以親戚之路鬲塞而不通。太子進則不得上見，退則困於亂臣，獨冤結而亡告，[9]不忍忿忿之心，起而殺充，恐懼逋逃，[10]子盜父兵，以救難自免耳，臣竊以爲無邪心。《詩》曰：'營營青蠅，止于藩。愷悌君子，無信讒言。讒言罔極，交亂四國。'[11]往者江充讒殺趙太子，[12]天下莫不聞，其罪固宜。[13]陛下不省察，深過太子，[14]發盛怒，舉大兵而求之，三公自將，[15]智者不敢言，辯士不敢說，臣竊痛之。臣聞子胥盡忠而忘其號，[16]比干盡仁而遺其身，[17]忠臣竭誠不顧鈇鉞之誅[18]以陳其愚，志在匡君安社稷也。[19]《詩》云：'取彼譖人，投畀豺虎。'[20]唯陛下寬心慰意，少察所親，[21]毋患太子之非，[22]亟罷甲兵，無令太子久亡。[23]臣不勝惓惓，[24]出一旦之命，待罪建章闕下。"[25]書奏，天子感寤。

[1]【顏注】師古曰：計無所出。

[2]【顏注】師古曰：壺關，上黨之縣也。荀悅《漢紀》云"令狐茂"，班史不載其姓，不知於何得也？【今注】案，沈欽韓《漢書疏證》指出，劉昭《續漢書》諸志注引《上黨記》、魏收

《地形志》、《水經注》皆稱其墓爲令狐徵君墓。沈氏認爲，三老確姓令狐。王先謙《漢書補注》引梁玉繩説，指出《漢武故事》作"鄭茂"，梁元帝《同姓名録》從之。未知孰是。《濁漳水注》作"壺關三老公乘興"，則當是本書卷七六《王尊傳》中誤以訟王尊之湖三老爲茂。引繆荃孫説，指出《後漢書》卷五六《張皓傳》李賢注云"壺關三老令狐茂上書訟太子冤。見《前書》"。疑舊本有"令狐"二字。

[3]【顏注】師古曰：《論語》云，齊景公問政於孔子（於，大德本作"與"），孔子對曰："君君，臣臣，父父，子子。"公曰："善哉！信如君不君，臣不臣，父不父，子不子，雖有粟，吾豈得而食諸！"言父子君臣之道不立，則國必危亡，倉廩雖多，吾不得食也。

[4]【顏注】師古曰：中，當也。瞽叟，舜父也。言不當其意也。中，音竹仲反。【今注】瞽叟：傳説中舜帝之父，雙目失明，故稱爲瞽叟。據説瞽叟本性頑劣惡毒，屢次欲害舜，但舜依舊孝順瞽叟。

[5]【顏注】師古曰：孝己、伯奇，並已解於上。【今注】孝己：殷商高宗武丁之子，傳説因武丁惑於後妻之言，被流放而死，一説被殺。　伯奇：周宣王時名將尹吉甫之子，因其後母之謗而被流放。

[6]【顏注】師古曰："適"讀曰"嫡"。

[7]【顏注】師古曰：隸，賤也。【今注】閭閻：古代里巷内外的門，後泛指平民老百姓。

[8]【顏注】師古曰：蹵，音千六反。

[9]【顏注】師古曰："鬲"與"隔"同。

[10]【顏注】師古曰：逬，亡也。

[11]【顏注】師古曰：《小雅·青蠅》之詩也。營營，往來之皃也（皃，白鷺洲本、殿本作"貌"）。藩，籬也。愷，樂；

悌，易也。言青蠅来往，止於藩籬，變白作黑，讒人構毀（構，白鷺洲本、大德本、殿本作"搆"），間親令疏，樂易之君子不當信用。若讒言無極，則四國亦以交亂，宜深察也。

［12］【今注】江充讒殺趙太子：江充妹嫁趙國太子丹，而得幸趙王，後復與太子丹相忤。丹殺江充父兄，江充逃至長安，告趙太子行淫亂，通豪猾，行劫掠。丹下獄，被殺。

［13］【顏注】師古曰：充宜得罪也。【今注】案，王先謙《漢書補注》指出，趙太子事見本書卷四五《江充傳》。

［14］【顏注】師古曰：以太子爲罪過而深責之。

［15］【今注】三公自將：漢武帝令丞相劉屈氂率軍鎮壓戾太子。

［16］【顏注】師古曰：忘，亡也。吳王殺之，被以惡名，失其善稱號。【今注】子胥：即伍子胥，名員。春秋時期軍事家。因直諫觸怒吳王夫差而被殺。傳見《史記》卷六六。 忘：王先謙《漢書補注》認爲，此處"忘"當爲"不顧"之意。

［17］【顏注】師古曰：比干，殷之賢臣，以道諫紂，紂怒殺之，而剖其心也。【今注】比干：殷紂王叔父，因直諫觸怒紂王而被殺。

［18］【顏注】師古曰：鈇，所以斫人，如今莝刃也，音膚。【今注】鈇：鍘刀，用於切草。古代也用爲斬人的刑具。 鉞：大斧。多用作儀仗，以象徵帝王的權威，也用爲刑具。

［19］【顏注】師古曰：匡，正也。正其失也。

［20］【顏注】師古曰：《小雅·巷伯》之詩也。言譖讒之人，誠可疾惡，願投與猛獸食之。畀，音必寐反。

［21］【顏注】師古曰：父子之道，天性之親也。

［22］【今注】非：王先謙《漢書補注》指出，非，所指爲逆亂。

［23］【顏注】師古曰：亟，急也，音居力反。

[24]【顏注】師古曰："惓"讀曰"拳"。解在《劉向傳》。

[25]【今注】建章：建章宮。在今陝西西安市西北二十里漢長安故城西。　闕：古代皇宮門外兩邊供瞭望的樓臺，中有通道。

太子之亡也，東至湖，[1]臧匿泉鳩里。[2]主人家貧，常賣屨以給太子。[3]太子有故人在湖，聞其富贍，使人呼之[4]而發覺。吏圍捕太子，太子自度不得脱，[5]即入室距户自經。[6]山陽男子張富昌爲卒，[7]足蹋開户，新安令史李壽趨抱解太子，[8]主人公遂格鬭死，皇孫二人皆并遇害。上既傷太子，乃下詔曰："蓋行疑賞，所以申信也。其封李壽爲邗侯，[9]張富昌爲題侯。"[10]

[1]【顏注】師古曰：湖，縣名，今虢州閿鄉、湖城二縣皆其地也。【今注】湖：縣名。西漢武帝時改胡縣置，屬京兆尹，治所在今河南靈寶市西北。

[2]【顏注】師古曰：泉鳩水今在閿鄉縣東南十五里，見有戾太子冢，冢在澗東也。【今注】泉鳩里：閭里名。在今河南靈寶市西北，因泉鳩水流經此地，故名。里，古代居民聚居的地方。在鄉爲閭，在邑爲里。

[3]【今注】屨：以麻、葛製成的一種鞋。

[4]【顏注】師古曰：贍，足也。

[5]【顏注】師古曰：度，音大各反。

[6]【今注】距：同"拒"。抵擋之意。　户：單扇的門。自經：上吊自殺。

[7]【今注】山陽：縣名。治所在今河南焦作市東。

[8]【今注】新安：縣名。治所在今河南義馬市新安故城。

[9]【顏注】韋昭曰：邗在河内。師古曰：爲其解救太子也。

邘，音于。【今注】案，王先謙《漢書補注》指出，李壽抱解太子，是因自殺，欲生得之而已，本非欲救之。本書《景武昭宣元成功臣表》云"壽共得衞太子，侯"，可見並非以解救太子而封。今案，李壽在之後獲封衞尉，武帝征和三年（前90），以其送李廣利出師時擅出長安界，又謀殺方士，被誅。

[10]【顏注】孟康曰：縣名也。晉灼曰：《地理志》無也。《功臣表》食邑鉅鹿。師古曰：晉説是也。【今注】案，王先謙《漢書補注》指出，荀悦《漢紀》作"抱侯""躎踶侯"，當是雜采他書之謬説，不足爲據。今案，張富昌於後元二年四月"爲人所賊殺"。

久之，巫蠱事多不信。上知太子惶恐無他意，而車千秋復訟太子冤，[1]上遂擢千秋爲丞相，而族滅江充家，焚蘇文於橫橋上，[2]及泉鳩里加兵刃於太子者，初爲北地太守，後族。[3]上憐太子無辜，乃作思子宫，爲歸來望思之臺於湖。[4]天下聞而悲之。[5]

[1]【今注】車千秋復訟太子冤：詳見本書卷六六《車千秋傳》。

[2]【顏注】孟康曰：橫，音光。師古曰：即橫門渭橋也。【今注】橫橋：出橫城門跨越渭水的橋。《三輔黃圖》卷一云"長安城北出西頭第一門曰橫門"。

[3]【今注】北地：郡名。治馬領（今甘肅慶陽市西北馬嶺鎮）。　太守：職官名。漢地方郡的最高長官。原稱郡守，漢景帝中二年（前148）更爲現名。秩二千石。

[4]【顏注】師古曰：言己望而思之，庶太子之魂歸來也（魂歸來，大德本、殿本作"魂來歸"，白鷺洲本作"魂歸來"）。其臺在今湖城縣之西、閺鄉之東（鄉，白鷺洲本作"縣"），基

趾猶存。

[5]【今注】案，田餘慶《論輪臺詔》認爲，漢武帝在“巫蠱之變”後痛定思痛，以“輪臺詔”爲標志，將“用法”政策轉向了“守文”政策。此説在近年引起了較大的争論。辛德勇《漢武帝晚年政治取向與司馬光的重構》認爲，武帝並未進行過政策轉折。楊勇《再論漢武帝晚年政治取向———一種政治史與思想史的聯合考察》（《清華大學學報》2016年第2期）則認爲，漢武帝調整的衹是對外征伐政策，並未改變對内興利、用法之政策，該政策至武帝去世六年後的鹽鐵會議方被改變。

初，太子有三男一女，女者平輿侯嗣子尚焉。[1]及太子敗，皆同時遇害。衛后、史良娣葬長安城南。史皇孫、皇孫妃王夫人及皇女孫葬廣明。[2]皇孫二人隨太子者，與太子并葬湖。[3]

[1]【今注】平輿侯：錢大昭《漢書辨疑》指出，表中無平輿侯。平輿，縣名。治所在今河南平輿縣北。本屬淮陽國，文帝十二年（前168）爲汝南郡治所。

[2]【顔注】蘇林曰：苑名也。【今注】廣明：亭名。在長安城東都門外。亭，漢代行政每十里設一亭，有亭長，掌治安及民事。

[3]【顔注】師古曰：今太子冢北有二冢相次，則二皇孫也。

太子有遺孫一人，史皇孫子，王夫人男，年十八即尊位，是爲孝宣帝。帝初即位，下詔曰：“故皇太子在湖，未有號謚，歲時祠，其議謚，置園邑。”有司奏請：[1]“禮‘爲人後者，爲之子也’，[2]故降其父母不得祭，[3]尊祖之義也。陛下爲孝昭帝後，承祖宗之祀，制禮不踰閑。[4]謹行視孝昭帝所爲故皇太子起位在湖，[5]史良娣冢在博望苑北，親史皇孫位在廣明郭北。[6]《謚法》曰'謚者，行之迹也'，愚以爲親謚宜曰悼，[7]母曰悼后，比諸侯王園，置奉邑三百家。故皇太子謚曰戾，[8]置奉邑二百家。史良娣曰戾夫人，置守冢三十家。園置長丞，[9]周衞奉守如法。"以湖閿鄉邪里聚爲戾園，[10]長安白亭東爲戾后園，[11]廣明成鄉爲悼園。皆改葬焉。

[1]【今注】有司奏請：《漢書考證》齊召南指出，按本書卷七三《韋玄成傳》，此議爲宣帝本始元年（前73）丞相蔡義等所奏也。

[2]【今注】案，此語出自《春秋公羊傳》成公十五年。然唐代經學家啖助指出，這是因《公羊傳》誤讀史料而推出的錯誤理論。然此種錯誤理論在後世發生外藩入繼的情況時，屢屢引發政治鬥爭。如漢昌邑王、漢宣帝、漢哀帝、宋英宗、明世宗入繼時皆發生類似的爭論。（參見李衡眉、張世響《從一條錯誤的禮學理論所引起的混亂説起——"禮，爲人後者爲之子"緣起剖析》，《史學集刊》2000年第4期；孫筱《從"爲人後者爲之子"談漢廢帝劉賀的立與廢》，《史學月刊》2016年第9期）

[3]【顏注】師古曰：謂本生之父母也。

[4]【顏注】師古曰：閑猶限也。

[5]【顏注】文穎曰：位，冢位也。師古曰：行，音下更反。【今注】位：王先謙《漢書補注》指出，位當爲墓旁之祭壇。

[6]【顏注】如淳曰：親，謂父也。【今注】郭：外城。

[7]【今注】案，大德本、殿本"悼"後有"皇"字。

[8]【今注】謚曰戾：關於"戾"的意義，周壽昌《漢書注校補》卷四認爲，漢宣帝不當以暴戾、乖戾、罪戾等意義作爲乃祖謚號。根據《説文解字》，"戾"有"曲"的意思，此處當言衛太子"身受曲戾不能自伸"之意。雖則如此，此謚號亦非美謚，衛太子亦未加帝號。這是因爲漢代去古未遠，承襲上古風俗，不如後世隆厚。今案，此傳中稱戾太子死後，武帝"憐太子無辜"，則太子似已被平反，不當加惡謚，故臣瓚、顏師古、周壽昌有此疑惑。然張小鋒《西漢中後期政局演變探微》（天津古籍出版社 2007 年版）根據皇曾孫長期被羈押，直至武帝臨終之際方被赦免，指出戾太子在武帝末年並未被徹底平反。近人吳恂《漢書注商》更指出，戾太子殺江充、韓説，可視爲其伸冤泄憤，然其後忿調動各處兵馬，驅趕四市百姓攻丞相劉屈氂，致死者數萬，"謚之爲戾，不亦宜乎？"吳氏所言甚是。事實上，戾太子先擅殺使者，後又大興刀兵，直接挑戰皇權，於武帝而言，實與造反無異。即令其巫蠱事冤枉，此行事亦絶難容於禮教與皇權。宣帝此時剛剛即位並無實權，無力改變公論，謚爲"戾"實乃正常，無須曲解。

[9]【今注】園置長丞：王先謙《漢書補注》指出，據《續漢書·百官志》，諸廟寢園皆有食官令長丞。

[10]【顏注】孟康曰：閎，古"閎"字，從門中。建安中正作"閎"（閎，白鷺洲本作"闠"，大德本作"閒"）。師古曰：昦，舉目使人也。昦，音許密反。"閎"字本從"昦"，其後轉訛誤（訛，大德本作"説"），遂作"門"中"受"耳。而郭璞迺音汝授反，蓋失理遠耳。【今注】閎鄉：古鄉名。屬京兆尹湖縣。治所在今河南靈寶市西北文鄉。

[11]【今注】白亭：亭名。在今陝西西安市西南。

後八歲，有司復言：[1] "禮'父爲士，子爲天子，祭以天子'。[2] 悼園宜稱尊號曰皇考，立廟，因園爲寝，以時薦享焉。益奉園民滿千六百家，以爲奉明縣。^[3]尊戾夫人曰戾后，置園奉邑，及益戾園各滿三百家。”

[1]【今注】後八歲：《漢書考證》齊召南指出，此奏爲宣帝元康元年（前65）丞相魏相等所奏。

[2]【今注】案，此句出自《禮記·喪服小記》。

[3]【今注】奉明：縣名。治所在今陝西西安市西北。其地爲宣帝父史皇孫墓地“奉明園”所在。

齊懷王閎與燕王旦、廣陵王胥同日立，皆賜策，各以國土風俗申戒焉，^[1]曰：“惟元狩六年四月乙巳，^[2]皇帝使御史大夫湯^[3]廟立子閎爲齊王，^[4]曰：烏呼！^[5]小子閎，受兹青社。^[6]朕承天序，惟稽古，建爾國家，^[7]封于東土，世爲漢藩輔。烏呼！^[8]念哉，共朕之詔。^[9]惟命于不常，^[10]人之好德，克明顯光，義之不圖，俾君子怠。^[11]悉爾心，允執其中，天禄永終。^[12]厥有愆不臧，迺凶于乃國，而害于爾躬。^[13]嗚呼！保國乂民，可不敬與！王其戒之！”^[14]閎母王夫人有寵，閎尤愛幸，立八年，薨，無子，國除。^[15]

[1]【今注】皆賜策：錢大昭《漢書辨疑》指出，據本書卷六《武紀》，是年年初作誥，故三王俱載賜策。案，王先謙《漢書補注》曰：三王定位建國，爲大司馬霍去病建議，詳見《史記》卷六〇《三王世家》。

[2]【今注】案，元狩，《史記·三王世家》無此二字。　四月乙巳：王先謙《漢書補注》指出，據《史記·三王世家》，四月

戊寅朔，則乙巳爲二十八日。今案，查諸曆表，武帝元狩六年（前117）四月確爲戊寅朔，王説是（參見張培瑜《三千五百年曆日天象》，大象出版社 1997 年版）。

［3］【顏注】師古曰：張湯。【今注】湯：張湯。漢武帝朝著名酷吏。傳見本書卷五九。

［4］【顏注】師古曰：於廟授策也。【今注】案，此前兩句在封燕王、廣陵王策中被《漢書》略去，《史記》仍存。

［5］【今注】案，烏呼，白鷺洲本、殿本作“嗚呼”，《史記》作“於戲”。

［6］【顏注】張晏曰：王者以五色土爲大社（大，大德本、殿本作“太”），封四方諸侯，各以其方色土與之，苴以白茅，歸以立社。【今注】青：根據五行學説，以五方配五色，東青，西白，南赤，北黑，中黃。閎所封齊國在東方，故“受兹青社”。社：祭祀土地神的場所。

［7］【顏注】師古曰：言考於古道而立子爲王（於，殿本作“于”）。【今注】天序：王先謙《漢書補注》指出，“天序”《史記·三王世家》作“祖考”。　稽古：考察古代事迹以爲借鑒。源出《尚書·堯典》。

［8］【今注】案，烏，白鷺洲本、殿本作“嗚”。

［9］【顏注】師古曰：“共”讀曰“恭”。言敬聽我詔。【今注】案，共，《史記·三王世家》作“恭”。

［10］【顏注】師古曰：言皇天無親，惟德是輔，善則得之，惡則失之。【今注】案，于不，白鷺洲本、大德本、殿本作“不于”。《史記·三王世家》作“不于”。當以“不于”爲是，源出《尚書·康誥》。

［11］【顏注】師古曰：言人若好德，則能明顯有光輝；若不圖於義，則君子懈怠，無歸附之者。圖，謀也。俾，使也。【今注】克：能够。　俾君子怠：王先謙《漢書補注》引曾廣鈞説，

指出《公羊傳》云“俾君子易怠”，此處當承用其文。

[12]【顏注】師古曰：能盡爾心，信執中和之德，則能終天禄者也。【今注】允執其中：指言行不偏不倚，符合中正之道。《尚書·皋陶謨》云“允執厥中”，《論語·堯曰》改寫爲“允執其中”。　天禄永終：上天所給的禄位永遠持續。出自《論語·堯曰》。關於《堯曰》此句句意的爭議，可參見張巍《“天禄永終”辨正》（《學術研究》2004 年第 11 期）。

[13]【顏注】師古曰：臧，善也。乃，汝也。【今注】厥：其。　愆：罪過，錯誤。

[14]【顏注】師古曰：保，安也。乂，治也。“與”讀曰“歟”。【今注】乂（yì）：治理。　不敬：漢律罪名。指危害皇帝尊嚴的犯罪行爲。

[15]【今注】案，王先謙《漢書補注》指出，劉閎於武帝元封元年（前 110）薨。王夫人爲趙人，事詳見《史記·三王世家》。

　　燕剌王旦賜策曰：“嗚呼！小子旦，受茲玄社，建爾國家，[1]封于北土，世爲漢藩輔。嗚呼！薰鬻氏虐老獸心，以姦巧邊甿。[2]朕命將率，徂征厥罪。[3]萬夫長，千夫長，三十有二帥，[4]降旗奔師。[5]薰鬻徙域，[6]北州以妥。[7]悉爾心，母作怨，母作棐德，[8]母迺廢備。[9]非教士不得從徵。[10]王其戒之！”[11]

[1]【今注】玄：此指黑色。旦所封燕國在北方。因在五行學說中，北方對應黑色，故祭祀地神的場所用黑土。　社：王先謙《漢書補注》指出，《史記》卷六〇《三王世家》此策及屬王策“社”下皆有“朕承祖考，惟稽古”七字；《漢書》無，蓋班氏删之。社，殿本作“土”。

[2]【顏注】服虔曰：薰鬻，堯時匈奴號也。孟康曰：甿，

音萌。師古曰：虐老，謂貴少壯而食甘肥，賤者老而與粗惡也。獸心，言貪暴而無仁義也。吒，庶人。薰，音勳。鬻，音育。【今注】薰鬻：指匈奴。傳見本書卷九四。王先謙《漢書補注》指出，"薰鬻"《史記·王三世家》作"葷粥"，音同字異；"心"下，《史記·三王世家》作"侵犯寇盜，加以姦巧邊萌"。顏説本於本書卷九四《匈奴傳》。

[3]【顏注】師古曰：徂，往也。【今注】案，王先謙《漢書補注》指出，"朕"上，《史記·三王世家》有"於戲"二字。

[4]【顏注】張晏曰：時所獲三十二帥也。【今注】三十有二帥：《史記·三王世家》作"三十有二君皆來"，似較本書更爲通順。

[5]【顏注】如淳曰：昆邪王偃其旗鼓而來降也。

[6]【顏注】張晏曰：匈奴徙東。【今注】薰鬻徙域：《漢書考正》劉奉世指出，匈奴所徙爲漠北。王先謙《漢書補注》同意劉説。

[7]【顏注】孟康曰：古"綏"字也。臣瓚曰：妥，安也。師古曰：瓚説是也。妥，音他果反。

[8]【顏注】服虔曰：棐，薄也。師古曰：棐，古"匪"字也。匪，非也。

[9]【顏注】師古曰：禦邊之備不可廢。

[10]【顏注】張晏曰：士不素習不得應召。【今注】非教士不得從徵：沈欽韓《漢書疏證》指出，《管子·小匡》有云，"君有此教士三萬人，以横行於天下"。王先謙《漢書補注》指出，司馬貞《史記索隱》引韋昭云："士非素教習，不得從軍征發。故孔子曰：'不教而戰，是謂棄之'，正謂此也。"

[11]【今注】案，王先謙《漢書補注》指出，《史記·三王世家》此策及屬王策"王"上皆有"於戲，保國艾民，可不敬與"十字，爲班固所省。

　　旦壯大就國，爲人辯略，[1]博學經書雜説，好星曆數術倡優射獵之事，[2]招致游士。及衞太子敗，齊懷王又薨，旦自以次第當立，上書求入宿衞。上怒，下其使獄。[3]後坐臧匿亡命，削良鄉、安次、文安三縣。[4]武帝由是惡旦，後遂立少子爲太子。[5]

　　[1]【今注】辯略：有智謀。

　　[2]【今注】星曆：指星象觀測、曆法演算及相關的禍福預測。殿本作“星歷”。　數術：天文、曆法、占卜、陰陽五行等涉及演算的學問。　倡優：以音樂歌舞或雜技戲謔娛人的藝人。

　　[3]【今注】下其使獄：王先謙《漢書補注》指出，據《史記》卷六〇《三王世家》，武帝斬其使者於門闕下。

　　[4]【今注】良鄉：縣名。治所在今北京市房山區竇店鎮古城遺址。　安次：縣名。治所在今河北廊坊市安次區西北。　文安：縣名。治所在今河北文安縣東北。

　　[5]【今注】後：案，依本書卷六《武紀》所載，立太子在武帝後元二年（前87）二月乙丑，亦即武帝去世前二日。是以後文燕王對此事頗爲懷疑。　少子：鉤弋夫人子劉弗陵。

　　帝崩，太子立，是爲孝昭帝，賜諸侯王璽書。旦得書，不肯哭，曰：“璽書封小。[1]京師疑有變。”遣幸臣壽西長、孫縱之、王孺等之長安，[2]以問禮儀爲名。王孺見執金吾廣意，[3]問帝崩所病，[4]立者誰子，年幾歲。廣意言待詔五莋宮，[5]宮中謹言帝崩，諸將軍共立太子爲帝，年八九歲，葬時不出臨。[6]歸以報王。王曰：“上棄群臣無語言，蓋主又不得見，[7]甚可怪也。”

[1]【顏注】張晏曰：文少則封小。

[2]【顏注】師古曰：之，往也。

[3]【顏注】師古曰：郭廣意。【今注】執金吾：官名。西漢中央諸卿之一，西漢前期稱中尉，漢武帝時改稱執金吾，職掌宮殿之外、京城之內的警備事務，天子出行時充任儀衛導行。秩中二千石。

[4]【顏注】師古曰：因何病而崩。

[5]【顏注】師古曰：“莋”讀與“柞”同（柞，大德本作“拃”）。【今注】待詔：指應皇帝徵召隨時待命。　五莋宮：又作“五柞宮”。位於今陝西周至縣集賢鎮，因宮內有五柞樹（一說爲梧桐樹），其樹蔭蓋數畝之大，故稱五柞宮。

[6]【顏注】師古曰：臨，音力禁反。

[7]【今注】蓋主：即鄂邑公主。漢武帝女，漢昭帝姊，封地爲鄂邑。因嫁蓋侯爲妻，故又稱蓋主、鄂邑蓋主、鄂邑蓋長公主。昭帝即位，供養帝於宮中，多次被益封爵邑。聯合上官桀等，合謀與霍光爭權，終以謀反罪被迫自殺。

復遣中大夫至京師，[1]上書言：“竊見孝武皇帝躬聖道，孝宗廟，慈愛骨肉，和集兆民，德配天地，明並日月，威武洋溢，[2]遠方執寶而朝，增郡數十，斥地且倍，[3]封泰山，[4]禪梁父，[5]巡狩天下，遠方珍物陳于太廟，[6]德甚休盛，[7]請立廟郡國。”奏報聞。

[1]【今注】中大夫：官名。王國屬官。多以文學之士充任，掌奉使京城及諸國之事。

[2]【顏注】師古曰：洋溢，言盛多也。洋，音羊。

[3]【顏注】師古曰：斥，開也。

[4]【今注】封泰山：古代帝王在泰山頂上築土爲壇祭天。

[5]【今注】禪梁父：在泰山脚下的梁父山築壇祭地。梁父，山名。又作"梁甫"。在今山東泰安市東南，西連徂徠山。

[6]【今注】太廟：帝王祭祀祖先的廟宇。

[7]【顔注】師古曰：休，美也。

　　時大將軍霍光秉政，[1]襃賜燕王錢三千萬，益封萬三千户。旦怒曰："我當爲帝，何賜也！"遂與宗室中山哀王子劉長、齊孝王孫劉澤等結謀，[2]詐言以武帝時受詔，得職吏事，修武備，[3]備非常。[4]長於是爲旦命令群臣曰："寡人賴先帝休德，[5]獲奉北藩，親受明詔，職吏事，領庫兵，飭武備，[6]任重職大，夙夜兢兢，子大夫將何以規佐寡人？且燕國雖小，成周之建國也，[7]上自召公，下及昭襄，[8]于今千載，豈可謂無賢哉？寡人束帶聽朝三十餘年，曾無聞焉。其者寡人之不及與？[9]意亦子大夫之思有所不至乎？其咎安在？方今寡人欲撟邪防非，章聞揚和，[10]撫慰百姓，移風易俗，厥路何由？子大夫其各悉心以對，寡人將察焉。"群臣皆免冠謝。

[1]【今注】大將軍：戰國以來掌征伐的高級武官統稱，秦漢沿置，漢初爲臨時封號，位在三公後，事迄則罷，至漢武帝元朔五年（前124）封衛青爲大將軍後，乃爲掌武職的常置之官。　霍光：霍去病之弟，昭、宣朝權臣。傳見本書卷六八。

[2]【今注】中山哀王：名昌，漢武帝兄中山靖王劉勝之子。中山，諸侯王國名。治盧奴縣（今河北定州市）。　齊孝王：名將閭，劉邦子齊悼惠王劉肥之子。

[3]【今注】得職吏事：王念孫《讀書雜志·漢書第十一》指出，據《爾雅》，"職"意爲"主"，謂得主其國中之吏事。

[4]【顏注】如淳曰：諸侯不得治民與職事，是以爲詐言受詔，得知職事，發兵爲備也。

[5]【顏注】師古曰：休，美也。

[6]【顏注】師古曰："飭"讀與"勑"同。飭，整也。

[7]【顏注】師古曰：自周以來即爲燕國，言以久遠。

[8]【顏注】師古曰：召公，謂召公奭也。昭、襄，六國時燕之二王也。"召"讀曰"邵"。【今注】召公：又作"邵公"，名奭，周朝宗室，食邑於召，故稱召公。武王滅紂後召公獲封於燕，然未之國。根據1986年在北京市房山區琉璃河出土的"克盉""克罍"銘文，實際到燕國就封的當爲其子"克"。武王去世後與周公共同輔佐成王，任太保，陝（今河南三門峽市陝州區）以東由周公主之，陝以西由召公主之。召公長壽，至康王時尚在。其治西方，甚得民和。《詩經》的《甘棠》之詩據說就是後人懷念召公之治而作。參見《史記》卷三四《燕召公世家》、孫華《匽侯克器銘文淺見——兼談召公建燕及其相關問題》（《文物春秋》1992年第3期）。　昭襄：戰國著名君主燕昭襄王，一般稱燕昭王，此處非指二王，顏注誤。其父燕王噲禪讓相國子之，引起太子平發動內亂。太子平被殺，而齊宣王又趁燕國內亂滅燕，殺燕王噲及子之，後迫於燕民反抗與其他諸侯國干涉而退兵。燕昭王復國後，勵精圖治，據說還曾建黃金臺求賢。燕昭王二十八年（前284），以樂毅爲將，聯合秦、韓、趙、魏，共五國伐齊，攻破齊都臨淄，連下七十二城，齊閔王敗死，燕國勢力達到極盛。

[9]【顏注】師古曰："與"讀曰"歟"。【今注】者：錢大昕《廿二史考異·漢書三》指出，"者"讀如"諸"。

[10]【顏注】師古曰：撟，正也。章，表也。"撟"與"矯"同，其字從手也。

　　郎中成轸謂旦曰：[1]“大王失職，獨可起而索，不可坐而得也。[2]大王壹起，國中雖女子皆奮臂隨大王。”旦曰：“前高后時，僞立子弘爲皇帝，諸侯交手事之八年。[3]吕太后崩，大臣誅諸吕，迎立文帝，天下乃知非孝惠子也。[4]我親武帝長子，反不得立，上書請立廟，又不聽。立者疑非劉氏。”

　　[1]【今注】郎中：官名。此指王國郎中。戰國時齊與三晉（韓、趙、魏）都設郎中，爲侍衛之官。秦漢沿置，屬郎中令。爲諸侯王之車騎侍從和守衛門户。

　　[2]【顔注】師古曰：失職，謂當爲漢嗣而不被用也。索，求也。

　　[3]【顔注】師古曰：交手，謂拱手也。【今注】八年：此處言諸侯事弘八年，不確。吕后攝政八年，前後共立兩帝。前少帝史失其名，吕后四年（前184）被廢。後少帝名弘，功臣迎立文帝後被廢殺。

　　[4]【今注】非孝惠子：此説爲漢代官方説法。然據本書卷三《高后紀》記載，前少帝爲“皇后取後宫美人子名之”，弘爲“孝惠後宫子”。至功臣誅諸吕後，相與“陰謀”，乃忽有“非惠帝子”之説。《史記》及本書叙此事，其微意甚明。對此問題進行過專門研究的學者絶少信此説。

　　即與劉澤謀爲姦書，言少帝非武帝子，[1]大臣所共立，天下宜共伐之。使人傳行郡國，以摇動百姓。澤謀歸發兵臨淄，與燕王俱起。[2]旦遂招來郡國姦人，賦斂銅鐵作甲兵，數閲其車騎材官卒，[3]建旌旗鼓車，旄頭先敺，[4]郎中侍從者著貂羽，黄金附蟬，[5]皆號侍中。[6]且從相、中尉以下，[7]勒車騎，發民會圍，大獵文安縣，[8]以講士馬，須期日。[9]郎中韓義等數諫旦，旦殺義等凡十五人。會鉼侯劉成知澤等謀，[10]告之青州刺史雋不疑，[11]不疑收捕澤以聞。天子遣大鴻臚丞治，[12]連引燕王。有詔勿治，[13]而劉澤等皆伏誅。益封鉼侯。

　　[1]【今注】非武帝子：王先謙《漢書補注》指出，據褚少孫補《史記》，劉旦稱昭帝爲霍光之子。

　　[2]【今注】臨淄：縣名。治所在今山東淄博市臨淄區齊都鎮。

　　[3]【今注】材官：秦漢時期於內地郡國設置的步兵部隊，東漢省。

　　[4]【顏注】師古曰："毆"與"驅"同。

　　[5]【顏注】晉灼曰：以翠羽飾冠也。師古曰：貂羽，以貂尾爲冠之羽也。附蟬，爲金蟬以附冠前也。凡此旄頭先驅，皆天子之制。而貂羽附蟬，又天子侍中之飾，王僭爲之。

　　[6]【今注】侍中：官名。秦始置。西漢時爲加官，無員，凡官員加此頭銜即可入禁中，親近皇帝。初掌雜務，後漸與聞朝政，贊導衆事，顧問應對，與公卿大臣論辯，平議尚書奏事，爲中朝要職。設僕射一人。這裏在强調燕王以親近者號侍中，有僭越之嫌。

　　[7]【今注】中尉：此指王國中尉，爲王國頂級武官。典武職，備盜賊。

　　[8]【今注】文安：縣名。治所在今河北文安縣東北。王先謙《漢書補注》引顧炎武説，指出武帝時本已削燕國文安縣。當是昭帝即位後益封燕王萬三千户，文安在其內。

　　[9]【顏注】師古曰：講，習也。須，待也。

　　[10]【顏注】師古曰：鉼侯，菑川靖王子也（菑，白鷺洲

本、大德本、殿本作“薔”）。缾，步丁反（白鷺洲本、大德本、殿本“步”前有“音”字）。【今注】缾（píng）：侯國名。治所在今山東臨朐縣東南。漢文帝十四年（前 166）封孫單爲缾侯，景帝三年（前 154）國除。武帝元鼎元年（前 116）封菑川靖王子劉成爲缾侯。 劉成：齊悼惠王劉肥之曾孫。

[11]【今注】青州：西漢武帝所置十三刺史部之一。轄境約當今山東德州市、平原縣、高唐縣以東，河北吳橋縣及山東馬頰河以南，濟南、昌邑、高密、萊陽、棲霞、乳山等市以北地。 刺史：漢武帝時始置，分全國爲十三部州，州置刺史一人。奉詔巡行諸郡，以六條問事，省察治政，黜陟能否，斷理冤獄。無治所，秩六百石。 雋不疑：初爲勃海郡文學，漢武帝天漢年間，因暴勝之舉薦任青州刺史，因此次鎮壓劉澤反事有功，後被擢拔爲京兆尹。傳見本書卷七一。

[12]【今注】大鴻臚丞：大鴻臚屬官。協助大鴻臚職掌諸侯及周邊少數民族等事務。秩比千石。周壽昌《漢書注校補》指出，據本書卷三六《楚元王劉交傳》，劉德本爲宗正丞，因雜治此獄徙大鴻臚丞。

[13]【今注】案，《史記》卷六〇《三王世家》褚先生補文叙此事較詳：會武帝崩，昭帝初立，旦果作怨而望大臣。自以長子當立，與齊王子劉澤等謀爲叛逆，出言曰：“我安得弟在者！今立者乃大將軍子也。”欲發兵。事發覺，當誅。昭帝緣恩寬忍，抑案不揚。公卿使大臣請，遣宗正與太中大夫公户滿意、御史二人，偕往使燕，風喻之。到燕，各異日，更見責王。宗正者，主宗室諸劉屬籍，先見王，爲列陳道昭帝實武帝子狀。侍御史乃復見王，責之以正法，問：“王欲發兵罪名明白，當坐之。漢家有正法，王犯纖介小罪過，即行法直斷耳，安能寬王。”驚動以文法。王意益下，心恐。公户滿意習於經術，最後見王，稱引古今通義，國家大禮，文章爾雅。謂王曰：“古者天子必内有異姓大夫，所以正骨肉也；外

有同姓大夫，所以正異族也。周公輔成王，誅其兩弟，故治。武帝在時，尚能寬王。今昭帝始立，年幼，富於春秋，未臨政，委任大臣。古者誅罰不阿親戚，故天下治。方今大臣輔政，奉法直行，無敢所阿，恐不能寬王。王可自謹，無自令身死國滅，爲天下笑。”於是燕王旦乃恐懼服罪，叩頭謝過。大臣欲和合骨肉，難傷之以法。

久之，旦姊鄂邑蓋長公主、[1]左將軍上官桀父子與霍光爭權有隙，[2]皆知旦怨光，即私與燕交通。旦遣孫縱之等前後十餘輩，多齎金寶走馬，[3]賂遺。蓋主上官桀及御史大夫桑弘羊等皆與交通，[4]數記疏光過失與旦，令上書告之。桀欲從中下其章。[5]旦聞之，喜，上疏曰：“昔秦據南面之位，制一世之命，威服四夷，輕弱骨肉，顯重異族，廢道任刑，無恩宗室。其後尉佗入南夷，[6]陳涉呼楚澤，[7]近狴作亂，內外俱發，[8]趙氏無炊火焉。[9]高皇帝覽蹤迹，[10]觀得失，見秦建本非是，故改其路，規土連城，布王子孫，[11]是以支葉扶疏，異姓不得間也。[12]今陛下承明繼成，[13]委任公卿，群臣連與成朋，非毀宗室，[14]膚受之愬，[15]日騁於廷，惡吏廢法立威，主恩不下究。[16]臣聞武帝使中郎將蘇武使匈奴，[17]見留二十年不降，[18]還宣爲典屬國。[19]今大將軍長史敞無勞，爲搜粟都尉。[20]又將軍都郎、羽林，[21]道上移蹕，[22]太官先置。[23]臣旦願歸符璽，[24]入宿衛，察姦臣之變。”是時昭帝年十四，覺其有詐，遂親信霍光，而疏上官桀等。

[1]【顏注】張晏曰：食邑鄂，蓋侯王信妻也。師古曰：爲蓋侯妻是也，非王信。信者，武帝之舅耳，不取鄂邑主爲妻，當是信子頃侯充耳。【今注】案，姊，白鷺洲本、殿本作"姊"。鄂邑蓋長公主：參見前文"蓋主"條。鄂，邑（封給皇太后、皇后、公主的縣級行政區劃）名，屬江夏郡，治所在今湖北鄂州市鄂城區。

[2]【今注】左將軍：官名。漢代有前、後、左、右將軍，漢武帝時始設，初爲大將軍出征時手下裨將臨時名號，事訖即罷，昭宣以後常置，典掌禁兵，戍衛京師，或任征伐，皆"位上卿，金印紫綬"。　上官桀：隴西上邽（今甘肅天水市麥積區）人。武帝時，初爲羽林期門郎，後任未央廐令，侍中、騎都尉。以搜粟都尉隨李廣利征大宛，因其敢於深入，在班師後被封爲少府，後遷太僕。武帝病篤，任爲左將軍，與霍光同受遺詔輔少主，封安陽侯。昭帝即位，其孫女被立爲皇后。後聯合御史大夫桑弘羊、帝姊鄂邑長公主及燕王旦與大將軍霍光爭權，最終以謀反罪被族誅。事見本書卷六一《李廣利傳》、卷九七上《外戚傳上》。相關考證參見吳樹平《上官桀歷官搜粟都尉考》（《文史》第8輯）。

[3]【顏注】師古曰：走馬，馬之善走者。【今注】齎：同"賫"。攜帶之意。

[4]【今注】御史大夫：丞相副貳。協調處理天下政務，而以監察、執法爲主要職掌，爲全國最高監察、執法長官。主管圖籍秘書檔案、四方文書，百官奏議經其上呈，皇帝詔命由其承轉丞相下達執行，負責考課、監察、彈劾官吏，典掌刑獄，收捕、審訊有罪官吏等，或派員巡察地方，鎮壓事變，有時亦督兵出征。丞相缺位，常由其遞補。秩中二千石。詳見本書《百官公卿表上》。　桑弘羊：洛陽（今河南洛陽市）人。出身商人家庭。年十三被武帝召爲侍中，後任治粟都尉。領大農令。積極參與制定、推行鹽鐵酒官營專賣政策，並建議設立均輸、平準機構，由政府直接經營運輸和

貿易，平抑物價。對打擊富商大賈勢力和增加封建國家的收入，起了較大的作用。昭帝即位，他被任爲御史大夫，與霍光、金日磾共同輔政。昭帝始元六年（前81），召開鹽鐵會議，他堅持鹽鐵官營專賣政策。次年，受指控謀廢昭帝另立燕王旦爲帝，以罪被殺。事見本書《食貨志》、卷六三《武五子傳》、卷六六《田千秋傳》、卷六八《霍光傳》、卷九六下《西域傳下》）。

［5］【顏注】師古曰：下，音胡稼反。

［6］【今注】尉佗：即趙佗。又作“趙它”。真定縣（今河北石家莊市）人。本爲秦吏，秦始皇統一六國後，趙佗先後輔佐屠睢、任囂南征，後任南海郡龍川縣（今廣東龍川縣西）縣令。秦二世時，受南海尉任囂委託，行南海郡尉之職，故又稱“尉佗”。秦亡，中原混亂之際，併桂林、象郡等地爲南越國，稱南越王。漢高祖遣陸賈出使南越之後，南越王接受漢廷册命，爲漢之邊藩。吕后執政時期，雙方交惡，趙佗自號南越武帝。文帝時復遣陸賈出使，南越去帝號而稱臣，重新接受漢廷册命。事見本書卷九五《南粵傳》。關於趙佗去世時間，《史記》卷一一三《南越列傳》云“至建元四年卒。佗孫胡爲南越王”。然武帝建元四年（前137）距秦末漢初太過久遠，如司馬貞《史記索隱》引皇甫謐説所言，彼時趙佗若在世，已百餘歲。本書卷九五《南粵傳》録《史記》之記載，則無“卒”字。因此，不少學者對“建元四年”這一記載提出質疑，認爲“卒”字爲衍。有觀點認爲，廣東廣州市象崗發現的南越王墓墓主文王趙眛當爲趙佗之子，在趙佗之後、趙胡之前爲南越王，而史失於載（參見張夢晗《南越“文帝”宜爲趙佗子》，載《形象史學》2017年第1期）。

［7］【顏注】師古曰：呼，音火故反。【今注】陳涉：名勝，字涉。秦二世元年（前209）與吳廣等於大澤鄉起義，建立“張楚”政權，開啓了秦末農民大起義的序幕。兵敗後爲其御者所殺。傳見本書卷三一。秦末反秦勢力中，除齊國田儋兄弟以外，其餘各

大勢力皆或出於、或依附張楚政權。陳勝被視爲反秦之共主，其法統地位由秦末至漢初皆被承認。是以後來項梁以“秦嘉背陳王立景駒”爲名擊殺秦嘉，而劉邦在稱帝後更將陳勝（楚隱王）與魏安釐王、齊愍王、趙悼襄王並列，置守冢者十家。出土的長沙馬王堆三號漢墓帛書中，更是用張楚紀年而不用秦二世紀年，秦末漢初之重張楚法統由此可見一斑。但情況在後來逐漸發生變化。文帝時，賈誼已以“甕牖繩樞之子，甿隸之人，而遷徙之徒”貶低陳勝。至武帝時，司馬遷雖從歷史事實出發尊重“楚”的地位，然亦不得不被此觀念影響妥協，降陳勝至“世家”，僅予以有貴族身份的義帝、項籍以法統地位。至班固，乃降陳勝、項籍同傳，徹底否定其法統地位。參見史記卷七《項羽本紀》、卷八《高祖本紀》、卷四八《陳涉世家》，本書卷一《高紀》、卷三一《陳勝傳》及田餘慶《説張楚——關於“亡秦必楚”問題的探討》（《歷史研究》1989 年第2 期）。

[8]【顏注】師古曰：狎，習也。近習之人，謂趙高也。

[9]【顏注】韋昭曰：趙，秦之別氏。師古曰：無炊火，言絕祀也。【今注】趙氏：錢大昭《漢書辨疑》指出，秦之先造父封於趙城，更爲趙氏，故秦亦稱趙氏。

[10]【今注】高皇帝：指劉邦。

[11]【顏注】師古曰：規，畫也。

[12]【顏注】師古曰：間，音工莧反。

[13]【顏注】師古曰：承聖明之後，繼已成之業。

[14]【顏注】師古曰：與，謂黨與也。

[15]【今注】膚受之愬：指讒言。出自《論語·顏淵》。

[16]【顏注】師古曰：究，竟也。言不終竟於下。【今注】不下究：指無法向下到達、貫徹。白鷺洲本、大德本、殿本均作“不及下究”。

[17]【今注】中郎將：官名。秦、西漢時爲中郎長官，職掌

宮禁宿衞，隨行護駕，協助郎中令（光祿勳）考核選拔郎官及從官，亦常奉詔出使，職位清要。後又專設五官、左、右中郎將分領中郎及謁者。西漢昭、宣以來，其職多由外戚及親近官員擔任，加中朝官號。隸郎中令，秩比二千石。　蘇武：衞青下屬裨將蘇建之子，漢武帝天漢元年（前100）出使匈奴，因其副使張勝參與匈奴內亂而被扣在匈奴，此事成爲武帝晚年漢匈再次開戰的導火索。蘇武受困近二十年，守節不降。直至昭帝時，壺衍鞮單于即位後，因其得位不正而又年少，難以服衆，乃在衞律的斡旋下歸還蘇武等以向漢廷示好，蘇武乃得釋放。傳見本書卷五四。

[18]【今注】二十年：王先謙《漢書補注》指出，蘇武在匈奴十九年，此稱“二十年”，是略以整數舉之。

[19]【顏注】師古曰：亶，音但。【今注】亶：同“但”。“僅僅”之意。　典屬國：官名。秦置，漢承之，掌蠻夷降者，即負責歸附少數民族事務，銀印青綬，居列卿之位。秩中二千石（一說二千石）。

[20]【顏注】師古曰：楊敞也。【今注】長史：官名。漢三公、將軍府皆設，爲幕府諸掾史之長。秩千石。　敞：楊敞。霍光親信，司馬遷女婿，後封丞相。傳見本書卷六六。　搜粟都尉：官名。漢武帝時始置，隸屬大司農。掌農耕及屯田諸事。

[21]【顏注】張晏曰：都試郎、羽林也。師古曰：都，大也，謂大會試之。漢光祿挈令“諸當試者，不會都所，免之”。【今注】將軍：指霍光。　都：沈欽韓《漢書疏證》指出，此爲漢世教練禁衞之制度。王先謙《漢書補注》認爲，“都”之意爲“大總”。　郎：官名。或稱郎官、郎吏。掌守皇宮門戶，出行充皇帝車騎。有議郎、中郎、侍郎、郎中等。秩自比六百石至比三百石不等，無定員。　羽林：漢代皇帝車駕的護衞騎兵。

[22]【顏注】如淳曰：移猶傳也。【今注】道上移蹕：本書《霍光傳》作“道上稱蹕”。蹕，指帝王出行時清道。燕王在此處意

指霍光僭越違制。

[23]【顏注】師古曰：《昭紀》云"詐令人爲燕王旦上書"，又云上曰"朕知此書詐也。將軍都郎屬耳，燕王何以得知之"，而此傳乃云旦自上疏，此下又云帝覺有詐，遂親信光，參錯不同，疑此傳爲誤。【今注】太官：官署名。戰國秦置，秦漢沿置，掌宮廷膳食。屬少府。此處亦言霍光僭越。　案，王先謙《漢書補注》指出，本書卷七《昭紀》、卷六八《霍光傳》稱上官桀詐以燕王旦上書，此處則言燕王旦自上書。他認爲，上官桀既與燕王旦陰謀此事，又欲速成此事，故詐爲上書。今案，王説推測成分太多，反不如顏説可信。

[24]【今注】符：合驗符信。古代以竹簡木牘或帛爲符，上書文字，剖而爲二，各執其一，合之爲證。　璽：帝王的印章。案，此處意指燕王放棄對燕國的治理，入京爲官。

桀等因謀共殺光，廢帝，迎立燕王爲天子。旦置驛書，往來相報，許立桀爲王，外連郡國豪桀以千數。旦以語相平，平曰："大王前與劉澤結謀，事未成而發覺者，以劉澤素夸，好侵陵也。平聞左將軍素輕易，車騎將軍少而驕，[1]臣恐其如劉澤時不能成，又恐既成，反大王也。"旦曰："前日一男子詣闕，[2]自謂故太子，長安中民趣鄉之，[3]正讙不可止，[4]大將軍恐，出兵陳之，以自備耳。我帝長子，天下所信，何憂見反？"後謂群臣："蓋主報言，獨患大將軍與右將軍王莽。[5]今右將軍物故，[6]丞相病，幸事必成，徵不久。"令群臣皆裝。

[1]【今注】車騎將軍：此指上官桀之子上官安。其女爲昭帝

皇后，被封爲安樂侯。車騎將軍在漢初爲臨時將軍之號，因領車騎士得名，事訖即罷。武帝後常設，地位次於大將軍、驃騎將軍。武帝後常典京城、皇宮禁衛軍隊，出征時常總領諸將軍。文官輔政者亦或加此銜，領尚書政務，成爲中朝重要官員。

[2]【今注】一男子：王先謙《漢書補注》指出，男子名張延年。詳見本書卷七《昭紀》、卷七一《雋不疑傳》。今案，司馬光《資治通鑑考異》卷二三《漢紀》指出，《雋不疑傳》又記其名爲"成方遂"。

[3]【顏注】師古曰："鄉"讀曰"嚮"。

[4]【顏注】師古曰：人衆既多，故謹譁也。

[5]【顏注】張晏曰：天水人也，字稚叔。【今注】右將軍：官名。漢代有前、後、左、右將軍，漢武帝時始設，初爲大將軍出征時手下裨將臨時名號，事訖即罷；昭宣以後常置，典掌禁兵，戍衛京師，或任征伐，皆"位上卿，金印紫綬"。

[6]【顏注】師古曰：謂死也。【今注】右將軍物故：右將軍，指霍光親信王莽。王先謙《漢書補注》指出，據本書《百官公卿表》，王莽在昭帝元鳳元年（前80）卒。

是時天雨，虹下屬宮中[1]飲井水，井水竭。[2]厠中豕群出，壞大官竈。[3]烏鵲鬭死。鼠舞殿端門中。[4]殿上戶自閉，不可開。天火燒城門。大風壞宮城樓，折拔樹木。流星下墮。后姬以下皆恐。王驚病，使人祠葭水、台水。[5]王客呂廣等知星，爲王言："當有兵圍城，期在九月、十月，漢當有大臣戮死者。"語具在《五行志》。

[1]【顏注】師古曰：屬猶注也，音之欲反。

[2]【今注】案，井水竭，殿本作“水泉竭”，白鷺洲本、大德本作“井水泉竭”。

[3]【顏注】師古曰：廁，養豕圂也。圂，音胡困反。

[4]【顏注】師古曰：端門，正門也。

[5]【顏注】晉灼曰：《地理志》葭水在廣平南和，台水在鴈門。師古曰：葭，音家。台，音怡。

王愈憂恐，謂廣等曰：“謀事不成，妖祥數見，兵氣且至，奈何？”會蓋主舍人父燕倉知其謀，[1]告之，由是發覺。丞相賜璽書，部中二千石逐捕孫縱之及左將軍桀等，皆伏誅。[2]

[1]【今注】舍人：官名。《周禮·地官》之屬有舍人，掌宮中用糧。秦朝舍人爲相國或貴胄之屬。漢代以舍人爲皇后、太子、公主之屬官。　燕倉：此人時任稻田使者，通過其上司大司農楊敞上告此事。

[2]【今注】二千石：因漢代所得俸祿以米穀爲準，故官秩等級以重量單位“石”名。漢朝二千石爲中央政府機構的列卿，及地方州牧郡守、諸侯王國相等。又可細分爲中二千石、二千石、比二千石三等。據本書《百官公卿表》顏師古注，中二千石者月各百八十斛，二千石者百二十斛，比二千石者百斛。根據張家山漢簡《秩律》與《新書》《史記》等傳世文獻，閻步克先生又指出漢初祇有二千石，並無中二千石等細分等級，最早的中二千石的記載出現在文帝死後景帝發布的詔書中。楊振紅先生則進一步認爲中二千石的官位是文帝時在賈誼的建議下設立的，是爲了區別漢廷官員與諸侯官員之地位。而早期中二千石官員亦不止《百官公卿表》所載諸官，如内史、主爵都尉均曾列於中二千石。（參見閻步克《〈二年律令·秩律〉的中二千石秩級闕如問題》，《河北學刊》2003 年第 5

期；楊振紅《出土簡牘與秦漢社會（續編）》，廣西師範大學出版社2015年版，第51—57頁）

　　旦聞之，召相平曰："事敗，遂發兵乎？"平曰："左將軍已死，百姓皆知之，不可發也。"王憂懣，[1]置酒萬載宮，會賓客、群臣、妃妾坐飲。王自歌曰："歸空城兮，狗不吠，雞不鳴，橫術何廣廣兮，固知國中之無人！"[2]華容夫人起舞曰："髮紛紛兮寘渠，[3]骨籍籍兮亡居。[4]母求死子兮，妻求死夫。裴回兩渠間兮，[5]君子獨安居！"[6]坐者皆泣。

　　[1]【顏注】師古曰：懣，音滿，又音悶。解在《司馬遷傳》。

　　[2]【顏注】蘇林曰：廣，音曠。臣瓚曰：術，道路也。師古曰：廣，讀如本字。此歌意，言身死之後，國當空也。【今注】廣廣：王念孫《讀書雜志·漢書第十一》指出，蘇林説是。曠曠者，虛無人之貌，與下文相合。《莊子·天道》"廣廣乎其無不容也"，《荀子·非十二子》"恢恢然，廣廣然"，用法皆與此同。

　　[3]【顏注】孟康曰：寘，音竄。髮歷冪挂岸也。臣瓚曰：寘塞溝渠。師古曰：瓚説是也。寘，音徒千反。

　　[4]【顏注】師古曰：籍籍，從橫兒也（兒，白鷺洲本作"貌"）。居，處也。

　　[5]【今注】案，回，殿本作"囬"。

　　[6]【顏注】師古曰：置酒之宮，池沼所在，其閒有渠，故即其所見以爲歌辭也。

　　有赦令到，王讀之，曰："嗟乎！獨赦吏民，不赦我。"[1]因迎后姬諸夫人之明光殿,[2]王曰:"老虜曹爲事當族!"[3]欲自殺。左右曰:"黨得削國,[4]幸不死。"后姬夫人共啼泣止王。會天子使使者賜燕王璽書曰:"昔高皇帝王天下,建立子弟以藩屏社稷。先日諸呂陰謀大逆,劉氏不絕若髮,賴絳侯等誅討賊亂,尊立孝文,以安宗廟,非以中外有人,表裏相應故邪?樊、酈、曹、灌,攜劍推鋒,[5]從高皇帝墾菑除害,耘鉬海內,當此之時頭如蓬葆。[6]勤苦至矣,然其賞不過封侯。今宗室子孫曾無暴衣露冠之勞,裂地而王之,分財而賜之,父死子繼,兄終弟及。[7]今王骨肉至親,敵吾一體,[8]迺與佗姓異族謀害社稷,[9]親其所疏,疏其所親,有逆悖之心,無忠愛之義。如使古人有知,當何面目復舉齊酎見高祖之廟乎!"[10]旦得書,以符璽屬醫工長,[11]謝相二千石:"奉事不謹,死矣。"即以綬自絞。[12]后夫人隨旦自殺者二十餘人。天子加恩,赦王太子建爲庶人,賜旦謚曰剌王。旦立三十八年而誅,[13]國除。

[1]【今注】獨赦吏民:王先謙《漢書補注》指出,先赦吏民,意在散其黨羽。

[2]【今注】案,因,大德本作"曰",下同不注。

[3]【顏注】師古曰:曹,輩也。

[4]【顏注】師古曰:黨,音他朗反。

[5]【顏注】師古曰:樊噲、酈商、曹參、灌嬰等。

[6]【顏注】師古曰:菑,古"災"字。

[7]【今注】及:沈欽韓《漢書疏證》指出,《春秋公羊傳》

莊公三十二年注云："兄終弟繼曰及。"

[8]【顏注】師古曰：言若四支之一也（支，殿本作"肢"）。

[9]【今注】案，佗，白鷺洲本、大德本、殿本作"他"。下同不注。

[10]【顏注】師古曰：古人，謂先人。【今注】酎：此當指酎金。漢代每年秋季皇帝會同諸侯於宗廟，用酎酒祭祀祖先。漢武帝時開始施行酎金制度，祭時諸侯當依照規定出金助祭。

[11]【顏注】師古曰：屬，委也。醫工長，王官之主醫者也。屬，音之欲反。【今注】醫工長：主管王國醫藥的官吏。醫工，指服務於官方的醫生，後泛指醫生。

[12]【今注】綬：用以繫佩玉、官印等東西的絲帶。

[13]【今注】案，王先謙《漢書補注》指出，時爲昭帝元鳳元年（前80）十月。

　　後六年，宣帝即位，封旦兩子，慶爲新昌侯，[1]賢爲安定侯，[2]又立故太子建，是爲廣陽頃王，[3]二十九年薨。子穆王舜嗣，二十一年薨。子思王璜嗣，二十年薨。[4]子嘉嗣。王莽時，皆廢漢藩王家人，[5]嘉獨以獻符命封扶美侯，賜姓王氏。[6]

[1]【今注】新昌：侯國名。治所在今河北高碑店市東南。漢宣帝本始四年（前70）封燕剌王子劉慶爲新昌侯。

[2]【今注】安定：侯國名。治所在今河北辛集市東北。宣帝本始元年封燕剌王子劉賢爲安定侯。案，賢先獲封，慶後獲封，與此叙述順序相反。

[3]【今注】廣陽：諸侯王國名。治薊縣（今北京市房山區良鄉鎮廣陽城村）。案，王先謙《漢書補注》指出，廣陽頃王於宣帝

本始元年立。

[4]【今注】二十年：錢大昭《漢書辨疑》指出，本書《諸侯王表》云"二十一年"。王先謙《漢書補注》認爲當以此爲是，表誤。

[5]【今注】案，白鷺洲本、大德本、殿本"家"前有"爲"字。

[6]【今注】符命：上天預示帝王受命的符兆。案，周壽昌《漢書注校補》指出，本書《諸侯王表》云莽貶嘉爲公，第二年廢，當爲未獻符命前事。

　　廣陵厲王胥賜策曰："嗚呼！小子胥，受兹赤社，[1]建爾國家，封于南土，世世爲漢藩輔。古人有言曰：'大江之南，五湖之間，[2]其人輕心。楊州保彊，[3]三代要服，不及以正。'[4]烏呼！悉爾心，祗祗兢兢，迺惠迺順，[5]母桐好逸，母邇宵人，[6]惟法惟則！[7]《書》云'臣不作福，不作威'，[8]靡有後羞。王其戒之！"[9]

[1]【今注】赤：胥所封廣陵國在南方。因在五行學說中，南方對應赤色，故祭祀地神的場所用赤土。

[2]【今注】五湖：王先謙《漢書補注》引司馬貞《史記索隱》云，五湖爲具區、洮滆、彭蠡、青草、洞庭。或曰太湖五百里，故稱五湖。

[3]【顏注】李奇曰：保，恃也。【今注】案，楊，殿本作"揚"。　彊：王先謙《漢書補注》指出，裴駰《史記集解》引徐廣云"'彊'，一作'疆'"，其意爲恃其疆域阻深。

[4]【顏注】師古曰：要服，次荒服之內者也。正，政也。

要，音一遥反。【今注】案，王先謙《漢書補注》指出，《史記》卷六〇《三王世家》"正"作"政"。

[5]【顏注】師古曰：祗祗，敬也。兢兢，慎也（慎，殿本作"順"）。言當慈惠于下，忠順于上也（以上二處"于"，殿本皆作"於"）。【今注】祗祗：王先謙《漢書補注》指出，"祗祗"《史記》作"戰戰"。

[6]【顏注】應劭曰：無好逸游之事，邇近小人也。張晏曰：桐，音同。師古曰：桐，音通。桐，輕脫之貌也。【今注】邇：近。　宵人：小人。

[7]【顏注】師古曰：言當依法則。

[8]【顏注】師古曰：《周書·洪範》云"臣無有作威作福"也。

[9]【顏注】師古曰：言宜戒慎，勿令後有羞辱之事也。

胥壯大，好倡樂逸游，力扛鼎，[1]空手搏熊彘猛獸。[2]動作無法度，故終不得爲漢嗣。[3]

[1]【顏注】師古曰：扛，舉也，音江（江，白鷺洲本作"工"）。

[2]【今注】空手搏熊彘猛獸：沈欽韓《漢書疏證》引《西京雜記》云："胥於別囿學格熊，後遂能空手搏之，莫不絶脰。後爲獸所傷，陷胸而死。"沈氏認爲，末句有誤，或當作"幾死"。

[3]【今注】終不得：王先謙《漢書補注》指出，據本書卷六八《霍光傳》，昭帝崩後，群臣議立廣陵王，有郎上書言其不可承宗廟。遂立昌邑王，故云"終不得"。

昭帝初立，益封胥萬三千户，元鳳中入朝，復益萬户，[1]賜錢二千萬，黃金二千斤，安車駟馬寶劍。[2]

及宣帝即位，封胥四子，聖、曾、寶、昌皆爲列侯，[3]又立胥小子弘爲高密王。[4]所以襃賞甚厚。

[1]【今注】案，益，白鷺洲本作"益封"。

[2]【今注】安車：可以坐乘的小車。高官告老，君主往往賜予安車，以示優容。　駟：四匹馬。

[3]【今注】案，錢大昕《廿二史考異·漢書三》指出，下文"胥子南利侯寶"即四侯之一。又引錢大昭説云，根據本書《王子侯表》，其中僅有朝陽荒侯聖、平曲節侯曾、南利侯昌三人，別無名寶者。表稱"南利侯昌"，此傳云"南利侯寶"，疑誤。王先謙《漢書補注》指出，《史記》卷六〇《三王世家》記"廣陵王胥四子"爲朝陽侯、平曲侯、南利侯與高密王弘。可見四子爲此三侯再加上高密王弘。此文當本作"聖、曾、昌皆爲列侯"，後人以爲不足四子之數，以下"南利侯寶"之誤文，而謬加入"寶"字。至"封胥四子"處此句結束。下文云"又立弘爲王"，是因其與胥同時爲王，故言"又立"。

[4]【今注】高密：諸侯王國名。西漢宣帝時改膠西郡置，治高密縣（今山東高密市西南）。

　　始，昭帝時，胥見上年少無子，有覬欲心。[1]而楚地巫鬼，[2]胥迎女巫李女須，使下神祝詛。[3]女須泣曰："孝武帝下我。"[4]左右皆伏。[5]言"吾必令胥爲天子"。胥多賜女須錢，使禱巫山。[6]會昭帝崩，胥曰："女須良巫也！"殺牛塞禱。[7]及昌邑王徵，復使巫祝詛之。後王廢，胥竊信女須等，[8]數賜予錢物。宣帝即位，胥曰："太子孫何以反得立？"復令女須祝詛如前。又胥女爲楚王延壽后弟婦，數相餽遺，通私書。[9]後延壽坐謀反誅，辭連及胥。有詔勿治，[10]賜胥黃金前後五千斤，它器物甚衆。胥又聞漢立太子，謂姬南等曰："我終不得立矣。"乃止不詛。後胥子南利侯寶坐殺人奪爵，[11]還歸廣陵，與胥姬左修姦。事發覺，繫獄，棄市。相勝之奏奪王射陂草田，以賦貧民，[12]奏可。胥復使巫祝詛如前。

[1]【顏注】師古曰：覬，音冀。

[2]【顏注】師古曰：言其土俗尊尚巫鬼之事。

[3]【顏注】師古曰：女須者，巫之名也。

[4]【今注】孝武帝下我：巫師自稱武帝附其體。

[5]【顏注】師古曰：見女須云武帝神下（下，白鷺洲本作"不"），故伏而聽之。

[6]【顏注】師古曰：即楚地之巫山也。

[7]【顏注】師古曰：以爲因禱祝詛而崩也。塞，音先代反。

[8]【顏注】師古曰：寖，古"浸"字也。寖，漸也，益也。

[9]【顏注】師古曰："餽"亦"饋"字。

[10]【今注】案，《史記》卷六〇《三王世家》褚先生補文叙此事較詳：胥果作威福，通楚王使者。楚王宣言曰："我先元王，高帝少弟也，封三十二城。今地邑益少，我欲與廣陵王共發兵云。立廣陵王爲上，我復王楚三十二城，如元王時。"事發覺，公卿有司請行罰誅。天子以骨肉之故，不忍致法於胥，下詔書無治廣陵王，獨誅首惡楚王。

[11]【今注】南利：侯國名。治所在今河南商水縣南。　寶：王先謙《漢書補注》指出，據本書《王子侯表》，"寶"應作"昌"。

[12]【顏注】張晏曰：射水之陂，在射陽縣。【今注】射陂：

古陂池名。一作"射陽湖"。在今江蘇北部里運河與串場河之間。

胥宫園中棗樹生十餘莖，莖正赤，[1]葉白如素。池水變赤，魚死。有鼠晝立舞王后廷中。[2]胥謂姬南等曰："棗水魚鼠之怪，甚可惡也。"居數月，[3]祝詛事發覺，有司按驗，胥惶恐，藥殺巫及宫人二十餘人以絶口。公卿請誅胥，天子遣廷尉、大鴻臚即訊。[4]胥謝曰："罪死有餘，誠皆有之。[5]事久遠，請歸思念具對。"胥既見使者還，置酒顯陽殿，召太子霸及子女董訾、胡生等夜飲，[6]使所幸八子郭昭君、家人子趙左君等鼓瑟歌舞。[7]王自歌曰："欲久生兮無終，長不樂兮安窮！[8]奉天期兮不得須臾，[9]千里馬兮駐待路。[10]黄泉下兮幽深，人生要死，何爲苦心！[11]何用爲樂心所喜，出入無惊爲樂亟。[12]蒿里召兮郭門閲，[13]死不得取代，庸身自逝。"[14]左右悉更涕泣奏酒，[15]至雞鳴時罷。胥謂太子霸曰："上遇我厚，今負之甚。我死，骸骨當暴。幸而得葬，薄之，無厚也。"即以綬自絞死。及八子郭昭君等二人皆自殺。[16]天子加恩，赦王諸子皆爲庶人，賜謚曰厲王。立六十四年而誅，[17]國除。

[1]【今注】案，正，白鷺洲本、殿本作"上"。

[2]【今注】案，廷，大德本、殿本作"庭"。

[3]【今注】案，月，白鷺洲本作"日"。

[4]【顏注】師古曰：就問也。【今注】廷尉：戰國秦始置，秦、西漢沿置。列卿之一，主管詔獄。秩中二千石。　大鴻臚：秦時稱典客，列卿之一。漢景帝時改名大行令，武帝時始改大鴻臚。

掌少數民族事務及諸侯王喪事，又掌引導百官朝會，兼管京師郡國邸舍及郡國上計吏之接待。成帝時省典屬國併入，又兼管少數民族朝貢使節、侍子。秩中二千石。案，王先謙《漢書補注》指出，據本書《百官公卿表》，廷尉爲于定國，大鴻臚爲王禹。

[5]【顏注】師古曰：誠，實也。

[6]【顏注】師古曰：董訾、胡生，皆女名。

[7]【顏注】師古曰：八子，姬妾之秩也（大德本、殿本"秩"後有"號"字，白鷺洲本作"有秩"）。家人子，無官秩者也。【今注】八子：沈欽韓《漢書疏證》指出，八子爲秦代後宮姬妾品級，漢承之。周壽昌《漢書注校補》指出，八子秩祿相當於千石，比中更，爲第十三爵。　家人子：周壽昌《漢書注校補》指出，漢制，良家子入宮無職號者謂家人子。有上家人子、中家人子之別。家人子相當於有秩斗食。斗食，爲佐史之名。

[8]【顏注】師古曰：人所以欲久生者，貴其安豫無有終極，而我在生，長不歡樂，焉用窮盡年壽也。

[9]【顏注】張晏曰：奉天子期，當死，不得復延年。

[10]【顏注】張晏曰：二卿亭驛待，以答詔命。

[11]【顏注】師古曰：言人生必當有死，無假勞心懷悲戚（假，白鷺洲本作"暇"）。

[12]【顏注】韋昭曰：悰亦樂也，音裁宗反（裁，白鷺洲本、大德本、殿本作"栽"）。亟，數，亦疾也，謂不久也。言人生以何爲樂，但以心志所喜好耳。今我出入皆無歡怡，不得久長也。喜，音許吏反。亟，音丘吏反。

[13]【顏注】師古曰：蒿里，死人里。

[14]【顏注】師古曰：言死當自去，不如他徭役得顧庸自代也。逝，合韻音上列反。

[15]【顏注】師古曰：更，互也。奏，進也。更，音工衡反。

[16]【今注】案，及，白鷺洲本、殿本均作"父"。

[17]【今注】六十四年：錢大昭《漢書辨疑》指出，本書《諸侯王表》作"六十三年"。王先謙《漢書補注》指出，劉胥宣帝五鳳四年（前54）正月被殺，恰六十四年。《諸侯王表》誤。

後七年，元帝復立胥太子霸，是爲孝王，[1]十三年薨。子共王意嗣，[2]三年薨。[3]子哀王護嗣，十六年薨，無子，絕。[4]後六年，成帝復立孝王子守，[5]是爲靖王，立二十年薨。[6]子宏嗣，王莽時絕。

[1]【今注】案，王先謙《漢書補注》指出，元帝初元二年（前47）立。

[2]【顏注】師古曰："共"讀曰"恭"。

[3]【今注】三年：王先謙《漢書補注》指出，本書《諸侯王表》云"十三年薨"。王氏認爲，意薨於成帝建始元年（前32），距元帝建昭五年（前34）立，恰三年。《諸侯王表》誤。

[4]【今注】十六年：王先謙《漢書補注》指出，本書《諸侯王表》云"十五年薨"。下文稱，其後六年，立孝王子守。《諸侯王表》記錄守爲王在成帝元延二年（前11），逆數推來，護以成帝鴻嘉四年（前17）薨，距成帝建始三年嗣，恰十五年。當以《諸侯王表》是，此誤。

[5]【今注】案，復，殿本作"後"。

[6]【今注】二十年：王先謙《漢書補注》指出，本書《諸侯王表》"十七年薨"。案，宏以孺子居攝二年（7）嗣，則守薨於孺子居攝元年，距成帝元延二年立，恰十七年。《諸侯王表》是，此誤。

初，高密哀王弘本始元年以廣陵王胥少子立，九年薨。[1]子頃王章嗣，[2]三十三年薨。[3]子懷王寬嗣，十一年薨。子慎嗣，王莽時絶。

[1]【今注】九年：王先謙《漢書補注》指出，本書《諸侯王表》云"八年薨"。哀王弘薨於宣帝地節四年（前66），距本始元年（前73），恰八年。《諸侯王表》是，此誤。

[2]【今注】案，王先謙《漢書補注》指出，因哀王弘去世在胥得罪前，天子加恩，不除其國。

[3]【今注】三十三年：王先謙《漢書補注》指出，本書《諸侯王表》云"三十四年薨"。頃王章薨於成帝建始元年（前32），距宣帝元康元年（前65），恰三十四年。《諸侯王表》是，此誤。

昌邑哀王髆天漢四年立，十一年薨，子賀嗣。立十三年，[1]昭帝崩，無嗣，大將軍霍光徵王賀典喪。[2]璽書曰："制詔昌邑王：[3]使行大鴻臚事少府樂成、[4]宗正德、光禄大夫吉、[5]中郎將利漢[6]徵王，乘七乘傳詣長安邸。"[7]夜漏未盡一刻，[8]以火發書。其日中，賀發，餔時至定陶，[9]行百三十五里，侍從者馬死相望於道。[10]郎中令龔遂諫王，[11]令還郎謁者五十餘人。[12]賀到濟陽，[13]求長鳴雞，[14]道買積竹杖。[15]過弘農，[16]使大奴善以衣車載女子。[17]至湖，[18]使者以讓相安樂。[19]安樂告遂，遂入問賀，賀曰："無有。"遂曰："即無有，何愛一善以毀行義！請收屬吏，[20]以湔洒大王。"[21]即捽善，屬衛士長行法。[22]

[1]【今注】十三年：王先謙《漢書補注》指出，本書《諸侯王表》作"十二年"，誤。

[2]【顏注】師古曰：今爲喪主。

[3]【顏注】師古曰：太后璽書。

[4]【顏注】師古曰：史樂成。【今注】少府：官名。漢代中央諸卿之一。爲皇帝私府，專管帝室財政及生活諸事。機構龐大，屬官繁多。秩中二千石。　樂成：史樂成。又作"使樂成""便樂成"。本書卷六八《霍光傳》載其出身云"使樂成小家子得幸將軍，至九卿封侯"，具體事迹不詳。相關記載見本書《外戚恩澤侯表》、卷六〇《杜延年傳》、卷六八《霍光傳》。

[5]【顏注】師古曰：丙吉也。【今注】宗正：秦置，一説西周至戰國皆置，秦、漢沿置。列卿之一，管理皇族外戚事務。例由宗室擔任。秩中二千石。　德：劉德。楚元王之後，劉辟彊之子，精於黃老之學。事見本書卷三六《楚元王傳》。　光禄大夫：西漢武帝時改中大夫置，掌論議。屬光禄勳。秩比二千石。　吉：丙吉，字少卿。因對宣帝有養育之恩，甚爲宣帝所親，後在宣帝朝得任丞相。傳見本書卷七四。

[6]【顏注】師古曰：不知姓。

[7]【今注】七乘傳：王先謙《漢書補注》引《資治通鑑》胡三省注，指出文帝之入立，所乘爲六乘傳，昌邑王賀乘七乘傳。

[8]【今注】案，《資治通鑑》卷二四《漢紀》十六此句作"及徵書至，夜漏未盡一刻"。

[9]【今注】餔時：下午三點到五點。白鷺洲本、大德本、殿本作"晡時"。　定陶：縣名。治所在今山東菏澤市定陶區西北古陶邑。

[10]【今注】侍從者馬死相望於道：王先謙《漢書補注》指出，由此可見從人之衆。

[11]【今注】郎中令：此爲王國職官名。掌宮殿警衛。　龔遂：傳見本書卷八九。

[12]【今注】謁者：職官名。春秋戰國已有，秦、漢承之。西漢時掌賓贊受事，郎中令（光禄勳）屬官，員七十人。秩比六百

石。諸侯王國官制仿漢廷，亦有謁者。

[13]【今注】濟陽：縣名。治所在今河南蘭考縣東北堌陽鎮。

[14]【顏注】師古曰：鳴聲長者也。【今注】長鳴雞：王先謙《漢書補注》指出，《太平御覽》卷九一八引《西京雜記》載有越巂獻長鳴雞事，稱其報時準，且一鳴一食時不絕。

[15]【顏注】文穎曰：合竹作杖也。

[16]【今注】弘農：郡名。治弘農縣（今河南靈寶市東北故函谷關城）。

[17]【顏注】師古曰：凡言大奴者，謂奴之尤長大者也。【今注】大奴：周壽昌《漢書注校補》指出大奴為群奴之長。本書卷七六《王尊傳》“匡衡又使官大奴入殿中”，所指亦官奴長，故使入殿中。所指非長大者。　衣車：王先謙《漢書補注》指出《後漢書》卷三四《梁冀傳》注引《蒼頡篇》云“軿，衣車也”。軿車之制詳見《續漢書·輿服志》注。

[18]【顏注】師古曰：即湖縣。

[19]【顏注】張晏曰：使者，長安使人也。師古曰：讓，責也。

[20]【顏注】師古曰：以善付吏也。屬，音之欲反。其下亦同。

[21]【顏注】師古曰：湔，澣也。洒，濯也。湔，子顛反（大德本、殿本、白鷺洲本“子”前有“音”字）。洒，先禮反（大德本、殿本、白鷺洲本“先”前有“音”字）。【今注】湔洒：洗刷。燕人韓嬰所作《韓詩外傳》有云“汙辱難湔灑，敗失不復追”。

[22]【顏注】師古曰：捽，持頭也。衛士長，主衛之官（主，白鷺洲本作“士”）。捽，音材兀反。

賀到霸上，[1]大鴻臚郊迎，驂奉乘輿車。[2]王使僕壽成御，郎中令遂參乘。旦至廣明東都門。[3]遂曰：

“禮，奔喪望見國都哭。此長安東郭門也。”賀曰：“我
嗌痛，不能哭。”[4]至城門，遂復言，[5]賀曰：“城門與
郭門等耳。”且至未央宮東闕，[6]遂曰：“昌邑帳在是闕
外，馳道北，[7]未至帳所，有南北行道，馬足未至數
步，大王宜下車，鄉闕西面伏，哭盡哀止。”[8]王曰：
“諾。”到，哭如儀。

[1]【今注】霸上：地名。在今陝西西安市東。

[2]【今注】騶：居前導或後隨的騎士。

[3]【今注】廣明：亭名。在長安城東都門外。　東都門：王
先謙《漢書補注》指出，《三輔黃圖》有云“長安城東出北頭第一
門，曰宣平門，民間謂東都門，其郭門亦曰東都”。

[4]【顏注】師古曰：嗌，喉咽也，音益。

[5]【今注】城門：王先謙《漢書補注》認爲，此城門爲宣
平門。

[6]【今注】東闕：王先謙《漢書補注》指出，蕭何造未央
宮，立東闕、北闕。北闕爲正門。

[7]【顏注】文穎曰：弔哭帳也。師古曰：是謂此。【今注】
馳道：專供天子行馳車馬的道路。秦始皇統一六國後，修建了由首
都咸陽通往各地的馳道，以控制國土。漢朝沿用，規定臣民車馬不
得行馳道中，亦不得橫越馳道。

[8]【顏注】師古曰：“鄉”讀曰“嚮”。【今注】案，王先謙
《漢書補注》指出，在東闕，故面西伏。

王受皇帝璽綬，襲尊號。即位二十七日，行淫亂。
大將軍光與群臣議，白孝昭皇后，廢賀歸故國，賜湯
沐邑二千户，[1]故王家財物皆與賀。及哀王女四人，各

賜湯沐邑千户。語在《霍光傳》。國除，爲山陽郡。[2]

[1]【今注】湯沐邑：古封邑名稱。本指周天子在王畿内賜給來朝諸侯住宿和齋戒沐浴用的封邑。漢時沿用此名，指皇帝、皇后、公主以及諸侯王列侯收取賦税以供私人奉養的封邑。大德本無"湯"字。

[2]【今注】山陽：郡名。治昌邑（今山東巨野縣南）。案，關於劉賀廢立一事，古代學者考證、質疑頗多，相關材料可參見王健《略談傳統史論視下的劉賀廢立事件》（《縱論海昏——"南昌海昏侯墓發掘暨秦漢區域文化"國際學術研討會論文集》，江西教育出版社 2016 年版）。近代以來，吕思勉《秦漢史》對此事亦有質疑，而今人廖伯源對此事之考證最爲詳細、系統（參見吕思勉《秦漢史》，上海古籍出版社 2005 年版，第 135 頁；廖伯源《制度與政治——政治制度與西漢後期之政局變化》，中華書局 2017 年版）。隨着 2011 至 2015 年以來對劉賀墓的發掘，劉賀的相關史事在近年來一度成爲熱點。綜括來看，劉賀廢立之主因實爲權力鬭争，其罪名不可盡信。而霍光雖因權力鬭争而廢昌邑王，然其主宰漢廷政務内政外交皆極可稱，頗有順守之道，論者不當偏廢。

初賀在國時，數有怪。嘗見白犬，高三尺，無頭，[1]其頸以下似人，而冠方山冠。[2]後見熊，左右皆莫見。又大鳥飛集宫中。[3]王知，惡之，輒以問郎中令遂。遂爲言其故，語在《五行志》。王卬天嘆曰："不祥何爲數來！"[4]遂叩頭曰：[5]"臣不敢隱忠，數言危亡之戒，大王不説。[6]夫國之存亡，豈在臣言哉？願王内自揆度。[7]大王誦《詩》三百五篇，人事浹，王道備，[8]王之所行中《詩》一篇何等也？[9]大王位爲諸侯

王，行汙於庶人，[10]以存難，以亡易，宜深察之。"後
又血汙王坐席，王問遂，遂叫然號曰：[11]"宮空不久，
祅祥數至。[12]血者，陰憂象也。宜畏慎自省。"賀終不
改節。居無何，徵。既即位，後王夢青蠅之矢積西階
東，可五六石，以屋版瓦覆，[13]發視之，青蠅矢也。
以問遂，遂曰："陛下之《詩》不云乎？[14]'營營青
蠅，至于藩；愷悌君子，毋信讒言，'[15]陛下左側讒人
衆多，如是青蠅惡矣。[16]宜進先帝大臣子孫親近以爲
左右。[17]如不忍昌邑故人，[18]信用讒諛，必有凶咎。
願詭禍爲福，皆放逐之。[19]臣當先逐矣。"賀不用其
言，卒至於廢。

[1]【今注】無頭：《資治通鑑考異》卷一《漢紀上》指出，
本書《五行志》云"無尾"，且云"不得置後之象"。王先謙《漢
書補注》指出，下云"頸以下似人"，若無頭，何以知其爲犬？可
見確當爲"無尾"。今案，王説是。若無頭，亦無從"冠方山冠"。

[2]【今注】方山冠：王先謙《漢書補注》指出，本書《五行
志》稱劉賀常戴方山冠。

[3]【今注】大鳥飛集宮中：本書卷四八《賈誼傳》有云"野
鳥入室，主人將去"。

[4]【顏注】師古曰："卬"讀曰"仰"。

[5]【今注】案，叩，白鷺洲本作"卬"。

[6]【顏注】師古曰："説"讀曰"悦"。

[7]【顏注】師古曰：度，音徒各反。

[8]【顏注】師古曰：浹，徹也，音子牒反。【今注】浹：融
洽。案，沈欽韓《漢書疏證》指出，"人事浹，王道備"一句亦見
於《説苑·至公》。

　　[9]【顏注】師古曰：言王所行，皆不合法度。王自謂當於何《詩》之文也。中，音竹仲反。

　　[10]【顏注】師古曰：汙，濁穢（穢，殿本作“也”）。【今注】汙：同“污”。

　　[11]【今注】案，叫，殿本作“叫”。

　　[12]【今注】祅：同“妖”。

　　[13]【顏注】師古曰：版瓦，大瓦也。

　　[14]【顏注】蘇林曰：猶言陛下所讀之《詩》也。

　　[15]【顏注】師古曰：已解於上。

　　[16]【顏注】師古曰：惡即矢也。越王句踐爲吳王嘗惡，亦其義也。

　　[17]【今注】先帝大臣子孫親近：借指昭帝朝主政的霍光一派。

　　[18]【顏注】師古曰：如，若也。不忍，謂不能疏遠也。【今注】昌邑故人：指劉賀帶至京城的昌邑國舊臣。

　　[19]【顏注】師古曰：詭猶反。【今注】詭：違反，改變。

　　大將軍光更尊立武帝曾孫，是爲孝宣帝。即位，心內忌賀，元康二年遣使者賜山陽太守張敞璽書曰：“制詔山陽太守：[1]其謹備盜賊，察往來過客。毋下所賜書！”[2]敞於是條奏賀居處，著其廢亡之效，[3]曰：“臣敞地節三年五月視事，故昌邑王居故宮，奴婢在中者百八十三人，閉大門，開小門，廉吏一人爲領錢物市買，朝內食物，[4]它不得出入。[5]督盜一人，別主徼循，[6]察往來者，以王家錢取卒，迵宮清中備盜賊。[7]臣敞數遣丞吏行察。[8]四年九月中，臣敞入視居處狀，故王年二十六七，爲人青黑色，小目，鼻末銳卑，少須眉，身體長大，疾痿，行步不便。[9]衣短衣大絝，[10]冠惠文冠，[11]佩玉環，簪筆持牘趨謁。[12]臣敞與坐語中庭，閱妻子奴婢。臣敞欲動觀其意，即以惡鳥感之，曰：‘昌邑多梟。’故王應曰：‘然。前賀西至長安，殊無梟。復來，東至濟陽，迺復聞梟聲。’臣敞閱至子女持蠡，[13]故王跪曰：‘持蠡母，嚴長孫女也。’臣敞故知執金吾嚴延年字長孫，[14]女羅紨，[15]前爲故王妻。察故王衣服、言語、跪起，清狂不惠。[16]妻十六人，子二十二人，其十一人男，十一人女。昧死奏名籍及奴婢財物簿。[17]臣敞前書言：‘昌邑哀王歌舞者張脩等十人，無子，又非姬，但良人，[18]無官名，王薨當罷歸。太傅豹等擅留，[19]以爲哀王園中人，所不當得爲，[20]請罷歸。’故王聞之曰：‘中人守園，疾者當勿治，相殺傷者當勿法，欲令亟死，太守奈何而欲罷之？’[21]其天資喜由亂亡，終不見仁義如此。[22]後丞相御史以臣敞書聞，[23]奏可。皆以遣。”[24]上由此知賀不足忌。

[1]【今注】制詔：皇帝的命令。蔡邕《獨斷》云：“漢天子正號曰皇帝，自稱曰朕，臣民稱之曰陛下，其言曰制詔。”

[2]【顏注】師古曰：密令警察，不欲宣露也。

[3]【顏注】師古曰：著，明也。

[4]【顏注】師古曰：每旦一內之。

[5]【顏注】師古曰：食物之外，皆不得妄有出入。

[6]【今注】徼（jiào）：巡查。　循：同“巡”。

[7]【顏注】李奇曰：迥，遮也。鄧展曰：令其清靖（大德

本、殿本“其”後有“宫中”二字），不得妄有異人也。師古曰：
以王家錢顧人爲卒也。【今注】迥：攔阻。 案，盗賊，大德本作
“行察”。

[8]【顔注】師古曰：行，音下更反。

[9]【顔注】師古曰：瘻，風痺疾也，音人隹反。

[10]【今注】綺：同“褲”。

[11]【顔注】蘇林曰：治獄法冠也。孟康曰：今侍中所著
也。服虔曰：武冠也。或曰，趙惠文王所服，故曰惠文。晉灼曰：
柱後惠文，法冠也。但言惠文，侍中冠。孟説是也。【今注】惠文
冠：有名柱後冠、法冠，高六寸。本書卷七六《張敞傳》有云
“秦時獄法吏冠柱後惠文，武意欲以刑法治梁”。然則此處張敞意在
暗示昌邑王任刑不修德。

[12]【顔注】師古曰：簪筆，插筆於首也。牘，木簡也。

[13]【顔注】師古曰：賀之子女名持辔。

[14]【今注】嚴延年：《漢書考證》齊召南指出，此即本書
《百官公卿表》宣帝地節三年（前67）所書之執金吾延年，與本書
卷九〇《酷吏傳》嚴延年字次卿者非一人。周壽昌《漢書注校補》
指出，嚴次卿同時正爲涿郡太守，故稱此嚴延年字長孫以别之。

[15]【顔注】師古曰：羅紨，其名也。紨，音敷。【今注】
羅紨：周壽昌《漢書注校補》指出，即羅敷，爲古美人名，故漢女
子多取爲名，如秦羅敷之類皆是。

[16]【顔注】蘇林曰：凡狂者，陰陽脉盡濁。今此人不狂似
狂者，故言清狂也。或曰，色理清徐而心不慧，曰清狂。清狂，
如今白癡也。【今注】惠：王先謙《漢書補注》指出，“惠”“慧”
二字古時通假。

[17]【今注】昧死：文書用語，一般用於臣下向皇帝上呈文
書，以表示敬畏。

[18]【今注】良人：漢代帝王嬪妃稱號之一。西漢後期之制，

皇后之外，嬪妃分爲十四等級，良人爲第九等，官秩視同八百石。列侯媵妾亦有良人稱號，地位較低。

[19]【今注】太傅：諸侯王太傅。掌導王以善，禮如師，不臣。秩二千石。

[20]【顏注】師古曰：於法不當然。

[21]【顏注】師古曰：巫，急也，音居力反。

[22]【顏注】師古曰：喜，好也。由，從也。喜，音許吏反。

[23]【今注】丞相御史：丞相及御史大夫兩府。 案，敞書聞，白鷺洲本無“聞”字。

[24]【今注】案，王先謙《漢書補注》指出，以、已兩字通。

　　其明年春，迺下詔曰：“蓋聞象有罪，[1]舜封之，[2]骨肉之親，析而不殊。[3]其封故昌邑王賀爲海昏侯，食邑四千户。”[4]侍中衞尉金安上上書言：[5]“賀天之所棄，陛下至仁，復封爲列侯。賀嚚頑放廢之人，不宜得奉宗廟朝聘之禮。”奏可。賀就國豫章。[6]數年，楊州刺史柯奏賀[7]與故太守卒史孫萬世交通，萬世問賀：“前見廢時，何不堅守毋出宮，斬大將軍，而聽人奪璽綬乎？”賀曰：“然。失之。”萬世又以賀且王豫章，不久爲列侯。賀曰：“且然。”[8]非所宜言。[9]有司案驗，請逮捕。制曰：“削户三千。”後薨。[10]

[1]【今注】象：傳說中舜之弟，屢次欲害舜，終被原諒。

[2]【今注】舜：傳說中五帝之一。受堯禪讓爲帝，用禹治水成功，年老後禪位於禹。詳見《史記》卷一《五帝本紀》。

[3]【顏注】師古曰：析，分也。殊，絕也。

[4]【顏注】師古曰：海昏，豫章之縣。【今注】海昏：侯國

名。屬豫章郡，治所在今江西永修縣西北艾城。

　　[5]【今注】衞尉：戰國秦置，西漢沿置，列位九卿。掌宮門屯衞兵。秩中二千石。

　　[6]【今注】豫章：郡名。治南昌（今江西南昌市）。

　　[7]【顏注】師古曰：柯者，刺史之名也。【今注】楊州：西漢武帝置，爲十三刺史部之一。轄境相當今江蘇、安徽江淮以南，湖北、河南部分地區及江西、浙江、福建三省。殿本作“揚州”。

　　[8]【顏注】師古曰：謂亦將如此。

　　[9]【今注】非所宜言：王先謙《漢書補注》指出，以上二語，皆非賀所應言。

　　[10]【今注】後薨：王先謙《漢書補注》指出，據本書《諸侯王表》，劉賀於宣帝神爵三年（前59）薨。

　　豫章太守廖奏言：“舜封象於有鼻，[1]死不爲置後，以爲暴亂之人不宜爲太祖。[2]海昏侯賀死，上當爲後者子充國；[3]充國死，復上弟奉親；奉親復死，是天絕之也。陛下聖仁，於賀甚厚，雖舜於象無以加也。宜以禮絕賀，以奉天意。願下有司議。”議皆以爲不宜爲立嗣，國除。

　　[1]【顏注】師古曰：廖，太守名也。有鼻在零陵，今鼻亭是也。廖，音聊。　有鼻：地名。一作“有庳”。位於今湖南道縣。

　　[2]【顏注】師古曰：謂一國之始祖。

　　[3]【顏注】師古曰：上，謂由上其名於有司。

　　元帝即位，復封賀子代宗爲海昏侯，傳子至孫，今見爲侯。[1]

[1]【今注】今見爲侯：顧炎武《日知録》卷二二指出，據《後漢書》卷一下《光武紀下》，光武帝建武二年（26），詔宗室列侯復國，十三年云"其宗室及絶國封侯者凡一百三十七人"。然《漢書》表、傳中，往往言"王莽篡位，絶"，惟此傳言"今見爲侯"。或許光武時亦祇是隨宜封拜，未嘗遍及。封海昏之後，或以其曾居尊位之故。

贊曰：巫蠱之禍，豈不哀哉！此不唯一江充之辜，[1]亦有天時，非人力所致焉。建元六年，蚩尤之旗見，[2]其長竟天。後遂命將出征，略取河南，建置朔方。[3]其春，戾太子生。[4]自是之後，師行三十年，兵所誅屠夷滅死者不可勝數。及巫蠱事起，京師流血，僵尸數萬，[5]太子子父皆敗。故太子生長於兵，與之終始，何獨一嬖臣哉！秦始皇即位三十九年，内平六國，外攘四夷，死人如亂麻，暴骨長城之下，頭盧相屬於道，[6]不一日而無兵。由是山東之難興，四方潰而逆秦。秦將吏外畔，[7]賊臣内發，亂作蕭牆，禍成二世。[8]故曰"兵猶火也，弗戢必自焚"，[9]信矣。[10]是以倉頡作書，[11]止戈爲武。[12]聖人以武禁暴整亂，止息兵戈，非以爲殘而興縱之也。《易》曰："天之所助者順也，人之所助者信也；君子履信思順，自天祐之，吉無不利也。"[13]故車千秋指明蠱情，章太子之冤。千秋材知未必能過人也，以其銷惡運，遏亂原，[14]因衰激極，道迎善氣，[15]傳得天人之祐助云。[16]

[1]【今注】案，唯，殿本作"惟"。　辜：罪。

[2]【今注】蚩尤之旗：本書《天文志》有云："蚩尤之旗，類彗而後曲，象旗。見則王者征伐四方。"

[3]【今注】朔方：郡名。西漢武帝時置，治朔方縣（今内蒙古杭錦旗東北）。

[4]【今注】戾太子生：《漢書考正》劉奉世指出，據本書卷六《武紀》，武帝建元六年（前135）長星見，更元光。至武帝元朔元年（前128）春，戾太子始生。贊誤。錢大昕《廿二史考異·漢書三》指出，據本書卷六三《戾太子傳》、卷五五《衛青傳》、卷九七《外戚傳》，戾太子當生於元朔元年，非建元六年。至若衛青收河南，置朔方郡，則在元朔二年，又在戾太子生之後矣。李慈銘《越縵堂讀史札記·漢書六》認爲此爲史家省文，將建元六年長星見與戾太子之生連屬言之。又認爲太初改曆之前以農曆十月爲"正月"，並以十月、十一月、十二月爲"春"。戾太子生於元朔二年年首（農曆十至十二月），後因改曆而追改爲元朔元年。王先謙《漢書補注》認爲，此處長星指建元六年戰事，其間有"後"字，可見並非以戾太子生於建元六年。至於置朔方一事，王氏同意李説，認爲是改曆所致。今案，秦及漢初所用之顓頊曆，僅以農曆十月爲歲首，而並不以農曆十月爲正月，更不以農曆十月、十一月、十二月爲"春"。所謂追改之説爲臆斷，李、王皆誤。又如王先謙所言，贊語叙建元六年長星事畢，有一"後"字，則班固似確不以爲戾太子生於建元六年。然若如此，戾太子之生又何得與此異象相附會，其後文"太子生長於兵，與之終始"又該如何理解？蓋武帝末年以來有此傳説，班固雖已發現此時間矛盾，然不忍棄此材料，遂有此牽强之語。

[5]【顏注】師古曰：僵，偃也，音居羊反。

[6]【顏注】師古曰：盧，額骨也。屬，連也，音之欲反。

[7]【今注】山東：戰國、秦、漢時代，通稱華山或崤山以東

爲山東，與“關東”含義相似。　畔：同“叛”。叛亂。

[8]【顏注】師古曰：蕭牆，謂屏牆也，解在《五行志》。

[9]【顏注】師古曰：《左傳》隱四年，衞有州吁之亂，公問於衆仲曰：“州吁其成乎？”對曰：“兵猶火也，不戢將自焚也。”言兵不可妄動，久而不戢，則自焚燒。戢，斂也。【今注】戢：停止。

[10]【今注】案，何焯《義門讀書記》卷一八指出，舉秦事是爲了對比漢之禍未至極點，猶有幸焉。故痛訴其詞以爲戒。

[11]【今注】倉頡：傳說中黃帝時大臣，創造了漢字。

[12]【顏注】師古曰：武字從止從戈，所謂會意。

[13]【顏注】師古曰：《易·上繫》辭也。

[14]【顏注】師古曰：遏，止也，音一曷反。

[15]【顏注】師古曰：激去至極之災，引致福善之氣也。“道”讀曰“導”。

[16]【顏注】師古曰：傳，引也。